유령의 노래를 들어라

운명 또는 혁명의 한시 읽기

유령의 노래를 들어라
운명 또는 혁명의 한시 읽기

초판 발행일 | 2015년 8월 8일
지은이 | 김근
펴낸이 | 유재현
책임편집 | 강주한
편집 | 박수희
마케팅 | 장만
디자인 | 박정미
인쇄·제본 | 영신사
종이 | 한서지업사

펴낸곳 | 소나무
등록 | 1987년 12월 12일 제2013-000063호
주소 | 412-190 경기도 고양시 덕양구 대덕로 86번길 85(현천동 121-6)
전화 | 02-375-5784
팩스 | 02-375-5789
전자우편 | sonamoopub@empas.com
전자집 | http://cafe.naver.com/sonamoopub

책값 15,000원

ⓒ 김근, 2015

ISBN 978-89-7139-339-0 03820

이 도서의 국립중앙도서관 출판예정도서목록(CIP)은 서지정보유통지원시스템 홈페이지 (http://seoji.nl.go.kr)와 국가자료공동목록시스템(http://www.nl.go.kr/kolisnet)에서 이용하실 수 있습니다.(CIP제어번호: CIP2015019975)

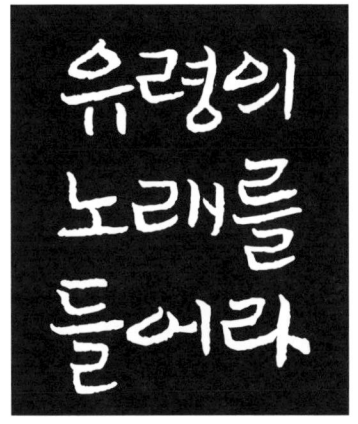

운명 또는 혁명의 한시 읽기

김근 지음

소나무

어머니, 고 이숙자李淑子 여사의 삶에서 영감을 얻어
이 책을 썼다.

글 싣는 순서

| **책머리에** | 왜 한부와 악부시인가 ··· 9
| **프롤로그** | 고난을 막아 주는 복지보다 고난을 이기게 하는 노래 ········· 17

| 제1장 | 한부漢賦의 등장과 의의 ··· 23

01 부賦, 반복과 변주의 예술 ─ 24
진정한 차이는 변주에서 온다 ─ 30

02 『칠발七發』: 이치를 표방하면서도 이를 넘어선 작품 ─ 34
눈물은 왜 필요한가 ─ 37
긴장과 이완의 반복이 주는 즐거움 ─ 40
파티의 즐거움은 어디서 오는가 ─ 42
사냥의 통치적 의의 ─ 45
장관壯觀의 효능 ─ 49
부인된 쾌락이 오히려 더 유혹한다 ─ 52

03 『복조부鵩鳥賦』: 자유와 구원으로의 지양 ─ 56
길흉화복吉凶禍福을 넘어 자유함으로 ─ 57
후레자식이 아버지 사후에 효자가 되는 이유 ─ 63
부 형식에 의한 감성의 복구 ─ 66

| 제2장 | 대문호 사마상여司馬相如, 그의 진정한 가치 ············· 71

01 한부의 완성 ─ 72

02 『자허부子虛賦』: 문학의 정치성 ─ 75
권력과 성性 ─ 80
외교적 언사의 진수 ─ 83
부의 가치는 사실적 묘사에 있지 않다 ─ 87

03 『장문부長門賦』: 남성의 여성적 글쓰기는 가능한가 ─ 94
여성성 - 욕망과 보편성 사이에서 ─ 94

　　　　애증愛憎의 양상 — 101
　　　　좌절에서 희망으로 — 108
　　　　왜 조강지처糟糠之妻에게로 돌아갈 수밖에 없는가 — 116

|제3장| 한부의 꽃, 『상림부上林賦』 ································· **121**

　　01 주문휼간의 새로운 모습, 도덕성 — 122
　　　　영화〈미션 임파서블〉의 가치로 부를 보다 — 128
　　　　'관습피아'의 원조 — 133
　　　　묘사(글쓰기)가 시스템을 움직인다 — 139
　　02 황제 : 성인聖人 개념에서 시스템으로 — 149
　　　　맹자를 초월한 사마상여 : 호사의 의의 — 162
　　03 한부의 의의와 운명 — 167

|제4장| 서민의 근심, 한대 악부시樂府詩 읽기 ················· **173**

　　01 「성의 남쪽에서 싸우다가(戰城南)」: 죽음을 이기기 위한 노래 — 177
　　　　부침개는 왜 찢어 먹어야 맛있을까 — 179
　　　　죽음을 이기려면 죽음과 맞서야 한다 — 184
　　　　죽음이 삶보다 나을 수 있는 이유 — 188
　　　　의회의 중요성을 일깨워 준 편집의 역설 — 191
　　02 「까마귀 새끼(烏生)」: 서민에게는 각자도생各自圖生만이 답 — 195
　　　　우연을 필연으로 — 197
　　　　정치인은 성직자의 말을 해서는 안 된다 — 201
　　03 「궁궁이 뜯으러 산에 올라갔다가(上山採蘼蕪)」 — 206
　　　　왜 구관이 명관일까 — 207
　　　　클로즈업의 효과 — 211

|제5장| 쾌락 또는 혁명을 위하여 ·········· 215

01 「서문을 나서며 부른 노래(西門行)」: 쾌락을 다시 생각하다 — 216
목소리 큰 놈 앞에서 진실은 왜 주눅이 드는가 — 219
기우杞憂의 즐거움 — 223
잠, 진정한 쾌락의 대안 — 227

02 「동문을 나서며 부른 노래(東門行)」: 후회는 너무 늦게 온다 — 233
'필사즉생必死則生'의 원리 — 235
부자들의 호사스러움에서 작동되는 이데올로기적 기능 — 240
개똥밭에 굴러도 이승이 낫다? — 245
'가족의 가치(the value of family)'의 허와 실 — 252
'때'는 지금인가, 아니면 기다려야 하는가 — 258
신분제는 부활하려는가 — 263

|에필로그| 한시, 권위 또는 외침 ·········· 269

주석 — 276
찾아보기 — 283

| 책머리에 |
왜 한부와 악부시인가

　요즘은 티브이에서 방영하는 외국 영화나 드라마는 대부분 자막과 함께 원어를 그대로 내보내지만, 1990년대 이전만 해도 성우들이 우리말로 더빙을 해서 방영했던 것으로 기억한다. 그런데 당시에 특이하게 느꼈던 점은 더빙을 했으면 분명히 우리말임에도 그것이 매우 낯설게 들렸었다는 것이다. 그래서 부엌에서 안방의 화면을 보지 않고 소리만 들어도 "아, 지금 외국 영화 하는구나" 하고 즉각적으로 알 수 있었다. 왜 더빙된 우리말은 이렇게 낯설었을까? 아마 성우들이 원어의 감을 살리려고 억양을 서양식으로 구사한 것이 가장 큰 이유였을 테고, 다음으로는 우리와는 다른 언어의 수사법 때문이었을 것이다. 눈에 보이지 않는 이런 미묘한 생소함 때문에 당시의 일부 나이 든 사람들은 티브이의 외국 영화를 기피하기도 하였다.

　이 이야기를 처음부터 왜 꺼내느냐면, 외국의 작품을 그대로 우리말로 옮겼다고 해서 그것이 바로 거부감이나 부담 없이 독자들에게 받아들여지는 것은 아니라는 사실을 말하고자 함이다. 기회가 있을 때마다 강조해 온 말이지만 시詩란 언어의 예술이기 때문에 언어에 대한 감수성이 사전에 마련돼 있지 않으면 일종의 알레르기 현상이 일어나게 마련이다. 이와 관련된 또 하나의 사건을 언급해야겠다.

1970년대에 가수 조영남 씨가 〈오하이오 강의 둑에서(Banks of the Ohio)〉라는 미국 가요를 〈내 고향 충청도〉라는 곡으로 번안하여 부른 적이 있었다. 이 노래의 가사는 제목 그대로 어릴 적 전원생활을 목가적으로 묘사하고 있는데, 원곡의 서정적 곡조와 아주 잘 어울려서 당시는 물론 지금까지도 대중들에게 애창돼 왔다. 나 역시 이 노래를 좋아했고 또 즐겨 불렀다. 그런데 어느 날 우연히 올리비아 뉴튼 존이 부른 원곡을 듣고 곡조와 가사 내용이 어째 어울리지 않는다는 감을 느끼고는 가사를 일부러 찾아보았다. 가사를 자세히 읽어 본 나는 깜짝 놀라지 않을 수 없었다. 한 남자를 짝사랑한 여인이 자신의 사랑을 받아 주지 않는다고 오하이오 강의 둑에서 남자를 칼로 찔러 죽인 내용이 아닌가?(이 노래의 실제 사건은 반대로 남자가 여자를 찔러 죽였다고 한다.) 인터넷을 검색하다가 우연히 본 어떤 블로거도 이 노래의 원곡 가사를 나중에 알고는 너무 끔찍하고 실망한 나머지 그렇게 즐겨 듣던 번안곡 CD까지 모두 쓰레기통에 버렸다고 고백하기도 하였다.

　그 후 나는 그들은 어떻게 이런 엽기적인 사건을 서정적인 곡으로 승화시키고 또 즐겨 부를 수 있었을까 하는 것이 늘 궁금했고, 아울러 그 메커니즘은 어떤 것인지를 구체적으로 풀어내 보고 싶었다. 아직까지 이것은 나에게 숙제로 남아 있긴 하지만 한 가지 분명한 것은, 앞서 말했듯이, 노래와 시를 받아들이는 감수성이 우리와는 확실히 다르다는 사실이다. 그래서 외국에서 히트한 소설이나 산문은 우리나라에서도 잘 팔리지만 이상하게 시는 그렇지 않다. 왜냐하면 시는 소설·산문과 달리 말 자체가 생성하는 맛으로 읽는 것이므로 그 감수성이 먼저 갖춰져 있지 않으면 맛이 느껴지지 않기 때문이다.

그런데 한시는 분명히 중국의 문자로 쓰인 것임에도 불구하고 매우 친근하게 받아들여질 뿐 아니라 나아가 함축성이 돋보이는 신화적인 존재로 인식되기도 한다. 이 특별한 현상을 설명하기 위해서 나는 『한시의 비밀』(2008)을 집필했었다. 시의 본질적인 측면을 설명하다 보니 좀 길어지는 바람에 『시경』과 『초사』에 국한하고 다음 편을 곧 내기로 지면으로 약속했다. 그 후 속편을 쓰려는 의지는 항상 마음 한구석에 두고 조금씩 준비는 했지만 이런저런 책과 논문을 쓰느라 본격적인 집필은 생각만큼 쉽지가 않았다. 그렇게 시간이 지나던 중에 재작년부터 여러 독자들로부터 후속편이 언제 나오느냐고 질문을 부쩍 많이 받게 되었다. 지면이었기는 하지만 약속이 지켜지기를 바라는 독자들이 있다는 사실에 내심 놀란 나는 다른 것을 모두 미루고 원고에 집중하기 시작해서 1년 만에 마침내 탈고하였다. 여기에는 인문서 출판을 사명으로 여기는 소나무출판사 유재현 사장님의 격려도 큰 힘이 되었다. 이 자리를 빌려 감사드린다.

이번 책에서는 한대漢代의 문학 작품을 다루었다. 한대는 중국의 골격이 갖춰진 시기로서 이를 형성하는 데 기여한 작품들은 한부漢賦와 악부시樂府詩에 집중돼 있다. 우리가 상징계를 구성하는 문학적 텍스트를 규범 안의 정전과 규범 밖의 외설로 구분하자면, 한부는 전자에 속하고 악부시는 후자에 속한다고 볼 수 있다. 그래서 문학사에서는 전자를 이른바 사대부 문학(또는 정통문학)으로, 후자를 민중문학(또는 속문학)으로 각각 정의·분류한다. 따라서 같은 시대에 만들어진 이 두 가지 작품들을 함께 읽는다면, 전자로부터는 당시에 제도권이 기획했던 사회적 이상과 그에 적합한 주체를 알 수 있고, 후자로부터는 제도의 보호가 별로 없이 실재계나 거의 다름없는 세상을 살아가는 잉여주체들의 고뇌와 공포를 느껴 볼 수가 있다. 따라서 문학이 개성에 초점이 맞춰진 글쓰기라면 후자에서 오히려 더 많은 가치를 찾을 수 있으리라 본다.

  우리가 오늘과는 동떨어진 옛날에 지어진 고전을 굳이 읽는 이유는 궁극적으로 오늘을 비춰 보기 위해서다. 내 모습을 보려면 거울에 비춰 봐야 하듯이 말이다. 이런 거울을 귀감龜鑑이라고 하는데, 이것이 다른 거울과 다른 점은 단순히 존재를 비춰 주고 마는 게 아니라 무엇이 옳고 그른지를 주체에게 보여준다는 사실이다. 오늘날 우리는 자본주의의 절정이라 할 수 있는 신자유주의 시대를 살아가면서 겉으로는 환상적인 세계를 누리는 듯 보이지만 실제로는 역사 발전의 초기 단계에서 노예에 가까운 민초들이 겪었던 고통을 반복하고 있다고 말해도 과언이 아니다. 그런데 심각한 것은 오늘날의 대중들이 이 사실을 자각하지 못하고 점차 고통에 길들여지면서 그간 이루어 온 인간의 존엄성을 잃어 간다는 사실이다. 이 사실을 알기 위해서 귀감이 필요한데, 한대의 악부시만큼 좋은 거울은 없으리라는 게 나의 생각이다. 이 시를 통해서 오늘날 우리의 실정이 옛날 한나라 때와 별로 다르지 않다는 사실을 깨달아야만 앞으로 우리의 존엄은 되찾아질 수 있을 것이다.

  신자유주의 시대의 가장 두드러진 특징을 꼽으라면 정치의 실종을 들 수 있을 것이다. "바보야, 문제는 경제야!(It's economy, stupid!)"라는 클린턴 전 미국 대통령의 선거 캐치프레이즈가 지금에 와서는 온갖 문제의 솔루션으로 기능하면서 정치적 접근의 가능성들을 전부 빨아들이는 일종의 블랙홀이 되었다. 자본주의 사회에서 거의 모든 갈등은 돈 때문에 발생한 셈일 테니 돈이면 해결할 수 있다는 가설은 전혀 말이 안 되는 것은 아니다. 그런데 우리가 간과하는 것은 그 경제적 문제가 기실 빚의 문제라는 것이다. 자본소득률이 노동소득률보다 훨씬 높은 오늘의 상황에서 정치적 비전을 세우고 이를 실행하는 과정에서 땀보다는 빚(금융)을 염두에 둘 수밖에 없다는 말이다. 결국 전 국민이 빚쟁이가 될 수밖에 없는 운명에서 자본과 이를 움직이는 정책에 우리가 어떻게 정치적으로 저항할 수 있겠는가? 빚이란 다름 아닌 미래의 소득을 당겨 쓴 것일 테니, 이미 비어 있는 미래에 정치가 무슨 비전을 보여줄 수 있을까?

정치란 궁극적으로 힘의 균형을 유지하는 행위이다. 오늘날 서민들의 고통은 자본의 권력에 너무 많은 힘이 쏠려 있음에서 비롯된 것이다. 참여정부 시절 노무현 전 대통령도 "권력은 이제 시장으로 넘어갔다"고 고백하지 않았던가? 정권 수립 초기의 각종 모순을 과감한 개혁을 통해 해소한 한나라 무제武帝 시기는 정치권력이 최고조로 상승하던 때였다. 권력이란 속성상 이 시기를 잘 관리하지 않으면 무너지게 돼 있다. 그렇지만 누가 감히 이 절대 권력에 재갈을 물릴 수 있을까? 이 어마어마한 일을 사마상여가 해냈다. 그것도 부賦라는 글쓰기를 통해서 말이다.

한나라 정권 초기부터 이러한 시도가 없었던 것은 아니다. 예禮를 중시하는 유자儒者들은 줄기차게 황제들의 일방적 질주를 경고함으로써 늘 긴장緊張을 빚어 왔다. 그 성공적인 예 가운데 하나가 사마상여와 같은 시기에 활동했던 대표적 유자인 동중서董仲舒가 『춘추공양전春秋公羊傳』의 종교적 해석을 통해서 절대 권력을 제어한 사례이다. 이러한 노력들이 황제의 행위를 통어하고 아울러 권력을 길들이는 데 상당히 기여한 것

책머리에 13

은 사실이나, 보이지 않는 가운데 무제를 극기복례克己復禮, 즉 자발적으로 이성적인 정치 행위에 참여시킨 것은 궁극적으로 사마상여이다.

절대 권력이 함부로 행동하지 않고 예법에 따라 실행하는 것은 궁극적으로 황제의 인성에 의해 결정된다. 다시 말해서 예법의 실천 강령이 옳아서가 아니라 실천 자체를 즐거워하는 인성 말이다. 그렇다면 인성은 어떻게 형성되는가? 인성이란 비유컨대 뼈가 아니라 살과 같은 것이어서 구체적으로 감각되는 감성에 의해 만들어진다. 뼈에 해당하는 권력의 윤리관 같은 것은 유자들에 의해서 충분히 들어 왔기 때문에 무제가 이에 대한 판단력이 없을 수는 없었을 것이다. 그러나 실천은 일상의 관습적인 것이므로 감성적으로 학습돼 있지 않으면 쉽지가 않다. 이 감성적 학습은 바로 문학의 감동으로 이루어지는 것인데, 이러한 감동의 경험은 독자를 새로운 주체로 다시 태어나게 만든다. 무제가 사마상여를 궁으로 불러들여 지근거리에 두었다는 사실은 그가 이러한 경험을 매우 소중히 했음을 입증하는 예라 하겠다. 그렇다면 그의 인성이 어떻게 형성되었는지를 충분히 짐작할 수 있을 것이다.

중국의 고대 정치 제도에서 황제는 모든 권력이 집중된 곳이므로 그 한 사람의 인성에 의해 국가와 백성의 운명이 좌우되는 취약점을 갖고 있다. 이것을 흔히 인치人治라고 하는데, 이러한 약점에도 불구하고 중국은 이 제도를 역사적으로 매우 오랜 기간 유지해 올 수 있었다. 그 비결은 바로 인치 자체를 시스템적인 것으로 변환시켜 놓은 데 있었으니, 이 일 역시 사마상여의 공이라 할 수 있다.

중국은 전통적으로 황제를 요·순·탕·무왕과 같은 성인의 자리로 인식해 왔다. 이것이 춘추·전국 시기를 거치면서 무너지긴 했지만 언젠가는 성인이 천자로 나타나 자신들을 구원해 줄 것이라는 신화적 믿음은 여전히 백성들의 관념 속에 남아 있었다. 진나라가 일찍 멸망하고 한초에 반란과 봉기 등으로 어려움을 겪었던 것은 황제에게 성인의 이미지와 권위가 결여됐던 탓도 매우 중요한 요소로 작용한 것도 사실이다. 이러한 현실에서 부의 묘사를 통하여 황제의 권위를 관념적으로 승화시킨 것은 그간 실종됐던 성인에 의한 인정仁政을 일종의 시스템처럼 여기게 한 계기라고 평가할 수 있다. 여기서 시스템이라고 규정한 것은 그가 기술한 황제의 이미지가 관념이 되고 나아가 관습이 됨으로써 강력한 대타자(또는 큰 타자Other)로 기능하게 되었다는 말이다. 이 대타자에 의해서 일사불란하게 운영된 결과 한 제국은 후대 중국의 기초와 전형이 형성되었던 것이다. 이것이 바로 사마상여가 인치의 한계를 극복한 방법이자 권력을 균형 잡히게 만든 정치적 행위였다.

국가든 사회든 집단이 유지되려면 구성원을 아우르고 다스리기 위한 정당한 상징체계가 필요하고, 그 집단 안에서 개인이 행복하려면 무엇보다 자유로워야 한다. 집단을 장악해야 하는 권력의 속성과 자유를 보장받고 싶은 개인 사이의 어쩔 수 없는 모순을 엿볼 수 있는 틀이 한대에서는 부와 악부시로 상징된다. 내가 한대의 시문학을 기술하면서 굳이 부와 악부시에 집중한 것은 바로 이 때문이다.

『한시의 비밀』에서 누차 강조한 바 있듯이, 시는 음운론 차원에서의 개념을 음성론 차원에서의 감각으로 즐기는 메커니즘이다. 따라서 음운론적으로 접근하면 내용이 빈약한 것처럼 느껴지고 음성론적으로 접근하면 모호해서 언어로 기술하기가 어렵다. 그래서 전통적인 시 연구는 실증적인 정보의 기술에 집중되기 마련이다. 왜냐하면 이런저런 느낌을 말했다가는 객관성의 결여라는 학술적 비난을 면키 어렵기 때문이다. 모름지기 시에 대한 이해는 공감에 기초해야 하고, 그러려면 개별성에 충실하면서 나아가 그 보편성을 입증해야 한다. 시 연구에서 현실과 역사에 대한 고뇌가 뒷받침돼야 하는 이유이다. 그래서 이 책에서는 검색만 하면 다 나오는 정보 차원의 지식은 대부분 생략하고 공감의 부분만을 설명해 보려고 노력하였다. 중국 한나라 때의 시인들과 오늘날 한국 땅의 우리와의 공감 말이다. 이 공감을 전제하지 않는다면 그들의 작품을 우리가 무엇하러 한가히 읽고 앉았겠는가?

  나는 책을 낼 때마다 늘 우리 학생들에게 감사한 마음을 떠올린다. 제자가 선생을 만든다고 했던가. 내가 좋은 선생인지는 스스로 알 길이 없지만 그래도 배우고자 하는 그들의 진지한 눈빛 앞에서 한시도 긴장감은 늦추지 않았다고 자부할 수 있다. 나에게 그들의 공감은 타자의 인정인 셈이고, 이것이 내 지식에의 확신을 갖게 하였으므로 영재를 가르친다는 게 내게는 즐거움을 넘어 행운이라는 생각이 든다는 말이다.

2015년 5월
저자 씀

| 프롤로그 |
고난을 막아 주는 복지보다
고난을 이기게 하는 노래

    2008년에 출간한 『한시의 비밀 — 시경과 초사편』(소나무)에서 나는 감응에 관해 이야기하였다. 이 감응을 슬라보예 지젝Slavoj Žižek은 삶의 과잉으로 정의하였다. 이를 다시 니체Friedrich Nietzsche의 말로 옮기자면, 힘 또는 역능에의 의지라고 말할 수 있다. 고된 환경 속에서 삶을 영위하려면, 그것도 즐거운 마음으로 살아가려면 주체 스스로가 강력한 힘을 만들어 내지 않으면 안 된다. 이때 주체는 스스로 힘을 만들어 내기보다는 외부에 있는 특정한 대상에 힘을 투사한 후 이를 잡으려고 쫓아간다. 이것을 욕망이라고 하는데 이것이 일단 형성되면 주체는 어떠한 고난이라도 기쁜 마음으로 이기고 대상을 손에 넣으려 한다. 그 결과 삶이 설사 고되더라도 극복하며 살아가게 되는 것이다. 그렇다면 외부에 설정한 특정한 대상이란 주체가 스스로 만들어 낸 환영인 셈이 된다. 비유컨대, 그레이하운드 개를 경주시킬 때에 뼈다귀를 미끼로 해서 트랙을 따라 전력 질주하게 하듯이 삶도 스스로 만든 이 환영을 좇아 살아가게 하는 것이다. 이 특정 대상이라는 환영을 좇아가고자 하는 욕망이 곧 삶에의 의지, 곧 과잉이다. 시인이란 이 삶의 과잉을 생산하는 사람들이다.

우리는 일반적으로 삶을 인간이라는 유기체가 스스로 만들어 놓은 상징적인 질서에 따라 살아가는 과정쯤으로 여기고 있으며, 또한 이런 삶을 충실히 살았을 때 우리는 이를 윤리적 삶이라고 말한다. 지젝은 '진정한 삶'을 유령들과 실제 사람들이 이웃하여 서로의 존재를 모른 채 간섭하고 방해하며 사는 이야기를 내용으로 하는 영화 〈디 아더스The Others〉(2003)를 통해 매우 기발한 상상력으로 분석하였다.[1] 그의 관법에 의지해서 우리의 삶을 본다면 두 개의 존재로 분열돼 있다는 가설을 세워 볼 수 있다. 즉 생물학적인 원리에 따라 생명을 유지해 가는 유기체적인 삶이 그 하나이고, 다른 하나는 뭔가 희망적이고 신명나는 느낌으로 살아가는 과잉적인 삶이다. 이 과잉적인 삶은 생물학적인 지식으로 존재를 확인하기는 힘들지만, 분명히 유기체적인 삶보다 크게 느껴진다는 점에서 힘이라고 규정할 수 있으므로 우리가 말하는 인간적 삶이란 곧 후자를 주로 가리키는 것임을 알 수 있다. 그리고 이 후자는 비유컨대 죽은 자가 산 자를 지배하는 구조와 같다는 점 — 이를테면, 살아 있는 아들이 돌아가신 아버지의 유언을 지키려는 행위 등 — 에서 유기체를 지배하는 유령적 삶이라고 부를 수 있는 것이다. 따라서 삶의 주체는 이 유령적 힘의 확장이 기대되는 쪽으로 쏠릴 수밖에 없을 것이므로 니체도 일찍이 '힘에의 의지(will to power)'를 역설하였던 것이다. 내일의 '나'가 역능力能적으로 확장돼 있을 것이라는 기대가 있어야 희망을 갖고 살아가지 않겠는가? 여기서 오해하지 말아야 할 부분이 있다. 앞서 삶을 유기체적 삶과 유령적 삶으로 분열돼 있는 것으로 설명했는데, 이것은 어디까지나 유기체적 삶에서의 과잉적인 부분을 개념적으로 설명하기 위해서 가설적으로 세운 틀이지 결코 형이상학적 존재가 아님을 미리

밝혀 둔다.

  이런 의미에서 시인이란 바로 시와 노래를 통하여 주체들에게 유령적 삶의 힘을 확장시킴으로써 새롭게 변화한 주체를 경험하게 해주는 사람이라고 정의할 수 있다. 즉 이들이 만든 텍스트, 즉 시와 노래는 이를 읽는 사람들에게 시뮬라크르simulacre(존재자)를 생성시키고 이는 다시 존재라는 환영을 감각하게 해준다. 이 존재감이라는 과잉적 힘은 실재계로부터 오는 공포와 고통을 흡수함으로써 실재계의 모호한 환경을 주체들이 익숙하게 여기거나 또는 감히 맞설 수 있는 세계로 받아들이게 해준다. 이러한 시의 기능을 철학적 측면에서 보면 환상이나 거짓으로 실재를 호도한다고 여길 수 있으므로, 일찍이 플라톤Platon이 시인들이란 교묘한 수사를 통해 진실을 왜곡하는 자들이라고 그토록 혐오했던 것이다.

  앞서 말한 바와 같이 실재계를 살아가는 인간 주체는 유기체적 삶과 과잉적인 삶으로 각각 분열돼 있다. 전자는 생물학적 원리에 의해 영위된다는 점에서 실재계에 속하고, 후자는 실재계를 상징계를 통해서 흡수하는 유령적 삶이라는 점에서 상상계에 속한다고 볼 수 있다. 현대 국가의 정치 형태는 국민을 위험에 적게 노출되게 하고 또한 노출되더라도 구제가 보장될 수 있는 안전망을 구축함으로써 복지를 최대한 보장하려는 방향으로 나아가는 것이 추세이다. 이는 정치가 제도라는 상징체계를 통해 실재계의 공포와 위험을 최대한 흡수함으로써 유기체적 삶을 보호하는 형태이다. 이에 비하여 시인은 실재계와의 조우에서 시(또는 노래)라는 상징적인 기호체(또는 텍스트)를 만들어 이를 통해 실재계를 주체가 받아들일 수 있는 형태로 변환시키는 역할을 한다. 마치 쓴 약을 목 넘기기에 좋도록 설탕을 입혀서 당의정을 만들어 주는 것처럼 말이다. 따라서 노래와 시는 고난과 위험을 이기기 위해 인간이 스스로 발명한 도구라고 볼 수 있는 것이다.

몇 해 전 KBS는 특집으로 〈차마고도茶馬古道〉라는 장편 기행 다큐멘터리를 제작하여 방영한 적이 있다. 다큐멘터리는 말과 야크 등에 소금과 차를 싣고 험준한 준령과 고개를 오르내리며 무역으로 생계를 이어가는 마방과 대상들을 밀착 취재한 내용이었다. 그들은 단지 먹고살기 위해서 말이나 야크 떼를 몰고 해발 4천 미터나 되는 산길과 고개를 넘고 거센 물결이 넘실대는 협곡을 수시로 건넌다. 발끝 하나 삐끗 잘못 디디면 그대로 천 길 협곡 속으로 굴러떨어질 수 있는 위험이 곳곳에 도사리고 있는 험난한 대상로는 문자 그대로 하시라도 상징계를 침입할 준비가 돼 있는 실재계의 생생한 재현처럼 보인다. 특히 히말라야의 준령을 넘는 대상과 야크들이 힘에 겨워 발걸음도 겨우 한 발짝씩 떼는 모습을 비롯하여 희박한 공기 속에서 거칠게 몰아쉬는 숨소리까지 잡아낸 HD 화면상에 비친 고통은 실재계가 그대로 전달되는 듯하였다. 이러한 극한의 거친 환경에서 그들이 위로와 아울러 보호를 받는다는 느낌을 얻게 되는 것은 짐승들의 발길을 재촉하는 그들 특유의 리드미컬한 휘파람 소리와 외침, 그리고 고갯마루에서 땀을 식히며 흥얼거리는 노래였다. 휘파람과 노랫가락을 외치고 부르노라면 어느덧 실재계의 고통과 공포는 사라지고 삶의 존재가 느껴지고 나아가 희망까지 갖게 된다. 왜냐하면 앞서 말한 바와 같이 노래는 상징적인 기호체로서 감응이라는 존재자를 생성시키고, 이것이 다시 유기체적 삶을 넘어 확장된 과잉적 삶을 경험하게 하기 때문이다.

그런데 여기서 재미있는 사실이 한 가지 발견되었다. KBS와 같은 시기에 역시 차마고도를 다룬 기행 다큐멘터리가 SBS에서도 방영됐는데, 여기서는 중국 정부가 신작로를 개통함으로 인해서 차마고도가 더 이상 마방들이 다니지 않는 문자 그대로 '고도'임을 보여주었다. 카메라가 새로 뚫린 신작로 위로 말을 끌고 터덜터덜 걸어가는 마방들의 얼굴을 클로즈업했을 때, 그 표정에서 우리는 험준한 산길을 오를 때 보았던 생기生氣는 온데간데없이 단지 언제쯤이나 목적지에 도착하려나 하는 지루함만을 쉽게 포착할 수 있었다. 새 도로의 개통은 실재계의 위험으로부터 유기체적 삶을 보호해 주고 또 편리함도 제공해 주었지만, 그 대가로 주체의 측면에서는 고난 가운데 누려지는 생기, 즉 과잉적 삶의 기회는 박탈당했던 것이다. 차마고도로 다니던 시절에는 실재계로부터의 위험을 직접적으로 겪으면서도 노래나 외침 — 그들에게 외침은 시와 같았다 — 으로써 스스로 위로를 받고 자신들의 주체를 유지했지만, 중국 정부가 실재계의 위협을 제거해 준 이후로 그들의 삶은 유기체적 삶에 국한되는 듯 보였다. 실재계의 위험을 차단하면 그 실재계에 의미를 부여해 주던 그들의 노래와 시는 더 이상 의미가 없어진다. 그러면 감응의 경험도 사라질 것이고 그로부터 얻어지는 삶의 의미에 대한 깨달음의 기회도 빼앗길 것이다. 아마 이후로 이런 노래는 그들에게서 소외되어 관광객 앞에서나 부르는 노리개로 전락할 것이다.

이런 치원에서 보자면, 오늘날 시민들에게 자신들의 삶을 투여해서 일할 수 있는 일자리를 확보해 주려는 노력은 하지 않은 채, 단순히 불편함을 줄이고 편의만을 제공하려는 복지 정책은 궁극적으로 정치적이라기보다는 경영적 조치라고 보는 편이 더 사실에 가깝다. 이를테면, 골

목상권이 사라져 가게를 잃은 자영업자가 동네 공원에 호화 체육 시설이 들어온들 거기 가서 체력 단련을 즐기고 싶겠는가? 설사 어렵더라도 자기 가게를 생명처럼 지키며 운영할 수 있는 것이 그에게는 즐거움이자 삶 자체이다. 이 과정에서 그는 삶의 의미를 터득할 수도 있고, 자기만족에 그치는 것일지라도 스스로 예술 작품을 만들거나, 아니면 아무도 알아주지 않을지라도 스스로 속된 말로 '개똥철학'이라도 세울 수 있는 것이다. 시민을 이렇게 살아가게 해주는 것이 진정한 정치이자 복지이다.

제1장

漢賦
한부의 등장과 의의

01 부賦, 반복과 변주의 예술

시와 노래의 감응은 궁극적으로 환영이란 의미에서 상상계에 속한다. 따라서 여기서는 각자의 자아와 개성이 소외가 전혀 없이 보장된다. 이것은 개인에게는 행복으로 느껴지지만 집단을 지배하는 권력의 입장에서는 어떻게든 배제하고 싶은 상태다. 이들의 상상계를 통합해서 하나로 통일하려면 상징계를 장악해야 한다. 그래서 중국의 역대 정권은 시를 권력의 통제 아래 두려 했던 것이니 그 시작이 한漢 왕조였다. 그들은 『시삼백詩三百』을 경전화하여 『시경詩經』으로 만들었는데, 이는 기실 노래에서 음악성을 제거하여 실질적인 산문으로 환원시킨 것에 불과하다. 이렇게 노래에서 음악성을 제거해서 가사로만 남겨 놓아야 노래(또는 시)에 의해 생성되는 개성을 억압할 수 있기 때문이다. 뿐만 아니라 산문이어야만 정권은 자신들의 정통성과 지배의 정당성을 이치라는 명분으로 백성들에게 설명해 줄 수 있었다. 한대에 성행한 대표적 관학인 경학經學은 바로 이 작업을 담당했는데, 주체의 과잉적 삶을 억제하여 유기체적 삶에 길들이고자 하는 정권의 노력이라는 의미에서 경학은 이데올로기를 생산하는 학문이었고 경서를 해석하는 훈고학訓詁學은 그 생산의 도구이자 방법이었다.

『시경』을 비롯한 경서에 대한 훈고를 통해 만들어 낸 경학의 이데올로기적 윤리들은 감응을 배제한 채 이치만을 중시하였기 때문에 그 유포 과정에서 도가道家에 의해 자주 비판을 받았다. 『장자莊子』 「도척盜跖」 편에 보면 도척이라는 도적의 괴수가 공자의 오류를 논리적으로 반박하는 희화적인 장면이 나온다. 비록 이 편이 후세에 끼워 넣은 위작의 혐의가 짙긴 하지만, 도가의 이러한 유의 비판은 얼마든지 찾을 수 있다.[1] 그중 일부를 인용해 보기로 한다.

이제 내가 네게 사람의 성정에 대해 말해 주겠다. 눈은 아름다운 빛을 보려 하고 귀는 좋은 소리를 듣고 싶어 하며 입은 좋은 맛을 살피려 하고 욕망은 채워지기를 바란다. 사람은 아주 오래 사는 자라야 백 살, 중간 정도 오래 사는 자가 여든 살, 밑으로 가면 예순 살이다. 그나마 병들어 여위거나 남의 죽음을 문상하고 또는 걱정거리로 괴로워하는 따위를 제하고 나면 일생 가운데서 입을 벌리고 웃을 수 있는 일은 한 달 중 불과 네댓새에 지나지 않는다. 하늘과 땅은 무궁하지만 사람은 때가 오면 죽게 마련이다. 이 유한한 몸을 무궁한 천지 사이에 맡기고 있기란 천리마가 틈새 밖으로 휙 지나가 버리는 것과 같다. 그러니까 자신의 욕망을 채우지 못하고 그 수명을 잘 기르지 못하는 자는 모두 도에 능통한 사람이 아니다. 네가 주장하는 바는 모두 내가 버린 것들이다. 당장 돌아가라. 두 번 다시 말하지 말거라. 너의 도란 본성을 잃은 채 무엇 하나 제대로 된 데가 없는 거짓이다. 그 따위로는 사람의 참 모습을 보전할 수 없다. 어찌 따질 만한 게 있겠느냐?[2]
今吾告子以人之情, 目欲視色, 耳欲聽聲, 口欲察味, 志氣欲盈. 人上壽百歲, 中壽八十, 下壽六十, 除病瘦死喪憂患, 其中開口而笑者, 一月之中不過四五日而已矣. 天與地無窮, 人死者有時, 操有時之具而託於無窮之間, 忽然無異騏驥之馳過隙也. 不能說其志意, 養其壽命者, 皆非通道者也. 丘之所言, 皆吾之所棄也, 亟去走歸, 無復言之. 子之道, 狂狂汲汲, 詐巧虛僞事也, 非可以全眞也, 奚足論哉.

여기서 도척이 공자의 도가 거짓이라고 반박하는 내용의 핵심은 그의 도리가 성정에의 욕구를 부정하였다는 것이다. 성정에의 욕구란 오늘날의 개념으로 말하자면 눈·귀·입 등의 감각기관이 대상으로부터 얻는 부분충동을 가리킨다. 이 부분충동의 충족은 궁극적으로 존재자(시뮬라크르)로서의 감각이자 동시에 존재의 근거가 된다. 아주 비근한 예를 들자면, 담배를 피우는 것은 입의 부분충동을 충족시키는 것인데, 담배를 피우는 그 시간만큼은 연기를 빨아들이는 입의 감각이 즐거운 존재자를 생성시키고 이 환영을 통해 잠시나마 편안한 나의 존재가 느껴지는 것이다. 따라서 얼마 길지도 않은 인생에서 이것이 충족되지 않는다면 삶에 무슨 의미가 있겠느냐, 즉 이것이 인간의 참모습은 아니라는 것이 도척의 주장이다.

이는 물론 감정을 올바로 토로하고 또한 감각을 올바로 즐기기 위한 방도로서 예가 만들어졌다는 이른바 연정제례緣情制禮[3]의 기능적 각도에서 보자면 도척의 반박은 근본적으로 오류가 있지만, 예의 실천 과정에서 점차 도그마화한 유가의 도리가 성정과 그 욕구를 홀시하거나 배제한 부분이 있음도 부정할 수 없는 사실이다. 삶의 과잉을 생성하는 감응은 기실 성정에 속한 것으로서 도덕적 이치에서 오는 게 아니다. 이를테면, 『시경』에서 성정을 제거한 이치적 내용을 갖고서는 도척의 반박에 대응할 수 없다. 왜냐하면 이치란 모든 논리가 그러하듯 끝까지 밀고 나가다 보면 자기부정이나 역설(paradox)의 모순을 피할 수 없기 때문이다.

『시경』이 한대 훈고학을 거치면서 도그마로 굳어지는 현상은 더욱 심해지긴 했지만, 그렇다고 해서 시에서 음악성에 대한 욕구가 완전히 사라져 버린 것은 아니었다. 오히려 문학 텍스트 속에서의 음악성에 대한 욕구는 그대로 부연되어 다시 나타났으니, 그 주목할 만한 장르가 부賦였다. 한부漢賦는 잘 알려진 바와 같이 초사楚辭의 형식을 계승한 문학 장르이다.『한시의 비밀』에서도 소개한 바 있지만 굴원屈原의 초사는 중국 문학사에서는 드물게 보이는, 개성적 욕망과 감응을 표현한 작품이다. 한대 정권은 이 개성적 욕망과 감응을 은폐하기 위해『시경』과 마찬가지로 주문휼간主文譎諫, 즉 사관들이 군왕에게 에둘러 간언을 하기 위한 도구라는 의미로 채색하긴 했지만, 초사 텍스트 자체가 갖고 있는 개성적 매력은 후대 문인과 지식인들이 자신들의 성정을 담아낼 표현수단이 되기에 충분하였다.

중국 문학사에서는 전통적으로 한부를 시보다는 문장 쪽으로 분류해 왔다. 이 책은『한시의 비밀』에 이어 중국 시에 관한 이야기를 주요 내용으로 다루고 있다. 그럼에도 여기서 한부를 언급하지 않을 수 없는 것은 한대의 부 문학은 정치와의 밀접한 관련 속에서 성립된 것이어서 문학이 추구하는 개성과 정치적 의견(doxa), 또는 담론이 충돌 또는 절충하는 역사를 보듬고 있기 때문이다. 또한 부는 그 형식에 있어서 음악성, 즉 성률을 어느 정도 강구하고 있으므로 완전한 문장으로 분류할 수도 없는 한계가 있기도 하다. 그리고 나중에 다시 설명하겠지만, 위진魏晉 시대에 가면 건안建安 시문학에서 중국 문학의 독특한 특징인 대아

大我 사상이 등장하는데, 이는 한부의 대부大賦로부터 비롯된 것이다. 그러므로 중국 시의 본격적인 발전을 살펴보기 이전에 부를 먼저 이해해야 하는 것이다.

굴원이 처음 초사를 지었을 적에는 초성楚聲, 즉 초나라 음악에 맞춰 불렀기 때문에 초사는 시가로 출발하였음을 알 수 있다. 그런데 『순자荀子』에 보면 「부賦」편이 보이는데 이 문장은 시가와는 거리가 먼 듯 보인다. 「부」편의 내용은 수수께끼 문답으로 진행되는데 나중에 가서 '예禮'·'지知'·'운雲'·'잠蠶'·'잠箴' 등의 글자를 맞히는 것이다. 이런 의미에서 보면 '부賦' 자는 『설문해자說文解字』에서 풀이한바, "'부'는 '거둬들이다'라는 뜻이다(賦, 斂也)"라든가, 『방언方言』에서 풀이한바, "'부'는 '감추다'라는 뜻이다(賦, 藏也)"라는 의미로 쓰였을 것이다. 그런데 이 「부」편의 형식을 보면 특이한 면이 관찰된다. 즉 문장의 내용이 수수께끼이다 보니 '예禮'·'지知'·'운雲'·'잠蠶'·'잠箴' 등의 답을 유도하는 형식으로 순차적으로 반복되고 있다는 점과 산문임에도 불구하고 주기적으로 각운 형식의 압운이 실행돼 있다는 점이다.

이러한 부의 형식은 전국시대 종횡가들의 글쓰기에 자주 활용되었던 방법이다. 이를테면 『전국책戰國策』「소진시장연횡蘇秦始將連橫」에 보면 다음과 같은 부가 있다.

이런 사실들을 통해 볼 때, 어찌 전쟁을 하지 않을 수 있겠습니까? 옛날에 전차들을 바퀴통들이 서로 부딪치며 달릴 만큼 많이 동원하기도 하고, (각국의 사자들이) 서로 대화도 하고 관계를 맺기도 하면서 천하를 하나로 통일했습니다. 그런데 지금 합종이니 연횡이니 하면서 무기를 감추지 않습니다. 지략가들이 너나 할 것 없이 말을 그럴싸하게 꾸며 대는 바람에 제후들은 미혹에 빠졌고, 온갖 사건들이 한꺼번에 터져서 미처 다스릴 수 없을 정도에 이르렀습니다. 법령 조문이 다 구비돼 있음에도 불구하고 세간에는 사기 사건들이 빈번히 터져 나왔고, 서적과 대책들은 어지러울 정도로 많이 출간됐어도 백성들은 (먹고 입을 것이) 부족하기만 하며, 임금과 신하는 서로의 탓만 하니 백성들은 의지할 데가 없습니다. 말은 옳고 글은 사리에 맞는데도 전쟁은 갈수록 더 터지기만 하고, 청산유수 같은 말솜씨에 희한한 옷을 입고 다녀도 치고받는 전쟁은 그치게 하지 못하며, 글과 수사는 복잡하게 뭐라고들 써대면서도 천하는 다스려지질 않습니다. 혀가 닳아 해지고 귀가 먹도록 말들은 많이 오가지만 결과는 나오지 않고, 의로움을 실천하고 약속을 철저히 지킨다 하는데도 천하 사람들은 서로 가까워지지 않습니다.

由此觀之, 惡有不戰者乎! 古者使車轂擊馳, 言語相結, 天下爲一. 約從連橫, 兵革不藏, 文士并飭, 諸侯亂惑, 萬端俱起, 不可勝理. 科條旣備, 民多僞態. 書策稠濁, 百姓不足. 上下相愁, 民無所聊. 明言章理, 兵甲愈起; 辯言偉服, 戰攻不息; 繁稱文辭, 天下不治; 舌弊耳聾, 不見成功; 行義約信, 天下不親.

이 문장 역시 산문임에도 불구하고 4언 1구句, 2구 1연聯의 격식으로 짜여 있고, 각 연 안의 각 구 마지막 두 글자는 같은 운으로 압운돼 있다. 이를테면 위 인용문에서 '결結'과 '일一', '횡橫'과 '장藏', '칙飭'과 '혹惑', '기起'와 '리理', '탁濁'과 '족足' 등이 바로 그것이다. 압운은 문장을 낭송할 때에 아름답게 발음되고 또한 들리게 함으로써 미적 감각을 추구하고 아울러 오래 기억에 남게 하려는 기능이 있는 게 사실이다.

그러나 여기서 무엇보다 중요한 기능은 동일한 운을 반복시킴으로써 일종의 보이지 않는 논리를 형성하여 말하고자 하는 내용의 합리성을 강화하고 나아가 설득력을 제고시킨다는 점이다.[4] 왜냐하면 한 음절을 발음할 때 금세 사라지지 않고 남아 울리는 부분을 운 또는 여운이라고 부르는데, 문장의 휴지 부분들에서 이 여운들이 공명하면, 이 공명이 아름다움이 되는 동시에 논리성으로 각인되기 때문이다. 이는 언어상에서의 논리 감각이지만 우리는 그 언어가 지시하는 대상(사물)의 논리성으로 이해하기 마련이다. 위 예문에서 보더라도 "법령 조문이 다 구비돼 있음에도 불구하고 세간에는 사기 사건들이 빈번히 터져 나왔고(科條既備, 民多僞態)"부터 "의로움을 실천하고 약속을 철저히 지킨다 하는데도 천하 사람들은 서로 가까워지지 않습니다(行義約信, 天下不親)"까지는 사실상 "~함에도 ~이 없다"는 내용을 반복하고 있다. 이 부분은 기실 같은 내용을 반복함으로써 자칫 진부해질 수 있지만 압운의 환운 형식은 색다른 느낌을 주게 되는데, 이 색다른 느낌이란 곧 하나의 존재자로서 감각되기 때문에 반복의 묘사들이 각각 사실적이라는 점을 논리적으로 입증 받는 효과를 갖는다.

진정한 차이는 변주에서 온다

이런 점에서 부는 얼핏 초사와는 이질적인 것처럼 보인다. 그러나 논설문적인 내용을 가졌을지라도 부는 형식적인 면에서는 여전히 초사와 맥을 같이한다. 왜냐하면 이때의 부는 부시賦詩의 의미로 쓰였을 것이기 때문이다. 부시란『한시의 비밀』에서 이미 소개한 바와 같이[5] 주선율을 변주 형태로 반복하는 형식으로써 연출하는 행위이다.『순자』의「부」편에서는 '예禮'·'지知'·'운雲'·'잠蠶'·'잠箴' 등의 글자 수수께끼를 변주로 반복 연출한 것이고,『전국책』은 4언의 구절을 1연씩 변주로 반복 연주하는 것처럼 말이다.

감응이란 시뮬라크르, 즉 순간에 느끼는 환영의 감각으로서『시경』에서는 이를 흥興으로 규정하였다. 흥은 시간적 제한을 받으므로 노래와 시는 이것을 가급적 지연시키려 할 것인즉, 이것이 일창삼탄一倡三歎이나 부라는 반복 형식이 나오게 된 배경이다. 그러나 아무리 감동적인 흥이라 하더라도 같은 것을 되풀이하면 지루해지기 마련이다. 그래서 변주 형식을 반복하게 되는 것인데, 이 변주라는 미세한 차이가 흥을 유지시켜 주는 것이고 이것이 바로 문학성의 본질이다. "오직 유사한 것만이 다르다"는 들뢰즈Gilles Deleuze의 말이나, "형식 자체의 분열일 뿐인 형식"[6]이 진정한 차이라는 아도르노Theodor Adorno의 말을 이런 관법으로 끌어와도 무방하리라.

이렇게 압운의 변주를 연출한다는 점에서 부와 초사는 문학적으로 동질적인 것이고, 따라서 한대의 부가 초사를 계승했다고 말하는 것은 곧 이러한 음악성의 계승을 뜻하는 것이다. 한부와 초사의 기본적인 리듬이 모두 7·6언으로서 '♪♪♪♪♪♩ / ♪♪♪♩♩'으로 읽힌다는 사실이 이를 입증한다.

한부라 하면 흔히 한초에는 작가의 정치적 담론이나 세상에 대한 개인적인 감상 같은 것을 토로한 작품 정도로, 그리고 한대 중엽에 들어서서는 한 제국의 국위와 황제의 권위 등을 찬양하기 위한 궁정문학 정도로 인식하고 있는 것이 사실이다.[7] 전통적인 중국 문학에서는 한부의 의의를 주문휼간主文譎諫에서 찾기도 하는데, 이는 그나마 한부를 좋게 평가해 준 편에 속한다.[8] 그럼에도 대부분의 학자들은 한부의 화려한 수사와 글쓰기가 위진 이후 등장한 이른바 '시부욕려詩賦欲麗', 즉 '시와 부는 아름다워지려는 경향이 있다'는 사상을 촉발하였다는 데에 동의하고 있다. 한부 작품 중에 이 같은 면이 있다는 사실을 부정할 수는 없다. 그러나 현상적으로 보이는 부분을 벗어나 다음의 몇 가지 점에 대하여 의문을 제기한다면 우리는 한부의 다른 면모와 함께 문학 작품으로서 이미 갖춰진 가치를 재발견할 수 있을 것이다.

우선 한대의 부 작품들이 당시에 그렇게 유행하였다는 사실을 단순히 그것이 권력에 봉사했기 때문이라고 본다면 설득력이 너무 부족하다. 아무리 권력에 부응했다 하더라도 작품 자체가 갖는 가치가 없다면 일과성에 지나지 않았을 것이다. 즉 사람들이 문학 작품을 읽는 주요 이유는 새로운 주체 또는 존재에 대한 경험인데, 이러한 존재자가 느껴지지 않았다면 반복해서 지어지거나 읽히지 않았을 것이다. 그리고 또 한 가지는 한부 작품들에는 정말로 작가의 개성과 고뇌가 없었을까 하는 의문이다. 인간에게 욕망과 충동이 존재하는 한, 그리고 그 욕망의 대상이 상징체계를 통해 구현될 수밖에 없는 한 시니피앙signifiant(기표)을 추구할 것이고, 그렇다면 그 기호체인 작품(text)에서 분명히 어떤 특이성(singularity)에 감응했을 것이다. 특이성에 감응했다면 그것은 '개성적임'의 범주가 아닐까? 바로 이러한 회의의 관점에서 작품을 바라본다면, 한부에 부여된 의미와 만날 수 있을 것이다.

한부의 대표적 작가는 말할 것도 없이 사마상여司馬相如이다. 그는 이미 천재적인 문호라고 정평이 나 있기 때문에 그의 작품을 갖고서 앞서 제시한 의문점들을 파헤친다면 그 결과를 일반화할 수 없을 것이다. 오히려 한대 초기의 부 작품들을 분석해 봐야 거기서 향후에 발현될 부의 문학적 가능성을 발견할 수 있을 것이다. 이런 의미에서 한대 산체부散體賦의 시발이 된 매승枚乘(?~기원전 140)의 『칠발七發』은 훌륭한 분석 대상이다. 왜냐하면 이 작품은 당시 권력의 수요를 잘 반영하면서도 문학성을 어느 정도 갖추고 있기 때문이다. 이와 아울러 읽어 볼 작품은 가의賈誼(기원전 200~168)의 『복조부鵩鳥賦』이다. 이 작품 역시 당시의 상황이 요구하는 문화적인 수요를 충족시키고는 있지만 한부로서는 보기 드물게 작가의 개성을 보여주고 있다는 점에서 우리가 눈여겨봐야 할 작품임을 잊지 말아야 한다.

02 『칠발七發』
: 이치를 표방하면서도 이를 넘어선 작품

한초는 이제 막 실현한 통일정권을 속히 안정시켜야 한다는 정치적 수요가 팽배한 시기였다. 정권의 안정은 무엇보다 먼저 정통성을 확보해야 하는데, 이를 위해서는 문학의 도움이 필요하였다. 정통성은 중국의 경우 정권이 천명에 근거한다는 이른바 수명受命의 근원을 밝히는 데서 시작한다. 수명이라는 신화적 이데올로기를 합리적으로 설명하려면 형이상학적 이치에 근거해야 하고, 이 이치가 어떤 심오한 힘에서 오는 절대적 가치로 인식시키기 위해서 문학적 수사와 이야기가 필요하다는 말이다. 한 무제武帝 이후에는 이러한 이치를 하나의 관념 형태로 만들기 위해 경학이 세워지기는 했지만, 이보다 먼저 동원된 자연스러운 방법이 문학이었다.

새로운 시대가 열리면 새로운 (무의식적) 주체가 요구되는 법이다. 문학은 바로 새로운 주체를 생성하는 데 요긴한 기능을 수행하는데, 여기서 새로운 주체란 한초의 경우는 합리적 이치의 절대성을 인정하는 것으로서 이는 문학의 음악성과 기술/묘사(description)라는 요소에 의해 형성된다. 바로 이 시대적 수요에 부賦라는 문학 형식이 매우 적절히 부응했던 것이고, 그 대표적인 작품이 매승의 『칠발』이었던 것이다. 이러한 시대적 수요를 잘 수용했기 때문에 『칠발』이 내용이 별로 없다는 후대의 평가에도 불구하고 당시에는 사람들의 입에 회자되었던 것으로 짐작된다. 다시 말해서 이 작품은 성현의 이치를 절대 가치로 중시하고자 하는 이념적 목적이 너무 적나라하게 반영돼 있어서 그러한 혹평을 부인할 수는 없을 듯하지만, 어쨌든 글의 형식이 문학이고 또한 역대로 사람들에게 애송돼 왔다면 거기에는 분명히 우리가 미처 몰랐던 문학적 가치가 존재했을 것이라는 가정을 세울 수 있다는 말이다.

매승의 『칠발』은 흔히 왕과 귀족 등 통치자들에게 쾌락에 탐닉하지 말고 옛 성현들의 말씀과 이치를 최고의 즐거움으로 알고 청종하라는 가르침을 주기 위한 작품으로 많이 알려져 있다. 그래서 이 작품을 통치자에 대한 주문휼간의 기능이 강한 풍간諷諫 작품으로 보는 것이 일반적이다. 이 작품이 정말로 풍간의 기능을 위해서 지어진 것인지, 그리고 심오한 이치와 같은 비의祕義를 찾기 위해서 창작된 것인지, 아니면 문학적 작품으로서의 면모를 우리가 오독했던 것인지를 다음의 분석을 통해서 알아보기로 하자.

우선 이 작품은 모두 8단으로 이루어졌는데, 앓아누운 초나라 태자와 오나라에서 문병 온 손님 간의 문답을 내용으로 한다. 제1단의 문장은 오나라 손님이 태자를 문병하면서 태자의 병세와 그에 대한 진단을 서술하는 것으로 시작한다.

> 오늘날 천하가 안녕하고 변방이 평화로운 가운데 태자께서는 나이가 이제 한창이십니다. 추측건대, 안락함에 탐닉함이 밤낮으로 끝이 없는 지가 오래되어 사악한 기운이 속으로 역류해 들어옴으로써 가슴속에 단단한 것이 꽉 맺혀 있는 것 같습니다.

今時天下安寧, 四宇和平, 太子方富於年. 意者久耽安樂, 日夜無極, 邪氣襲逆, 中若結轖.

정신이 산만해서 혼란스럽고, 깜짝깜짝 놀라고 떨려서 누워도 편안히 잠들 수 없습니다. 정기가 고갈돼 생각을 집중할 수 없고 사람 말을 듣기가 싫어집니다. 정신이 다 흐트러지니 온갖 병이 모두 발생하고, 귀와 눈이 어지러우니 기쁨과 노여움이 평형을 잃게 됩니다.
惕惕怵怵, 臥不得瞑, 虛中重聽, 惡聞人聲. 精神越渫, 百病咸生, 聰明眩曜, 悅怒不平.

오늘날 귀하신 분들의 자제들은 전부 궁궐에 살거나 깊은 규방에 거처합니다. …… 무릇 들어오고 나갈 때 호화로운 가마와 수레를 타는 것을 일컬어 절름발이와 반신불수의 조짐이라 부르고, 고대광실에 사는 것을 일컬어 절름발이를 야기하는 한기와 반신불수를 불러오는 열기의 매개라고 부르며, 아리따운 여인들을 가까이하는 것을 일컬어 본성을 치는 도끼라고 부르고, 단 음식과 진한 술을 많이 먹는 것을 일컬어 내장을 썩게 하는 독약이라고 부릅니다.
今夫貴人之子, 必宮居而閨處, …… 且夫出輿入輦, 命曰蹙痿之機. 洞房淸宮, 命曰寒熱之媒, 皓齒蛾眉, 命曰伐性之斧, 甘脆肥膿, 命曰腐腸之藥.

오나라 손님은 태자의 병이 다름 아닌 과도한 탐욕에서 비롯됐다고 진단하고, 그 향락과 사치가 만연한 궁중 생활을 구체적으로 지적한다. 이 부분은 부 작품답게 그 실상들을 반복해서 변주하는데 이 방식은 이후의 묘사에서도 지속된다. 후대 주석가들은 향락과 사치에 탐닉한 귀족 사회의 부패상을 낱낱이 고발하였다는 점을 들어 사회성과 풍간성이 농후한 성격의 작품으로 보기도 하지만 이는 기실 이 작품의 본령은 아니다. 여기서의 반복 변주는 고발의 효과로 쓴 게 아니라 존재자의 핍진한 생성에 목적이 있다. 위 예문에서 볼 수 있듯이 진단이 이치에 입각해서 합리적으로 묘사되고 있긴 하지만, 이 합리성이 존재로 느껴지게 하는 것은 핍진한 존재자를 생성해 내는 일이니, 이것이 곧 변주로 반복되는 표현들인 것이다.

눈물은 왜 필요한가

오나라 손님은 이러한 진단에 입각해서 이 병은 보통 약으로 고칠 병이 아니므로 특별한 치료법을 다음과 같이 제시한다.

> 이제 태자마마의 병 같은 것은 오로지 견문이 넓고 기억력이 좋은 세상의 군자를 섬겨서 기회 있을 때마다 일에 대한 설명을 듣고 정도와 의지를 고치며, 늘 그의 곁을 떠나지 않고 자신의 양 날개로 삼아야 합니다.
> 今如太子之病者, 獨宜世之君子, 博見强識, 承閒語事, 變度易意, 常無離側, 以爲羽翼.

태자가 그리하겠다고 다짐하자 그의 병을 치료할 요언묘도要言妙道, 즉 핵심적인 말과 지극한 도리를 설파하기 시작한다. 이를 위한 첫 단계가 음악이었다.

"용문의 오동나무는 높이가 일백 자이고 가지가 없으며, 나무속의 무늬가 촘촘하고 구불구불 굽어 있고 뿌리는 사방으로 뻗어 흩어져 있습니다. 나무 위쪽으로는 천 길이나 되는 산봉우리가 있고 아래로는 만 길 깊이의 계곡이 있지요. …… 그 뿌리는 반은 죽어 있고 반은 살아 있습니다. 겨울에는 매서운 바람이 흩뿌리는 눈보라에 맞고, 여름에는 천둥과 벼락에 데며, …… 그리하여 가을을 떠나보내고 겨울을 건넌 후 공수반公輸班과 왕이王爾를 시켜 찍고 베어서 비파 통을 만들게 하고, 야생 누에고치의 실로 현을 삼고, 고아의 허리띠 쇠쇠로 위를 장식하고 노나라 아홉 과부의 귀고리로 아래 장식을 한 후,9 사당師堂을 시켜 현을 조율케 하고 백아伯牙에게 이 악기로 노래하게 하면, …… 이 연주를 들으면 나는 새들은 날개를 접고 떠나질 못하고 들짐승은 귀를 내리고 갈 길을 가지 않으며, 땅강아지와 개미 등은 입을 다물고 앞으로 나아가지 않으니, 이 연주야말로 지극한 슬픔입니다. 태자께서는 억지로라도 일어나 들으실 수 있겠습니까?"라고 하니, 태자가 "저는 병들어 할 수 없소이다"라고 대답하였다.

龍門之桐, 高百尺而無枝. 中鬱結之輪菌, 根扶疏以分離. 上有千刃之峰, 下臨百丈之谿. …… 其根半死半生, 冬則烈風漂霰飛雪之所激也. 夏則雷霆霹靂之所感也. …… 於是背秋涉冬, 使琴摯斫斬以爲琴, 野繭之絲以爲絃, 孤子之鉤以爲隱, 九寡之珥以爲約. 使師堂操暢, 伯子牙爲之歌. …… 飛鳥聞之, 翕翼而不能去, 野獸聞之, 垂耳而不能行.

蚑蟜螻蟻聞之, 拄喙而不能前. 此亦天下之至悲也, 太子能强起聽之乎. 太子曰: 僕病未能也.

음악 연주의 정교함과 그 감동성을 묘사하기 위해 부는 앞서 설명한 그 변주 형식을 반복한다. 위의 인용문은 궁극적으로 지극히 슬픈 소리를 내기 위하여 악기의 재질인 나무가 자라는 혹독한 환경으로부터 시작하여 악기를 만드는 장인·조율사·연주가, 심지어 악기에 붙이는 장식까지 상세하게 묘사하고 있는데, 이런 기능으로는 부만큼 효과적인 장르도 없을 것이다.

여기서 눈여겨볼 부분은 슬픔을 음악의 본질인 것처럼 보았다는 점이다. 음악은 궁극적으로 감동을 주어야 하고, 그 감동은 눈물의 생성을 필요로 한다. 왜냐하면 눈물은 답답함과 고뇌를 씻어 내어 흰 공백(공허)을 만들어 주기 때문이리라. 이 공백이, 말하자면, 유령적 삶의 공간이 되는 것이니, 이 때문에 유기체적 삶은 비록 고되고 추하더라도 유령적 삶은 그러한 것이 깨끗이 씻긴 고결한 상태를 유지할 수 있는 것이다. 여기에 바로 음악의 의의가 있다. 그러나 스스로를 되돌아보게 하는 메타 인식 기능이 없는 음악은 언제나 의의를 넘어 사치로 발전하기 마련이다. 그래서 옛날부터 음악의 사치에 대한 선현들의 경계와 경고가 심각하게 제기돼 왔음에도[10] 역대 군왕들의 음악에 대한 투자와 사치가 그치지 않았던 것이다. 음악을 향한 욕망은 이처럼 피할 수 없는 것임에도 태자는 평소 같으면 좋아하였을 음악을 거절하는 것으로 그린다. 음악이 과연 이렇게 간단히 부인될 수 없는 것임에도 그가 이를 부인하였다면 그를 일으켜 세울 수 있는 힘은 어디서 찾아야 할까?

긴장과 이완의 반복이 주는 즐거움

오나라 손님은 두 번째 단계로 산해진미의 음식을 묘사하면서 먹는 쾌락을 즐겨 볼 것을 권한다.

"송아지의 아래 뱃살을 죽순과 향포 줄기와 함께 넣어 요리하고, 살진 개고기를 우려낸 국에 석이石耳를 얹습니다. 초나라 묘산苗山에서 나는 멥쌀과 안호초安胡草의 열매로 각각 밥을 짓는데, 이들 밥은 손으로 뭉치면 흩어지지 않고 맛을 보면 윤기 흐르는 것을 느낄 수 있습니다. 여기에 이윤伊尹을 시켜서 볶거나 삶게 하고, 역아易牙를 시켜서 맛을 내게 합니다. …… (이상에 열거한) 일상적 음식에서부터 진귀한 마실 것까지 모두가 마치 뜨거운 물이 눈에 녹아들어 가듯 쉽게 넘어갑니다. 이것이 천하에서 가장 지극한 맛이니 태자마마께서는 억지로라도 일어나 맛보실 수 있겠습니까?"라고 하니, 태자가 "저는 병들어 할 수 없소이다"라고 대답하였다.

犓牛之腴, 菜以笋蒲, 肥狗之和, 冒以山膚. 楚苗之食, 安胡之飯, 搏之不解, 一啜而散. 於是使伊尹煎熬, 易牙調和. …… 小飯大歠, 如湯沃雪. 此亦天下之至美也, 太子能强起嘗之乎. 太子曰: 僕病未能也.

아무리 산해진미의 요리라 하더라도 궁극적으로 음식을 먹는 재미의 본질은 음식 자체를 섭취하는 데 있는 게 아니라, 기실 저작 행위, 즉 씹는 맛에 있다. 이 즐거움은 들뢰즈가 말한바 부분충동에서 기인한다. 이 충동의 만족은 음식과 같은 대상 자체와는 별반 관련이 없다. 단지 이것은 대상(사물)과 신체의 일부 표면들이 닿는 면에서 출현과 부재가 반복하는 가운데 긴장이 발생하고 이 긴장이 성감대를 자극하여 쾌감을 느끼게 하는 것이다.[11] 이를테면, 음식을 즐기는 것은 대상인 음식 자체의 섭취가 아니라 음식물을 저작하는 행위의 긴장을 입안의 표면이 느끼기 때문에 발생한다. 즉 저작 행위란 다름 아닌 대상(음식물)의 출현과 부재를 반복시키는 긴장과 이완의 조성 행위인데, 이것이 구순의 충동을 만족시키는 것이다. 위의 일부 인용문에서 가리키는바, 진미의 식재료와 요리법이란 것도 따지고 보면 바로 이 저작의 감각을 생성하기 위한 방도와 과정을 조합하는 일에 불과하다. 그러나 이런 재미도 워낙 좋은 거라면 다 먹어 본 태자에게는 별로 관심을 끌 만한 것이 못 된다. 태자의 병은 오나라 손님이 앞서 지적했듯이 기실 많이 먹고 마셔서 걸린 병이므로 아무리 맛있는 음식이라 하더라도 거절할 수밖에 없다. 따라서 먹는 재미는 궁극적인 즐거움으로 인정될 수 없다는 것이다.

그래서 세 번째 단계인 거마, 즉 수레 타기의 즐거움을 제시한다.

"(말 산지로 유명한) 종種땅과 대垈땅에서 난 수말 중에서도 다 자란 말이 끄는 수레는 앞으로 나아가는 것은 나는 새와 같고 뒤로 물러나는 것은 거허駏驉와 같습니다. 이 말에 조생 보리를 먹이면 (말이 살이 쪄) 성질이 조급해져 즉시 밖으로 튀어 내달으려 합니다. …… 그래서 백락에게는 말이 앞뒤로 움직이는 모양을 보게 하고, 조보造父에게는 이 말을 수레에 매어 몰게 하고, 진결秦缺과 누계樓季에게는 거우車右를 서게 하였습니다. 이 두 사람은 말이 일탈해도 능히 제지할 수 있고 수레 뒤집혀도 능히 일으켜 세울 수 있습니다. …… 이것 역시 천하에서 가장 빠른 수레이니 태자께서는 억지로라도 일어나 타보실 수 있겠습니까?"라고 하니, 태자가 "저는 병들어 할 수 없소이다"라고 대답하였다.
種岱之牡, 齒至之車. 前似飛鳥, 後類距虛. 稨麥服處, 躁中煩外. ……
於是伯樂相其前後, 王良造父爲之御, 秦缺樓季爲之右. 此兩人者, 馬
佚能止之, 車覆能起之. …… 此亦天下之至駿也, 太子能强起乘之乎.
太子曰: 僕病未能也.

경쾌한 수레 타기 역시 맛있는 음식을 먹는 것처럼 그 즐거움은 음식 자체를 섭취하거나 수레 자체를 소유하는 데서 오는 게 아니다. 수레 몰기의 쾌락은 전후로 속도감 있게 움직이기, 좌우로 흔들림 가운데 균형 잡기, 뒤집혔다 다시 일어서기 등의 운동이 우리 몸의 표면에 긴장과 이완의 반복을 야기함으로써 즐거움을 제공한다. 그래서 이 즐거움을 극대화하기 위하여 작가는 백락·조보·진결 등의 거마 전문가와 명마를 등장시킨 것이다. 이렇듯 궁극적으로 신체 기관의 충동을 만족시키는 방도가 수레 몰기의 진정한 목적이다. 따라서 이 수레 몰기 역시 긴장과 이완의 반복을 통해 몸의 표면에 과잉을 만들어 내는 존재자의 생성 행위가 된다. 이 역시 태자는 병을 핑계로 거절한다.

파티의 즐거움은 어디서 오는가

네 번째 단계로 오나라 손님은 유락遊樂, 즉 경관 좋은 곳에서 잔치를 베풀고 노는 파티를 제시한다.

"경이대景夷臺에 오르면 남으로 형산이 보이고 북으로 여해가 보이며,

좌로는 강, 우로는 호수를 끼고 있으니, 그 즐거움이 이보다 더 할 수 없습니다. 여기에다 학식 많은 선비가 산천의 원뿌리를 설명해 주고, 초목의 이름들을 일일이 알려 드립니다. 그리고 이 사람들은 (시를 지을 때) 어떤 일을 비유할 때 무슨 사물을 써야 하는지, 이별을 노래할 때 어떤 비유의 말이나 유사한 말들을 많이 알고 있습니다. 이곳에서 이리저리 구경하며 노니다가 내려와 우회궁虞悔宮에다 술상을 차려 놓습니다. 이 궁은 곁채들이 사방으로 이어져 있고, …… 그리하여 『격초가激楚歌』 중의 「결풍結風」을 노래하고, 정鄭·위衛의 멋진 노래를 한 곡조 뽑습니다. 그리고 서시西施·징서徵舒·양문陽文·단간段干·오왜吳娃·여취閭娶·부여傅予 등과 맞먹는 미녀들의 무리가 갖가지 옷을 입고 머리를 틀어 올리고는 눈짓으로 추파를 보내면 마음이 안 흔들릴 수 없습니다. …… 이것 역시 천하에서 가장 호화롭고 사치하며 통쾌한 즐거움이니, 태자께서는 억지로라도 일어나서 놀아 볼 수 있겠습니까?"라고 하니, 태자가 "저는 병들어 할 수 없소이다"라고 대답하였다.

旣登景夷之臺, 南望荊山, 北望汝海, 左江右湖, 其樂無有. 於是使博辯之士, 原本山川, 極命草木, 比物屬事, 離辭連類. 浮游覽觀, 乃下置酒於虞悔之宮. 連廊四注, …… 於是乃發激楚之結風, 揚鄭衛之皓樂. 使先施·徵舒·陽文·段干·吳娃·閭娶·傅子之徒, 雜裾垂髾, 目窕心與. …… 此亦天下之靡麗皓侈廣博之樂也, 太子能强起游乎. 太子曰: 僕病未能也.

군주들이 경관 좋은 곳에 화려한 건축물과 정원을 짓고 그곳에 신하들을 불러다 연회, 즉 파티를 베풀며 즐기는 행위는 단순히 좋은 것 실컷 먹고 마시는 만족에서 즐거움이 기인하는 것이 아니다. 주인과 노예 사이의 권력관계는 기실 인정에서 출발한다. 즉 노예가 주인을 인정하는 데서 주인의 권력은 정당히 행사될 수 있는 것이다. 그러므로 파티를 베푸는 군주는 물질적 증여를 통해서 파티 참여자인 신하들로 하여금 자발적으로 군주를 인정하게 하려 할 것이고, 이것이 성공했을 경우 베푸는 자는 자연스럽게 권력을 행사할 수 있다. 그래서 파티는 성대하고 화려해지는 것이다. 이런 과정이 군주에게는 삶의 과잉을 형성한다.

아무리 부자로 살아도 주위에 그것을 인정해 줄 사람이 없다면 보람과 재미라는 과잉이 없다. 이것이 해외에 나가 성공한 교포들의 딜레마의 본질이기도 하다.[12] 아무튼 파티란 타자의 시선을 통해서 인정을 확인 받는 자리다. 그래서 위 인용문의 "눈짓으로 추파를 보내면 마음이 안 흔들릴 수 없습니다"라고 표현한 것처럼 서로가 시선으로 인정해 주기를 유혹하고 또한 인정해 주는 척하면서 다시 역으로 인정을 유혹하는 게임을 참여자들이 함께 즐기는 것이다. 이와 같이 권력과 성은 같은 구조로 역동하는 것이기 때문에 파티 현장에 성이 개입하지 않을 수 없는 것이다. 아울러 그곳이 겉으로는 술과 음악이라는 디오니소스를 향해 있는 것 같으면서도 각자가 내심으로는 미래를 기획하는 아폴론적인 긴장 상태를 유지한다는 점에서 권력의 각축장이 되는 것이다. 이러한 보이지 않는 다툼이 다시 과잉을 증폭시키는 것임은 말할 것도 없다.

여기서 특이한 사실을 짚고 넘어가야 할 곳이 있는데, 바로 "이 사람 (선비)들은 (시를 지을 때) 어떤 일을 비유할 때 무슨 사물을 써야 하는지, 이별을 노래할 때 어떤 비유의 말이나 유사한 말들을 많이 알고 있습니다"라는 구절이다. 이 말은 이별을 노래하는 시를 지을 때 어떤 사물은

어떤 감정을 상징하고 또 비유하는지를 도식화해서 가르쳐 준다는 뜻
으로서 당시의 연회 자리에서는 이별의 노래를 지어 부르기가 유행이
었던 것으로 짐작된다. 다시 말해서 당시의 그들은 이별의 슬픈 감정에
서 삶의 과잉을 느꼈다는 의미가 된다. 이는 앞서 음악의 쾌락을 제시하
면서 "이 연주야말로 지극한 슬픔입니다"라고 묘사한 부분과 맥이 서로
닿는 말로 볼 수 있다. 아마 물질적으로 부족함이 없는 귀족들에게 이
별시를 통한 상실감의 재현은 시들어져 버린 욕망을 불러일으켜 줄 기
회였을지도 모른다. 말하자면 그들은 이별을 즐겼던 것이다. 이것이 상
투적인 일이 되다 보니 노랫말 속의 비유들이 도식화되어 이 지식을 전
문적으로 알려 주는 전문인이 생겨났음을 이 구절이 말해 주고 있는 것
이다. 비흥比興이 이런 진부한 지경에 이르렀다면 이미 문학으로서의 생
명은 끝이 났었을 것임에도 불구하고 말이다.

사냥의 통치적 의의

세속적인 즐거움 중에서 권력과 성은 아마 가장 높은 자리에 위치하
고 있겠지만 태자는 이마저도 거부하니까, 오나라 손님은 다섯 번째 단
계로 사냥의 즐거움에 대해 이야기한다.

"바야흐로 태자마마를 위해서 천리마를 훈련시켜 경쾌한 수레의 멍
에를 메우고 준마가 끄는 수레에 승차하십니다. 우측에는 명품 화살
인 하복夏服 전통을 메시고 좌측에는 아름답게 조각한 오호烏號의 활
을 드십니다. 그러고는 운몽雲夢의 늪지를 활보하시고 난초 무성한 못

가를 두루 달리시며 강가를 절도 있게 서행하십니다. …… 그리하여 개와 말의 능력을 다 발휘케 하여 들짐승들의 발을 피곤케 하고, 말을 관리하고 수레를 모는 자들의 재주를 다하게 하여 호랑이와 표범을 떨게 만들고 맹금류를 쫄게 만듭니다. …… 상처도 없이 죽은 짐승들이 과연 뒤따라오는 수레에 족히 채울 정도였으니, 이것이 포위 사냥의 가장 볼 만한 장면입니다. 태자께서는 억지로라도 일어나서 놀아 볼 수 있겠습니까?"라고 하니, 태자가 "저는 병들어 할 수 없소이다"라고 대답하였다. 그러나 태자의 양미간에 희색이 보이더니 점차 위로 올라가 얼굴 전체를 거의 채웠다. 손님이 태자에게 희색이 보이자 더 밀고 나가며 아뢰기를 "짐승을 잡기 위해 놓은 불이 하늘에 닿고 군사들의 수레가 우레 소리를 내며 구르며, …… 때깔 좋고 온전하여 제사용으로 쓸 놈은 제후가 계신 곳에 바칩니다"라고 하니, 태자가 "훌륭하오. 다시 듣고 싶구려"라고 말하였다. 그러자 손님이 말을 이었다. "아직 제 말씀이 끝나지 않았습니다. 그러고서 빽빽한 숲과 깊은 늪 속에 들어가니 안개와 구름이 자욱한 데서 코뿔소와 범이 같이 튀어나옵니다. 그러면 힘세고 용맹한 무사들이 웃통을 벗고 맨몸으로 때려잡습니다. …… (충성의 마음을) 크게 노래하여 아뢰는 일은 만년이 지나도 물리지 않는 법입니다. 이것이 정말로 태자마마께서 기뻐하시는 바이니, 억지로라도 일어나 놀아 보실 수 있겠습니까?" 태자가 대답하기를 "저는 심히 따라 가보고 싶지만, 여러 대부들에게 누를 끼칠까 두려울 뿐입니다"라고 하였다. 그러나 일어날 기색은 보였다.

將爲太子馴麒麟之馬, 駕飛輪之輿, 乘牡駿之乘. 右夏服之勁箭, 左烏號之雕弓. 游涉乎雲林, 周馳乎蘭澤, 弭節乎江潯. …… 於是極犬馬之才, 困野獸之足, 窮相御之智巧, 恐虎豹, 懾鷙鳥, …… 無創而死者, 固足充後乘矣. 此校獵之至壯也, 太子能强起游乎. 太子曰: 僕病未能也. 然陽氣見於眉宇之間, 侵淫而上, 幾滿大宅. 客見太子有悅色, 逐推而進之曰: 冥火薄天, 兵車雷運, …… 純粹全犧, 獻之公門. 太子曰: 善, 願復聞之. 客曰: 未旣. 於是榛林深澤, 煙雲闇莫, 兕虎幷作. 毅武孔猛, 袒裼身薄. …… 高歌陳唱, 萬歲無斁. 此眞太子之所喜也, 能强起而游乎. 太子曰: 僕甚願從, 直恐爲諸大夫累耳. 然而有起色矣.

예나 지금이나 사냥의 즐거움은 만 가지 즐거움 중의 으뜸으로 꼽아왔다. 지금은 물론 생태보호 때문에 엄격히 금지돼 있지만 그럼에도 이 즐거움을 대체할 수 있는 스포츠와 게임이 성행하고 있는 실정이다. 그렇다면 사냥의 즐거움은 어디서 오는가? 대상(사냥감)의 획득에서 오는가? 잡아먹기 위해 사냥을 한다면 시장이나 식당에 가면 얼마든지 더 싼 가격으로 대상을 구할 수 있으므로 대상 자체는 아니리라. 사냥의 가장 근본적인 즐거움은 달아나는 대상을 쫓고 놓치는 행위의 반복에 기인한다. 손에 잡힐 듯 말 듯한 사냥감은 그야말로 라캉Jacques Lacan이 말한바 대상 a, 욕망 그 자체이다. 쫓고 놓치는 행위의 반복 속에서 잃어버린 대상(사냥감)은 실패할수록 커져만 가서 끝끝내 사냥을 포기할 수 없게 하는 것은 우리를 일상 속에서 살아가게 하는 삶의 과잉, 더 광의적으로 말하자면 희망의 본질을 깨닫게 해준다.

또한 숲속에서 예기치 않게 출몰하는 맹수들은 실재계를 경험하게 한다. 사냥 도구와 사용법, 그리고 사냥 방법을 익힌 사냥꾼은 일종의 상징계를 상징한다. 예기치 않게 제멋대로 출몰하고 침범하는 맹수라는 실재계가 이 꽉 짜인 상징계를 교란하려 할 때 이를 사냥 도구와 방법을 써서 상징계 안에 포섭해야만 상징계의 질서와 권력이 유지될 수 있는 법이다. 이런 의미에서 보면 사냥감 짐승은 실재계에서 빠져나온 잔여, 즉 욕망이 된다. 체제와 권력을 유지하다 보면 모든 것이 상징 질서대로 움직이는 것이 아니다. 통치자의 눈에는 언제든지 예기치 않은 대상 a가 등장할 수 있으므로 이것을 질서 안으로 포섭할 수 있는 능력을 길러야 위기를 관리할 수 있다. 그래서 옛날부터 통치자나 귀족들은 자제들의 지도자적 자질을 기르기 위한 훈련 과정으로서 사냥을 가르쳤던 것이다.

아울러 사냥은 전쟁을 하지 않고서도 무력의 위엄을 확인하고 즐길 수 있는 기회이기도 하다. 다시 말해서 권력의 실체를 사냥에 참여한 자들 위아래가 모두 직접 보고 느낌으로써 루소Jean-Jacques Rousseau가 말한바 "힘을 권리로, 복종을 의무로" 변화시킬 수 있게 된다는 것이다. 위 인용문에도 잠깐 소개되었듯이, 숲속에서 맹수가 튀어나왔을 때 이를 맨몸으로 때려잡는 일은 권력자에 대한 목숨을 건 충성으로 충분히 감지될 수 있다. 여기서는 지면 관계상 작품의 전문을 인용하지 못했지만, 사냥 행사의 웅장함과 사냥 후의 뒤풀이 의식에 대한 부의 반복된 묘사는 읽거나 듣는 이의 감흥을 일으키기에 충분하였다. 한대 이전의 문장에서도 그랬지만, 이후 사마상여의 『자허부子虛賦』를 비롯한, 황제나 임금의 사냥을 주제로 한 각종 작품에서 충성에 관한 묘사가 빠지지 않는 것은 바로 이 때문이다. 전쟁의 위험과 스트레스 없이 권력을 누릴 수 있다는 사실은 분명 권력자에게 삶의 과잉을 제공해 주므로 병들어 누워 있는 태자도 눈이 번쩍 뜨였던 것이다. 그래도 여전히 채워지지 않는 게 있었다.

장관壯觀의 효능

그래서 손님이 여섯 번째로 제시한 즐거움은 파도의 장관을 구경하는 것이었다.

"바야흐로 8월 보름날이 될 즈음에 제후들과 더불어 먼 지방으로 가서 형제들과 어울려 놀 때에 광릉廣陵의 곡강曲江에 가서 파도의 장관을 구경해 보시는 겁니다. 거기에 도착하면 아직 파도의 형태가 보이지 않을 겁니다만, 물의 힘이 도달하는 것을 우두커니 보고 있노라면 문득 깜짝 놀라기에 충분하지요. 보이는 것이란 온통 치고 넘치는 물, 튀어 오르는 물, 치고 달려 나가는 물, 제자리를 빙빙 도는 물, 바위를 깎아 내듯 씻어 내리는 물뿐이니, 설사 마음에 지략이 있는 사람이나 말 잘하는 사람이 있다 하더라도 그 모양과 그 연유한 바를 설명하지 못할 것입니다. 그 형상이 황홀하기도 하고, 경이롭기도 하고, …… 바로 이러한 때에 설사 오랜 지병과 숙환이 있다 하더라도 오히려 바야흐로 곱사등이가 허리를 펴고 앉은뱅이가 일어나며, 소경이 눈을 뜨고 귀머거리가 귀가 열려서 이 광경을 볼 지경인데, 하물며 하찮은 번민에 시달리고 술에 중독된 자들 정도야? 그래서 이르기를 '몽매한 것을 깨우쳐 주고 의혹된 것을 해소하는 일을 말로 다 표현하기에 부족하다'라고 하는 것입니다." 태자가 "대단하군요. 그렇다면 파도의 기세는 어느 정도입니까?"라고 물었다. 손님이 대답하기를 "(정확히) 표현할 수는 없습니다. 그러나 제 스승에게 듣기로는 마치 귀신같으면서도 아닌 게 세 가지가 있는데, 뇌성벽력의 소리가 백 리 밖에서도 들리고, 강물이 역류하여 바닷물이 거꾸로 차오르며, 산에서 구름을 뿜어내고 받아들이는 일이 밤낮으로 그치지 않는다는 것입니다. …… 신기한 사물과 괴이한 일들 이루 다 말할 수 없으니, 정말로 사람을 자빠지게 만들고 어리벙벙하게 만들므로 결국 이 때문에 참담해지는 것입니다. 이것이 바로 천하에서 가장 괴이하고도 요상한 장관이니, 태자마마께서는 억지로라도 일어나 이를 보실 수 있겠습니까?"라고 하니, 태자가 "저는 병이 들어 볼 수 없소이다"라고 말하였다.

將以八月之望, 與諸侯遠方交游兄弟, 并往觀濤乎廣陵之曲江. 至則未見濤之形也, 徒觀水力之所到, 則恤然足以駭矣. 觀其所駕軼者, 所擢拔者, 所揚汨者, 所溫汾者, 所滌氾者, 雖有心略辭給, 固未能縷形其所由然也. 怳兮忽兮, 聊兮栗兮, …… 當是之時, 雖有淹病滯疾, 猶將伸傴起躄, 發瞽披聾而觀望之也, 況直眇小煩懣, 酲醲病酒之徒哉. 故曰: 發蒙解惑, 不足以言也. 太子曰: 善, 然則濤何氣哉. 客曰: 不記也. 然聞於師曰: 似神而非者三: 疾雷聞百里, 江水逆流, 海水上潮, 山出內雲, 日夜不止. …… 神物怪疑, 不可勝言. 直使人踣焉, 洞閻凄愴焉. 此天下之怪異詭觀也. 太子能强起觀之乎. 太子曰: 僕病未能也.

쾌락의 다섯 번째 단계인 사냥으로 유혹하여도 태자가 일어나지 못하자 오나라 손님은 여섯 번째 단계로 관도觀濤, 즉 기이한 파도의 장관을 묘사하면서 태자의 관심을 끌었다. 위 인용문에서 묘사하듯 광릉 곡강의 파도는 그 웅장함과 기묘함이 너무도 놀라워서 보는 이의 마음을 완전히 사로잡아서 평소 앓던 지병도 잊고 나을 정도였다.

그렇다면 이러한 장관 앞에서 즐기는 쾌락의 본질은 어디서 오는가? 그것은 비의祕義, 즉 타자 또는 대상의 심층 이면에 숨겨져 있다고 믿는 가장 비밀스런 보물의 형상에서 온다. 여기서 파도의 장관을 연출하는 모든 요소들은 기실 자연의 물리적인 현상에 지나지 않지만 우리는 그 형상을 그대로 받아들이지 않고 그 이면에 신비로운 관념을 만들고 거기에 스스로를 복종시키는 경향이 있는데, 이것이 비의이다. 우리가 백두산 천지의 웅장한 장관에 비의를 부여하고 여기에 민족정기의 기원을 두는 것이 대표적인 예이다. 우리나라 정치인들은 미국 방문이라도 할라치면 미국의 저명 정치인들과 사진 찍기에 바쁜데, 이 역시 저명인사의 이면에 있는 비의에 참여함으로써 그에게서 나오는 권력을 빌려오기 위한 것이다. 또한 외국의 유명 대학을 졸업한 사람들이 자신이 졸업한 대학의 오랜 역사와 방대한 규모, 영향력 등을 과대 포장해서 자랑하고 또 애착을 갖는 것 역시 그 대학의 비의에 기대기 위한 것이다.

마찬가지로 기괴하고 신비로운 장관을 직접 대하고 있으면 그 안에 자아가 빨려 들어가 순간적으로 주체의 기표가 장관을 구성하는 기표들의 일부로 편입시키게 된다. 산수화에서 풍경의 한구석에 아주 작은 구성으로 등장하는 사람의 위상을 상기해 보면 금세 이해할 수 있을 것이다. 이렇게 자아가 자연에 의해서 탈주체화하면 웅장한 자연이 주체의 자리를 차지하면서 유령적 삶을 형성해 준다. 따라서 주체에는 그간에 경험하지 못했던 색다른 공간, 즉 자연이라는 무無의 공간이 만들어진다. 만일 그가 그때까지 어떤 번민이나 지병으로 시달려 오고 있었다면, 무의 공간이 된 유령적 삶은 유기체적 삶의 저 고통들을 순식간에 무로 간주해 버리게 된다.[13] 유기체적 삶은 유령적 삶에 의해 지배되기 때문이다. "설사 오랜 지병과 숙환이 있다 하더라도 오히려 바야흐로 곱사등이가 허리를 펴고 앉은뱅이가 일어나며, 소경이 눈을 뜨고 귀머거리가 귀가 열려서 이 광경을 볼 지경"이라는 표현의 진실은 이런 원리에서 찾아야 이해할 수 있다. 은퇴한 노인들이 일거리가 없으면 빨리 늙는다고 하는 속설이 있다. 할 일이 없으면 유령적 삶이 무기력해지고, 따라서 유기체적 삶이 활력을 잃어버리기 때문에 그런 것이다.

부인된 쾌락이 오히려 더 유혹한다

옛날 통치자와 귀족들이 엄청난 부를 투자해서 사람들의 기를 죽이는 큰 궁궐과 정원을 짓는 것은 바로 이 비의의 형성과 그로부터 얻어지는 쾌락을 즐기고자 하는 의도에 있었다. 그럼에도 불구하고 몸이 아픈 태자는 이것마저도 거부했다. 그러자 오나라 손님은 마지막 단계의 즐거움을 소개한다.

손님이 말하기를 "이제 태자마마에게 도와 기술에 능통한 선비들 중에서 쓸 만한 지략이 있는 사람들에 대해서 말씀드리고자 합니다. 장주莊周·위모魏牟·묵적墨翟·편연便蜎·첨하詹何 등의 무리로 하여금 천하의 가장 핵심적이고도 심오한 것을 논하게 하고 만물의 옳고 그름을 따지게 하고, 공자와 노자에게는 두루 살펴보게 하며, 맹자에게는 산주를 들고서 점을 쳐보라고 하면 만에 하나도 틀리지 않고 예견합니다. 이것이 바로 천하의 요언묘도要言妙道, 즉 가장 핵심적인 말씀과 오묘한 도리라는 것입니다. 태자마마께서는 어떻게라도 듣고 싶지 않으십니까?"라고 하니, 안석에 의지하여 일어나며 말하기를 "정신이 번쩍 나는구려, 성인과 지혜로운 선비들의 말을 들으니"라고 하였다. 그리고 땀을 흠뻑 흘리고는 금세 병이 나아 버렸다.

客曰: 將爲太子奏方術之士有資略者, 若莊周·魏牟·墨翟·便蜎·詹何之倫, 使之論天下之精微, 理萬物之是非. 孔老覽觀, 孟子持籌而算之, 萬不失一. 此亦要言妙道也, 太子豈欲聞之乎. 於是太子據几而起曰: 渙乎若一聽聖人辯士之言. 涩然汗出, 霍然病已.

즐거움 중에서 마지막 단계가 "성인과 지혜로운 선비들의 말"인 이른바 '요언묘도'였다. 이 요언묘도의 본질은 바로 "천하의 가장 핵심적이고도 심오한 것을 '논하고' 만물의 옳고 그름을 '따지다'"에서 '론論'과 '리理'라는 말로 그 성격이 규정되는 '이치'이다. 오나라 손님이 앞에 열거한 쾌락은 감성적인 것이어서 감각으로 잠시 느껴지다가 없어지는 것이어서 그 본질이 모호하면서 허무한 것들이다. 따라서 근본적으로 추구할 만한 것이 못 된다. 반면에 성인과 현자들의 말씀은 이치적으로 명쾌한 것이어서 그에 의거해서 만물을 일일이 따지고 시비를 가리면 명백하게 본질이 드러난다는 것이다. 따라서 이치에 의해 드러난 본질을 알면 사물과 변화의 필연성을 이해하게 되므로, 점을 치면 "만에 하나도 틀리지 않게" 된다는 말이다. 프로이트Sigmund Freud에 의하면 인간에게 속일 수 없는 감정은 불안이라고 했다. 통치자에게 있어서 미래에 대한 불안은 특히 고통스러운 것이다. 성현의 이치를 듣고 공부하는 일을 즐거움으로 정의한 것은 바로 불안을 해소해 주기 때문이다. 그래서 이 즐거움을 모든 쾌락 중에 으뜸에 놓은 것이다.

　매승의 이러한 이치에 대한 숭상은 『칠발』의 작품 체제에서도 그대로 드러난다. 이를테면, 태자의 병이 과도한 탐욕에서 비롯됐다고 하면서, 향락과 사치가 만연한 궁중생활을 구체적 원인으로 지적한 진단 자체부터 합리적인 인과론에 입각한 것은 매우 이치적이라 아니 할 수 없다. 그리고 성현의 이치를 듣는 일을 최고의 즐거움으로 유도해 오는 설득 단계도 매우 합리적이다. 음악·음식·수레몰기·유락遊樂·수렵·관도觀濤 등으로 이어지는 쾌락들은 간단한 일상적 즐거움으로부터 특수 계층이 아니면 누릴 수 없는 호화사치의 쾌락으로 단계적으로 묘사되어 있다. 이러한 설리說理적인 글쓰기에서 감지되는 합리성은 독자들에게 이치에 대한 신화적 믿음을 넘어 감성에 대한 불신을 조장하는 효과를 발휘한다. 이렇게 해서 한부에 설리 전통이 생겨난 것이고, 나아가 『시경』 등의 경서를 윤리적 이치로 환원해서 해석하려는 한대 경학, 좀 더 구체적으로 지적하자면 훈고학이 이치를 궁구하는 지고한 학문으로 정착하는 데 크게 기여하였다.

　이와 같이 매승의 『칠발』은 이치를 중시하는 가치관을 보여주었다는 점에서 향후 한대 정권의 봉건 이념 형성에 든든한 기초를 제공했다고 평가할 수 있다. 그래서 감성적인 것을 잠시 드러냈다가 사라지는 공허한 것으로 여기는 사상이 중국 문화의 중심에 더욱 견고히 들어앉게 되었다. 이러한 사상은 겉으로 보면 감각으로 생성되는 존재자(시뮬라크르)를 부정하는 것처럼 보이는 게 사실이다. 그러나 금지는 욕망을 불러일으키는 법이다. 매승은 문학적인 수사법을 통해 음악·음식·수레몰기·유락·수렵·관도 등 여섯 가지 쾌락을 추구할 만한 가치가 없는 것으로 폄훼하고 있지만, 역설적으로 그 수사법, 즉 부의 반복적 변주 형태에서 드러나는 핍진한 묘사가 오히려 그 유한한 쾌락을 더 욕망하게 만든다. 이 욕망은 다시 향락을 통해 삶의 과잉을 생성해 내는데, 매승은 이 과잉을 그 가치에 따라 일곱 가지로 나열하고 성현의 이치를 가장 높은 곳에 놓았던 것이다. 그러니까 일곱 가지 중에서 마지막 하나만 가치 있고 나머지는 부정되는 것이 아니라, 결과적으로는 단지 단계적인 차이만 있는 것으로 인식이 된다는 말이다. 이것은 매승이 그렇게 의도했느냐의 여부와 관계가 없다. 왜냐하면 텍스트(작품)란 저자의 손을 이미 떠난 언표이므로 그 독해는 완전히 독자의 몫이기 때문이다. 언표상으로는 마지막 하나가 진정한 가치를 갖는다는 말을 하고 싶어서 앞의 여섯 가지의 반복 변주하는 부의 형태를 갖추긴 했지만, 『칠발』에서 구사된 여섯 가지 즐거움에 대한 생동적인 묘사를 읽고 그것을 실현하고 싶지 않은 사람이 과연 있을까? 그것도 권력과 부를 가진 사람이 말이다. 이것이 부의 힘이다.

존재자에 의해 존재가 느껴지고, 또한 니체의 말대로 '힘에의 의지'로 살아가는 게 인간인 이상 이 감성적인 것을 단지 공허한 것이라 해서 부정할 수는 없다. 오히려 문학이 추구하는 바가 이것이 아니던가? 이러한 감성의 추구에서 성공했기 때문에 『칠발』이 겉에 드러나는 봉건이념적 색채에도 불구하고 사람들에게 오랜 기간 애송돼 온 것이다. 단지 매승이 생성한 그 감응이 감성적인 것이어서 모호하게 느껴지기만 할 뿐 구체적으로 표현할 수 없어서 이념적인 부분만 해석돼 왔기 때문에 그 진가가 알려지지 못했을 뿐이다. 이것이 『칠발』이 부 문학의 토대에 기여한 숨은 공로이다.

03 『복조부鵩鳥賦』: 자유와 구원으로의 지양

『칠발』의 분석에서 보았듯이, 한대의 부가 산문적 성격이 짙은 장르임에도 불구하고 운율을 가지려는 것은 시와 노래로 회귀하려는 욕망으로 읽을 수 있다. 즉 사회가 복잡하게 발전함에 따라 시와 노래 역시 산문 형식으로 전화하였지만, 그렇다고 해서 바라던 것이 명쾌한 산문 형식에서 충족될 수는 없었다.[14] 그래서 사람들은 무의식적으로 다시 음악성을 욕망하게 되었는데 이것이 산문에 반영된 결과가 부인 것이다. 부는 표면적으로는 설리說理를 말하고 있지만 실은 개성에의 욕망 충족을 겨냥하고 있으므로 음악성을 갈구하지 않을 수 없었던 것이다. 이치란 따지고 보면 세계와 정념의 균형을 추구하기 위한 것이긴 하지만 그 이치의 완전성이 주체의 욕망을 해결해 주는 것은 아니므로, 아무리 설리를 내세운 작품이라 하더라도 그 가운데서 개인의 분함이나 억울함 같은 불균형적인 요소들이 신원되고 또 풀려야 하는 것이 궁극적인 목적이 아니겠는가? 또한 나아가 이러한 개성에의 욕망이 작품에 반영돼야 독자들이 즐겨 읽을 것이 아닌가? 이러한 사실은 가의의 『복조부』를 읽어 보면 금방 이해할 수 있다.

길흉화복吉凶禍福을 넘어 자유함으로

『복조부』는 가의 자신이 서문에서 밝힌 바와 같이, 복조는 상서롭지 못한 새로서 이 새가 사람이 사는 방에 날아 들어오면 그 집주인이 죽는다는 전설이 있었는데, 어느 날 갑자기 복조가 자신의 거처에 날아 들어오자 이를 슬퍼하여 스스로 애도하고 위로하기 위하여 지은 부이다. 그래서 시인은 자연히 길흉吉凶과 화복禍福, 그리고 삶과 죽음에 대한 근본적인 고뇌와 이에 대한 소회를 이치에 입각해서 적어 내려갔다. 고뇌에 대한 소회는 복조의 입을 빌려 만물 변화의 이치부터 시작한다.

만물은 변화하는 법이니, 본디 휴식이 없다네.
빙빙 돌며 흐르다가 돌아오기도 하고 또 앞으로 밀고 나갔다가 돌아오기도 하지.
형체와 기운이 서로 이어지는 것이 허물 벗으며 자라는 매미와도 같네.
아득하고 미묘하여 끝이 없으니, 어찌 말로 형용할 수 있으리오.
화는 복이 기대는 바이고, 복은 화가 숨어 있는 곳이라네.
근심과 기쁨이 모두 같은 문 안에 있으니, 길과 흉은 터를 같이한다네.
저 오나라의 강대함으로 부차는 월나라를 패퇴시켰지만
회계산에 갇힌바 되고 구천은 세상을 제패했네.
이사는 진나라에 가서 재상이 되었지만 마침내 다섯 가지 형벌을 받아 죽었네.
萬物變化兮, 固無休息.
斡流而還兮, 或推而還.
形氣轉續兮, 變化而蟺.

沕穆無窮兮, 胡可勝言.
禍兮福所倚, 福兮禍所伏.
憂喜聚門兮, 吉凶同域.
彼吳彊大兮, 夫差以敗越.
棲會稽兮, 句踐覇世.
斯遊成兮, 卒被五刑.

여기서 "만물은 변화하는 법이니, 본디 휴식이 없다네"부터 "아득하고 미묘하여 끝이 없으니, 어찌 말로 형용할 수 있으리오"까지의 구절은 기실 만물은 변화한다는 사실을 반복해서 묘사한 것에 지나지 않는다. 그리고 그 변화는 화와 복, 근심과 기쁨, 길과 흉 등의 대립적 사건의 교체 반복이라는 점에서 "화는 복이 기대는 바이고"부터 "길과 흉은 터를 같이한다네"까지도 반복이다. 이러한 교체의 반복을 역사가 입증한다는 의미에서 오나라 부차와 월나라 구천 고사로부터 시작해서 은나라 부열傳說과 무정武丁왕까지도 (위 인용문에서는 생략했지만) 역시 같은 의미의 반복 묘사이다.

이러한 반복 묘사는 부의 끝까지 이어진다. 마지막 부분의 구절을 보기로 하자.

몸을 놓아 운명에 맡기고, 사사로이 자기 마음대로 하지 말지니,
삶은 떠다니는 듯 살고, 죽음은 쉬는 듯해야 하네.
조용하기는 깊은 못의 고요함 같고, 떠다니기는 매이지 않은 배와도 같네.

살아 있다는 이유로 스스로를 귀히 여기지 않고 빈 것을 키우며 떠다
닐 뿐.
덕 있는 사람에게는 걱정거리가 없으니, 천명을 아니까 걱정하지 않는
거네.
통이 작은 소인은 두려워하는데, 무엇이 의심스럽단 말인가.
縱軀委命, 不私與己.
其生兮若浮, 其死兮若休.
澹乎若深淵之靜, 泛乎若不繫之舟.
不以生故自寶兮, 養空而浮.
德人無累兮, 知命不憂.
細故蒂芥兮, 何足以疑.

    삶과 죽음이 같은 것이므로 죽음을 두려워 말고 삶에도 얽매이지 말자는 다짐의 의미를 변주의 형식으로 반복하는 것이 여전히 똑같다. 이것이 바로 반복적 연출을 특성으로 하는 부의 본질이다.
    『복조부』 전편에 흐르는 반복적 연출의 내용은 궁극적으로 "화는 복이 기대는 바이고, 복은 화가 숨어 있는 곳이라네(禍兮福所倚, 福兮禍所伏)"와 "길과 흉은 터를 같이한다네(吉凶同域)"이다. 가의가 복조가 집 안에 날아듦으로써 깨달은 사실은 사람들은 화와 흉은 멀리하고 복과 길은 가까이하러 하지만, 이 두 가지는 상호 이질적이거나 대립적인 사물이 아니라 기실 같은 것이라는 점이다. 여기서 우리는 가의의 깨달음을 잠시 헤겔G. W. F. Hegel의 지양(Aufhebung) 개념과 비교해서 이해할 필요가 있다. 헤겔의 『정신현상학』의 다음 구절을 잠시 보기로 하자.

한편으로, 정신은 안으로부터 깊이를 길어 낸다. 단, 여기서 정신은 표상의식의 자리(정신에 의해서 정해진 자리)까지만 내려간다. 다른 한편으로, 이 표상의식은 정신이 말하는 내용을 사실상 이해하지 못한다. 이와 같은 고차원과 저차원의 결합을 우리는 생명체에서도 볼 수 있다. 순진하게도 자연은 최고의 완성인 생식기관과 배뇨기관을 결합한다. 무한판단은 그것이 무한한 판단인 한에서 생명의 자기이해를 통한 생명의 완성일 것이다. 그러나 표상의 수준에 머무는 무한판단의 의식은 배뇨에 해당한다.[15]

헤겔의 이 말은 거칠게 말해서 낮은 곳(배뇨기관)을 거치지 않고서는 가장 높은 총체성(생식기관)으로 돌아갈 수 없다는 것이다. 이는 고차원으로 지양되기 위해서는 오류의 선택이 불가피하다는 의미로서, 좀 더 진전시키면 구원에 이르기 위해서는 타락을 거칠 수밖에 없음을 뜻하기도 한다. 그렇다면 타락 단계를 거친 다음에 계기적으로 구원 단계로 올라가는 것인가? 그것이 아니라 타락과 구원은 동일하게 일치하는 것이므로 타락 자체 속에서 구원을 그냥 인식만 하면 되는 것이다. 이것이 바로 니체가 정오(high noon)라고 부른 이른바 관점의 이행에서 얻어지는 결과이다.[16]

그렇다면 가의의 깨달음, 즉 "화는 복이 기대는 바이고, 복은 화가 숨어 있는 곳이라네(禍兮福所倚, 福兮禍所伏)"와 "길과 흉은 터를 같이한다네(吉凶同域)"라는 구절은 화와 복, 길과 흉이 같은 사물의 두 측면임을 알게 되었다는 말인가, 아니면 이 대립적인 두 현상으로부터 이를 뛰어넘는 어떤 지양을 경험했다는 말인가? 『복조부』에서 가의가 "더디 올지

속히 올지는 다 정해진 운명이 있으니, 어찌 그 (도래할) 때를 알 수 있으리(遲速有命兮, 焉識其時)"라고 표현한 것을 보면 화와 복, 길과 흉의 도래 그 자체는 그에게 관심의 대상이 아니었음을 알 수 있다. 그렇다면 이를 넘어서 있는 다른 존재에 대한 인식을 상상할 수 있는데 여기에서 관점의 이행이라고 하는 새로운 주체의 탄생을 직감할 수 있다. 따라서 삶을 화와 복, 길과 흉으로 표상하는 인식 자체가 이미 아무런 의미가 없는 헛된 일이 된다. 대립적 표상이 헛된 일임을 깨달았다면 죽음도 삶과 굳이 구별될 필요가 없을 터이니, "살아 있다는 이유로 스스로를 귀히 여기지 않다(不以生故自寶兮)"라는 구절은 바로 이를 뜻한다.

그런데 우리가 좀 더 분석해 봐야 할 곳이 있는데, "빈 것을 키우며 떠다닐 뿐(養空而浮)"이라는 구절이 그것이다. 여기서 '빈 것'이란 무엇을 말하는가? 이미 아무것도 없는데 어떻게 없는 것을 키우란 말인가? 앞서 화와 복, 길과 흉처럼 대립적으로 표상하는 일이 헛된 일임을 깨달았다고 했다. 대립적 표상의 가장 대표적인 것이 이분법적 사고에 기초한 언어이다. 『장자』 「외물外物」에 보면 다음과 같은 구절이 있다.

> 통발이란 물고기를 잡는 일에 존재 이유가 있으므로, 물고기를 잡았다면 통발은 잊는다. 올무란 토끼를 잡는 일에 존재 이유가 있으므로, 토끼를 잡았다면 올무는 잊는다. 말이란 의미를 파악하는 데 존재 이유가 있으므로, 의미를 얻었다면 말은 잊는다.
> 筌者所以在魚, 得魚而忘筌; 蹄者所以在兔, 得兔而忘蹄; 言者所以在意, 得意而忘言.

이 구절을 풀어 말하자면, 우리가 의미를 만들어 표현하자면 반드시 기호(정확히는 기표)의 도움을 받아야 한다. 기호들의 조직에 의해서 의미가 생성되는 것이기 때문에 라캉은 의미의 본질을 '기표효과'라고 불렀다. 효과(effect)란 문자 그대로 순간적으로 드러났다가 사라지는 것이므로 그대로 동결시키거나 어디에 고정시킬 수도 없다. 의미도 이와 같이 말하는 순간에 생성됐다가 이내 사라지게 마련이다. 그래서 사람들은 이를 고정시키기 위해서 문자를 발명해서 쓰지만 이 역시 이분법에 기초한 기호에 불과하므로 문자에 정착시켰다고 믿었던 의미는 나중에 다른 의미로 재현되기 일쑤다. 그래서 장자가 "의미를 얻었다면 말은 잊어야 한다"고 강조했던 것이다. 진리를 터득하고 표현하려면 어쩔 수 없이 언어를 사용해야 하지만 이를 깨달은 순간 언어로부터 벗어나야 감응의 순간을 유지할 수 있다는 말이다.

그렇다면 가의가 깨달아서 말을 버린 순간은 어디일까? 화와 복, 길과 흉의 대립적 표상이 헛된 일임을 깨달은 순간일 것이다. 이 표상을 통해서 그가 득의得意한 것은 삶과 죽음이 구별되지 않는 '빈 것'의 의미이다. 이 '빈 것'은 그 앞의 '헛된 일'과 근본적으로 다르다. 즉 그 '헛된 일'에서 관점이 이행한 곳이 바로 '빈 것'이기 때문이다. 이내 사라져 버릴 이 의미를 지키려는 노력이 "빈 것을 키우며 떠다니는(養空而浮)" 것이다. 이 순간을 서양적 개념으로 바꿔 말한 것이 자유이자 구원의 폭발이다.

후레자식이 아버지 사후에 효자가 되는 이유

이 구절은 얼핏 보면 삶과 죽음의 문제를 이치로 설명하고 있는 것처럼 보이지만, 설명한 바와 같이 실은 지양의 순간에 일어나는 감응을 말하고 있는 셈이다. 자유에 이르는 사건이 이치에 의해 이루어졌다고 보기에는 보다시피 이치에 대한 논설이 그렇게 논리적이지 못하기 때문이다. 삶에서 생사를 초월하게 하는 것이 있다면 그것은 자유(공허)함으로부터 오는 감응일 것이다. 나는 『한시의 비밀』 서문에서 "감동적인 노래 한 소절은 필부라도 기꺼이 사지에 뛰어들게 만들지만, 논리적인 설득에 선뜻 목숨을 내놓는 경우는 매우 드문 법"이라고 적은 바 있는데, 이는 자유함의 존재는 자유로움이라는 존재자에 의해 생성되는 것이지 이치나 논리를 통해 이해함으로써 형성되는 것이 아님을 지적한 말이다. 따라서 이 공허함을 즐거워할 수 있는 감응이 바로 앞서 말한 바 있는 '삶의 과잉'의 본질인 것이다.

주체란 우리가 스스로 생각하는 것처럼 실체로 존재하는 것이 아니라 우리의 표상 활동, 즉 상징계의 효과로 태어난 것이다. 앞에서 이미 설명한 분열된 삶의 형태에 따르자면, 유기체적 삶이 아니라 유령적 삶이 이에 해당할 것이다. 따라서 상징계의 결과인 주체가 상징계를 넘어 실재계에 접근하는 것은 근본적으로 불가능하다. 이 때문에 주체는 이 불가능성을 금지로 인식하는데, 이 금지는 자연스럽게 그 너머에 마치 무언가 있을 것 같은 관념적인 착각을 심어주면서 금지를 위반하고 싶은 욕망을 불러일으킨다. 이것이 라캉은 주이상스Jouissance, 즉 향락이라고 불렀다.[17]

유령적 삶을 구성하는 과잉, 즉 잉여 부분은 근본적으로 이 금지의 위반에서 비롯되는데, 이 잉여 부분을 부인하면 역설적이게도 잉여향락이 다시 발생한다. 이를테면, 위 『복조부』의 "삶은 떠다니는 듯 살고, 죽음은 쉬는 듯해야 하네"라는 구절은 죽음을 휴식하듯 쉽게 받아들이려면 그만큼 삶을 가볍게 버릴 수 있어야 함을 말하고 있는데, 여기서 가볍게 버릴 수 있는 부인된 삶이란 실제로 유기체적 삶이 아니라 유령적 삶의 잉여 부분을 뜻한다. 인간의 삶에 있어서 이 잉여 부분이 곧 삶의 가치를 형성하는 것인데, 이것을 공허한 상태로 유지하는 게 무위가 아니던가? 이렇게 해석해야 생을 포기하지 않고 그 아래의 "떠다니기는 매이지 않은 배와도 같네"처럼 살 수 있게 되는 것이다.

여기서 이 대목의 이해를 위하여 부연 설명을 해야겠다. 앞서 말했듯이 삶의 잉여 부분을 부인하면 그 자리에 공백이 생기는데, 그러면 여기서 마조히즘적으로 잉여향락이라는 과잉이 발생한다. 과잉의 감각은 그 강도로 인해서 형이상학적인 관념을 상정하게 만들고, 이것이 다시 주체에게 대타자로 기능하면서 주체를 그 안에 안기게 한다. 이러한 향락의 과잉을 지젝은 욕망의 억압으로부터 억압을 향한 욕망으로의 역전이라고 표현하였다.[18] 이런 현상을 우리는 일상에서 흔히 경험할 수 있는데, 실의하여 죽고 싶은 심정에 빠져 있는 사람이 문득 종교에 쉽게 깊이 기울어진다든가 또는 슬픈 노래에 깊이 감동 받는 등의 경우가 이에 해당할 것이다. 이때 종교나 노래는 그 사람에게 있어서는 대타자의 질서가 되는 것이고, 거기에 내가 맡겨졌다고 느꼈을 때 경험하는 해방감이 곧 향락의 과잉이자 구원의 느낌인 것이다. 그러니까 자유는 욕망의 부인이라는 균열로 인해 생긴 공백에 의해 만들어진 욕망의 귀환인 것이다.

프로이트는 살해당한 아버지가 사후에 오히려 더 강력한 권위의 상징으로 돌아오는 현상을 지적하였다. 실제로 우리 주위에서도 아버지가 살아 있을 적에는 말도 안 듣고 속을 썩이던 후레자식이 아버지가 죽고 나서는 정성껏 제사를 드리고 제 자식들 앞에서 아버지를 추켜세우는 등 별안간 효자가 되는 경우를 종종 볼 수 있다. 이것은 후레자식이 갑자기 윤리적 이치를 깨달아서 효자가 된 게 아니다. 아버지의 공백이라는 외상적(traumatic) 실재계에 대응하기 위해서 새로운 대타자가 설정된 것인데 이 대타자의 자리에서 아버지의 목소리가 외설적으로 울리면서 강력한 초자아적 권위로 돌아왔기 때문에 생긴 결과일 뿐이다. 여기서, 즉 새로운 대타자라는 상징체계가 탄생시킨 새로운 주체가 바로 후레자식에서 변화된 효자이다. 그 효자가 아버지의 유산을 혼자 가로채려고 꾸민 가식이 아니라면 말이다. 따라서 후레자식이 효자로 전환된 지양을 생성시킨 것은 효도라는 이치가 아니라 외상적 실재계를 순화하고자 하는 대타자의 등장 때문이다. 즉 관념으로서의 대타자가 상징계의 질서로 작용하면서 효자를 만들어 냈다는 말이다. 실의에 빠졌던 사람이 어떤 슬픈 노래로부터 위로를 받고 다시 살아갈 의미를 찾는 경우도 마찬가지이다. 노래의 감응이 대타자를 형성시키고 이것이 다시 새로운 주체를 탄생시키는 것이니 말이다.

이러한 사실은 라캉적으로 비껴 말하자면 오이디푸스 이전 단계에서 최초 상징계로 진입할 때 억압됐던 남근을 찾는 과정쯤으로 봐도 무방할 것이다. 왜냐하면 욕망을 일으키는 결여의 기표인 남근은 기표연쇄라는 글쓰기에 의해 의미화가 추구되기 때문이다. 따라서 빈 공간인 결여에 대한 욕망 운동이기 때문에 글쓰기는 궁극적으로 거기에 도달할 수 없고 환유적으로 반복될 수밖에 없다는 말이다. 이것이 바로 부의 형식이, 좀 더 확대하면, 문학 작품의 수사가 변주 형식으로 반복될 수밖에 없는 이유이기도 하다.

부 형식에 의한 감성의 복구

이것을 앞에 인용한 『복조부』의 구절로써 다시 설명해 보기로 하자.

삶은 떠다니는 듯 살고, 죽음은 쉬는 듯해야 하네.
조용하기는 깊은 못의 고요함 같고, 떠다니기는 매이지 않은 배와도 같네.
살아 있다는 이유로 스스로를 귀히 여기지 않고 빈 것을 키우며 떠다닐 뿐.
其生兮若浮, 其死兮若休.
澹乎若深淵之靜, 泛乎若不繫之舟.
不以生故自寶兮, 養空而浮.

위의 세 구절은 언표상으로는 각기 다르지만 심층의미상에서 보면 같은 의미의 반복이다. 거칠게 요약하자면 삶에 매달리지 말고 마음을 비우고 살자는 뜻이 아닌가? 그런데 왜 이것을 굳이 반복해야 하는가? 이는 대략 다음과 같은 몇 가지 이유로 설명할 수 있다.

첫째, 의미란 기표들을 연쇄적으로 이어 감으로써 생성되는 것이어서 하나의 시니피앙만으로는 의미를 만들어 낼 수 없다. 아주 비근한 예로, 우리는 자동차 경적을 울릴 때나 문을 노크할 때 각각 '빵빵' 하거나 '똑똑' 하고 두 번 반복해서 소리를 내는데, 여기서 두 번째 소리는 앞에 먼저 낸 첫 번째 소리가 우연한 소리가 아니라 주의를 요하는 의미의 기호임을 환기시키기 위하여 연쇄시킨 기표임을 밝히기 위한 것이다.[19] 이렇게 연쇄시켜 선행 기표의 의미를 고착시키려 해도 의미는 자꾸 기표연쇄 밑으로 미끄러져 버리는 것이 언어의 태생적 한계이다. 따라서 대상을 모호하지 않게 의미화하려면 ― 이건 기실 불가능하겠지만 ― 기표 뒤에 기표를 연쇄적으로 무한하게 덧붙여 나가는 수밖에 없는 것이다.

앞의 인용 구절을 예로 들어 보면, "삶은 떠다니는 듯 살고"라는 한 구절보다는 뒤에 "죽음은 쉬는 듯해야 하네"가 연쇄돼 있을 때 그 의미는 더 명확해진다. 다시 그 뒤에 "조용하기는 깊은 못의 고요함 같고, 떠다니기는 매이지 않은 배와도 같네"가 더 연쇄된다면 명료도가 증가하는 것은 말할 것도 없다(증가하는 것으로만 보일 뿐, 대상에 도달하는 것은 물론 아니다).

부 작품에서 이렇게 기표연쇄의 일환으로 반복되는 형식은 변주 형태로 나타난다. 또한 이 변주 형태는 문학적 수사법을 통해 수행되는데, 수사란, 거칠게 말하자면, 시니피앙(기표)을 조직함으로써 소리의 구조물을 만들어 감각을 생성하고 이를 질료로 대타자라는 가상적인(virtual) 관념을 만드는 일이다.

위 예문의 원문을 보면, "其生兮若浮, 其死兮若休"와 "澹乎若深淵之靜, 泛乎若不繫之舟"는 정확히 대련對聯을 이룬다. 대련은 앞뒤를 똑같은 구조로 대비시켜 놓는 수법이어서 자칫 진부할 수가 있지만 대비가 잘 어울리면 거기서 몇 배의 감응을 증폭해 낼 수 있으니 전통 시학에서는 이를 비흥比興이라고 불렀다.[20] 즉 "삶을 떠다니는 듯 살아야지"라고만 쓰는 것보다 죽음을 대비시켜 "삶은 떠다니는 듯 살고, 죽음은 쉬는 듯해야 하네"라고 짝을 맞추면 애착을 버린 삶의 태도가 더욱 와닿게 느껴진다. "조용하기는 깊은 못의 고요함 같고, 떠다니기는 매이지 않은 배와도 같네"에서의 대비도 마찬가지이다. 그러니까 여기서의 비흥은 시인이 갖고 있는 성정을 '조용함(澹)'과 '떠다님(泛)'의 두 측면으로 표현한 것이 아니라 두 측면을 뛰어넘는 초월론적인 경험으로 인도해 준다는 말이다.

여기에 다시 각 구절의 마지막 글자에 '휴休'·'주舟'·'부浮' 등으로 압운함으로써 각운을 형성하고 있는데, 이 용운用韻법은 전체적으로 일정한 문장 단위마다 운을 바꿔 주는 환운換韻으로 수행하였다. 이러한 용운의 효과는 대상을 의미화할 때 압운이라는 외형적 형식을 통해 논리적인 면에서의 미학을 구성해 주는 것이다. 이것 역시 대타자라는 가상적 관념을 구축하는 데 기여할 질료로서의 존재자(감각)가 된다.

이처럼 갖가지 수사법에 의해 조직된 언어 기호체들(텍스트 구성에 동원된 시어나 시구들)이 만들어 낸 존재자들을 질료로 해서 막연한 대타자를 구체화한 것이 시인, 즉 가의가 경험한 가상성의 세계인 것이다. 이곳은 생사를 초월한, 만물이 변화를 일상으로 받아들이는 공허의 세계이다. 시인은 그 속에서 정처 없이 떠다니기만 하면 된다. 이것이 시인에게는 대타자에 안기는 즐거움이자 구원이다. 그리고 여기서 더 나아가 시니피앙(기표)의 구조물인 시나 부를 읽을 때 실제로 읽는 소리, 즉 파롤 parole 자체가 충분히 인상적이라면, 대타자의 세계에 신화성이 더해질 것이다. 대타자라는 관념이 신화적인 목소리로 구현된다면 신의 목소리가 울리는 듯 초자아가 강화되는 부가적 효과도 얻을 수 있다. 다시 말해서 아름다운 목소리의 소유자가 절주에 맞춰 멋들어지게 낭송한다면 감동이 영적으로까지 승화될 수도 있지 않겠는가라는 말이다.

그런데 후대의 주석가들 — 이를테면, 『문선文選』의 육신주六臣注 — 은 마치 가의가 무슨 도가의 심오한 이치를 깨달아 이를 글로 쓴 것처럼 해석하고 있지만, 주체가 그런 이치를 깨달았다고 해서 근본적인 결여와 상실에서 오는 불안이 해결되지는 않는다. 문학이란 언어라는 상징체계를 통해서 상실이라는 개별성의 고뇌를 회복하고자 하는 행위로서 그 결과는 감응 속에서 새로운 주체를 발견하는 것이다. 새로운 주체란 모두에서 설명한 유기체적 삶이 아닌 유령적 삶에 해당한다. 따라서 『복조부』가 사람들의 입에 회자되었다면 가장 먼저 이 점을 염두에 두고 읽지 않으면 안 된다.

『복조부』는 『칠발』의 산체 형식과는 달리 음악성을 많이 강구한 정형적인 작품으로 보인다. 한부는 기본적으로 설리에 초점이 맞춰져 있어서 작가의 감성이 결여된 것처럼 보이는 게 사실이다. 그러나 부가 문학인 이상 감성이 담기지 않을 수 없고 이 감성은 음악성으로 나타난다. 앞서 지적했듯이 이치란 외부 세계와 주체의 정념 간의 균형을 추구하기 위해 설정한 것인데, 이 이치가 아무리 완벽하다 하더라도 주체의 욕망을 해결해 주지도 못할뿐더러, 개인의 분함이나 억울함 같은 불균형적인 요소들이 그것을 통해 신원되거나 풀리는 것도 아니다. 그럼에도 사람들이 『복조부』와 같은 작품에서 주체의 문제가 풀리고 위로를 받았다면 이는 심오한 이치의 깨달음에서 비롯된 것이 아니라, 『복조부』

가 생성한 감응에서 경험한 새로운 주체 때문일 것이다.

한초의 이러한 문학적 경험이 사마상여라는 문호에게 이어지면서 『자허부子虛賦』·『상림부上林賦』·『장문부長門賦』 등과 같은 명작이 등장하게 된다. 그러나 이것도 당시의 훈고학자들이 주문휼간이라는 기능을 수행하는 궁정문학으로 부의 속성을 한정지으면서 사이비 작가들이 아류의 작품들을 집중 베껴 내게 되었고, 이것이 도를 지나치자 급기야 양웅揚雄이 작부作賦 활동을 무가치한 행위로 규정하고 부와 결별하는 지경에까지 이르게 된다.

제2장

대문호 사마상여(司馬相如), 그의 진정한 가치

01 한부의 완성

　개인의 의지와 행동이 사회와 역사의 흐름을 바꾸기도 하지만, 다른 한편으로 이런 개인의 힘과는 무관하게 존재하는 어떤 익명적 힘이 개인은 물론 역사까지 좌우하기도 한다. 법·제도·사상·관습·윤리 등의 관념적 틀로 이루어진 이 힘은 한 사회의 체제를 유지하는 질서가 되므로 우리는 이를 '상징질서'라고 부른다. 그래서 우리는 우리로부터 소외된 이러한 익명적 힘의 존재에 의존하여 세계를 인식하고 또한 미래를 예측하며 살아간다. 이런 의미에서 상징질서는 일종의 가상성의 질서가 된다.[1] 이 가상성 때문에 상징질서는 즉자적 실존은 없지만 사회 개체들의 실체 속에서 존재하며 기능한다. 따라서 질서를 따르려는 개체의 행동과 의지가 굳건할수록 상징질서도 굳건해진다. 이를테면 여러 사람이 죽음으로써 충의를 지켰다면 그들이 속한 사회의 상징질서는 그만큼 견고한 토대를 갖게 되었음을 뜻한다.

　한대 초기의 정권은 정통성이 아직 확립되지 않은 관계로 체제가 매우 불안정하였다. 그래서 무제武帝 시기에 천명을 받은 절대 왕권을 내용으로 하는 봉건 이념을 기초하였지만, 이념이라는 가상성의 질서는 즉자성이 없으므로 초기에는 이것만으로는 백성들을 한데 묶어 통제할 수 없었다. 다시 말해서 이념이 백성들 개체의 생각과 행위를 자연스럽게 지배하는 헤게모니가 되기 위해서는 이념을 감각적인 존재로 만들기 위한 외설적인 부분이 필요하였다. 바로 한대의 부 문학이 여기에 절대적인 기여를 하였는데, 매승의 『칠발』이 출발이라면 사마상여는 그것의 완성이라고 말할 수 있다.

사마상여는 촉군蜀郡의 성도成都 사람으로서 일찍이 양효왕梁孝王 밑에 있으면서 『자허부子虛賦』를 지었는데, 이것이 나중에 무제에게 읽히면서 궁중에 불려가 출세를 하게 되었다. 양효왕이 죽고 나서 백수 신세가 된 사마상여가 마침 임공臨邛의 부호 탁왕손卓王孫의 딸인 청상과부 탁문군卓文君을 꼬여내어 줄행랑을 쳤다가 돌아와 술장사를 하자 탁왕손이 하는 수없이 재물을 떼어 주는 바람에 졸지에 부자가 되었다는 이야기는 유명하다. 그는 편폭이 긴 산체장부散體長賦를 잘 지었고, 그가 남긴 작품 중 잘 알려진 것으로는 『자허부』를 비롯하여 『상림부上林賦』·『대인부大人賦』·『장문부長門賦』·『미인부美人賦』·『애이세부哀二世賦』 등이 있다.

사마상여의 부 작품은 제재題材가 다양하고 편폭이 길다는 것이 가장 두드러진 특징이다. 흔히 중국 문학의 특성을 일컬을 때 이른바 '스케일이 크다'는 사실을 많이 지적한다. 이때의 스케일이란 의미는 내용뿐 아니라 형식까지도 포함하는데, 이 대규모의 모델이 바로 사마상여의 부 작품이다. 물론 굴원의 작품도 편폭이 길긴 하지만 기실 전체적으로는 잘 짜이지 못한 면이 있는 것이 사실이다. 너무 정감에 충실한 나머지 부언을 과도하게 밀고 나간 면이 없지 않아 있다는 말이다. 이에 비해 사마상여의 부는 편폭이 길면서도 전체적으로는 체계를 갖추고 있다. 또한 매승과 가의의 부와도 차별성을 갖는데, 그들의 작품이 설리說理적으로 흐른 데 비하여, 사마상여는 화려한 수사를 음악성 짙은 리듬으로 연출하였기 때문에 작품을 읽을 때 문학적 감응이 절로 일어나 장편이 갖는 단조함이나 지루함이 전혀 느껴지지 않는다. 변주의 반복[2]이라는 부의 애초 형식이 사마상여에 와서 절정에 달하였다고 해도 지나치지 않을 것이다. 우선 그의 작품을 잠시 감상해 보기로 하자.

02 『자허부子虛賦』: 문학의 정치성

그의 출세작인 『자허부』는 대략 다음과 내용으로 진행된다. 초나라 임금이 자허를 제나라에 사신으로 보내자 제나라 임금이 자허의 기를 죽이려고 대규모 사냥 행사를 개최하였다. 이에 사냥을 마친 후 오유선생烏有先生과 무시공亡是公이 함께한 자리에서 자허는 그 정도는 사냥도 아니라는 듯 초나라 사냥의 장엄함을 자랑하였다. 먼저 그는 사신으로서의 예의를 지키기 위해서 제나라 임금의 사냥을 추켜세웠다.

(제나라) 임금님께서는 일천 대의 수레와 일만 명의 기마병을 거느리시고 바닷가 절벽 쪽으로 사냥을 나가셨습니다. 대오를 갖춘 병졸들이 넓은 늪을 꽉 채웠고 짐승 잡는 그물들이 온 산을 덮었습니다. 그물로 토끼를 잡고, 사슴을 수레바퀴로 짓밟으며, 고라니를 쏘고 (죽은) 기린의 다리를 질질 끌고 다닙니다. 소금으로 덮인 물가를 수레로 달릴 때, 잡은 짐승을 회를 쳐서 바퀴에 묻은 소금에 찍어 먹습니다. 활을 쏘아 잡은 사냥감이 많은 자들은 뽐내며 스스로의 공을 자랑합니다.

王車駕千乘, 選徒萬騎, 田于海濱. 列卒滿澤, 罘罔弥山, 掩兔轔鹿, 射麋脚麟. 騖于鹽浦, 割鮮染輪. 射中獲多, 矜而自功.

이 말에 으쓱한 제나라 임금이 자허에게 초나라에도 이곳처럼 넓은 사냥터가 있느냐, 그리고 누구의 사냥이 더 크고 볼 만하냐고 물었다. 이때 자허가 은근히 초나라 임금의 사냥을 자랑하는 수사가 매우 인상적이다.

저는 초나라의 비천한 사람입니다. 요행히 궁정 숙직을 십여 년 맡아 오다가 마침 임금님을 따라 밖에 나가게 되었습니다. 그곳은 후원이었는데, 저는 뭔가 보이는 듯하다가 다시 보이지 않는 가운데 후원을 구경했습니다. 그러나 그것도 전부를 볼 수도 없었으니 어찌 그 밖에 있는 넓은 늪을 말씀 드릴 수 있겠습니까? 제나라 임금님께서 "그렇다 하더라도 그대가 본 바를 대략 말씀해 보시오"라고 말씀하시기에 제가 "예, 예" 하고 아뢰었습니다. "제가 듣기로는 초나라에는 일곱 개의 늪이 있다고 합니다. 일찍이 그중 하나만을 보았고 나머지는 아직 보지 못했습니다. 제가 본 것은 아마 가장 작은 단 하나에 지나지 않을 것인데, 이름을 운몽雲夢이라 부릅니다."
臣, 楚國之鄙人也, 幸得宿衛十有餘年, 時從出游, 游于後園, 覽于有無, 然犹未能遍睹也, 又焉足以言其外澤者乎. 齊王曰: 雖然, 略以子之所聞見而言之. 僕對曰: 唯唯. 臣聞楚有七澤, 嘗見其一, 未睹其餘也. 臣之所見, 蓋特其小小耳者, 名曰雲夢.

겸손을 가장하여 초나라 사냥터에 대한 관심을 고조시킨 자허는 본격적으로 운몽의 규모에 대하여 자랑하기 시작한다.

운몽이라는 곳은 사방 구백 리이며 그 가운데에 산이 있습니다. 그 산으로 말할 것 같으면 이리저리 구불구불 이어져 있고, 높이 솟아 있으며 매우 험준합니다. 산봉우리들이 뾰족뾰족 솟아 둘러싸고 있어서 해와 달이 가려 반만 보일 정도입니다. …… 그 산에 있는 흙으로 말할 것 같으면 주사朱沙·남동광藍銅鑛·붉은 흙·흰 흙 등이 있고, 자황雌黃·백석영白石英 등이 있으며, …… 그 산에 있는 돌로 말할 것 같으면 적옥赤玉과 매괴玫瑰, 그리고 임민琳珉과 곤오昆吾의 옥석 등이 있으며, …… 그 산의 동쪽으로 말할 것 같으면 향초 밭이 있으니 거기에는 두형杜衡·난초·백지白芷·두약杜若·궁궁芎藭·창포菖蒲 등의 향초들이 있습니다. …… 그 산의 남쪽으로 말할 것 같으면 평평한 들판과 넓은 늪이 있는데, (들판은) 오름세와 내림세가 면면히 이어져 있고 (늪은) 푹 꺼져 들어갔으면서도 넓고 평평했습니다. …… 높고 건조한 곳으로 말할 것 같으면 산쪽풀·황새냉이·그령·타래붓꽃(葴菥苞荔) 등이 자라고, …… 낮고 습한 곳으로 말할 것 같으면 여우꼬리풀·갈대 등이 자라고, …… 그 산의 서쪽으로 말할 것 같으면 …….

雲夢者, 方九百里, 其中有山焉. 其山則盤紆茀鬱, 隆崇崔崒, 岑崟參差, 日月蔽虧 …… 其土則丹青赭堊, 雌黃白坿 …… 其石則赤玉玫瑰, 琳珉琨吾 …… 其東則有蕙圃, 衡蘭芷若, 芎藭昌蒲, …… 其南則有平原廣澤, 登降陁靡, 案衍壇曼 …… 其高燥則生葴菥苞荔, 薛莎青薠. 其卑濕則生藏茛蒹葭 …… 其西則 …….

운몽의 웅장한 지리적 경관과 자연적 풍요로움에 대하여 묘사하면서 사마상여는 부의 전형적인 수법인 변주를 반복하는데, 그 형식이 바로 "○으로 말할 것 같으면(其○則~)"이다. 위의 인용문에서도 볼 수 있듯이 "그 산으로 말할 것 같으면(其山則~)"으로부터 시작해서 "그 산의 남쪽으로 말할 것 같으면(其南則~)"을 거쳐 (여기서는 생략됐지만) "그 산의 북쪽으로 말할 것 같으면(其北則~)", "그 산의 중앙으로 말할 것 같으면(其中則~)"까지 이어진다. 또 여기서 주목할 만한 사실은 이러한 반복이 무질서하게 이루어진 게 아니라 상위 개념과 하위 개념으로 나뉘어 체계적으로 수행됐다는 점이다. 이를테면, 운몽의 남쪽을 설명할 때 산과 강으로 각각 연결돼 있음을 묘사하면서 다시 "높은 쪽(其高燥則~)"과 "낮은 쪽(其低濕則~)"으로 나눈 것이라든가, 북쪽을 설명할 때 깊은 숲과 울창한 거목들을 묘사하면서 나무의 "위에는(其上則~)" 각종 희귀한 새들이 살고 나무 "아래에는(其下則~)" 각종 맹수들이 우글거린다고 나눈 것이 그 예이다.

이러한 반복 변주 형식은 자연경관의 묘사를 마친 후, 사냥의 장비와 규모로 이어진다.

이에 초나라 임금님께서 길든 박駁이 끄는 사마 수레를 부리고, 옥으로 조각한 가마를 타고 나가시는데, 물고기의 수염(지느러미)으로 만든 깃발을 드셨고 명월주明月珠로 장식한 깃발을 펄럭이십니다. 간장干將이 만든 큰 창(雄戟)을 곤추세워 꽂고, 왼쪽에는 아름답게 조각한 오호烏號의 활(彫弓)을 차셨고 오른쪽에는 하후씨夏后氏의 전통을 메셨습니다. …… (화살에 맞은) 사냥감들이 마치 비처럼 떨어져 풀밭을 덮고 땅을 가릴 정도였습니다. 이에 초나라 임금님께서 부절을 내어 사냥을 멈추게 하시고 득의양양하게 이리저리 돌아보십니다. 그러고는 깊은 숲속을 들어가 장사들이 맹수들과 씩씩거리며 싸우는 모습과 그 맹수들이 벌벌 떠는 모습, 지치고 힘 빠진 놈들을 가로막고 서서 잡아들이는 모습들을 구경하십니다.

楚王乃駕馴駁之駟, 乘雕玉之輿. 靡魚須之橈旃, 曳明月之珠旗. 建干將之雄戟, 左烏号之雕弓, 右夏服之勁箭. …… 獲若雨獸, 揱草蔽地. 于是楚王乃弭節俳佪, 翶翔容與. 覽乎陰林, 觀壯士之暴怒, 与猛獸之恐懼. 徼郤受詘, 殫睹衆物之變態.

초나라 임금의 사마駟馬 수레를 끄는 박駁을 오신주五臣注에서는 "말과 비슷하게 생겼는데 흰 몸에 검은 꼬리와 하나의 뿔을 가졌으며, 톱처럼 생긴 이빨로 호랑이와 표범을 잡아먹고 산다. 이놈을 잘 길들여 부릴 수 있게 해서 사마 수레를 끄는 말로 쓴다(如馬白身黑尾一角, 鋸牙食虎彪, 擾而駕之以當駟馬也)"라고 주를 달았는데, 이로써 보건대 박은 신화적인 동물로서 옛날 사람들은 큰 수레를 끄는 데 가장 이상적인 동물로 여겼던 것 같다. 이와 아울러 사냥에 준비한 물고기의 수염으로 만든 깃발, 명월주明月珠로 장식한 깃발, 간장干將의 큰 창(雄戟), 오호烏號의 활(彫弓), 하후씨夏后氏의 활과 전통 등 이런 사냥 장비들은 모두 요즘 말로 하자면 전설적인 명품들로 이루어져 있다. 이런 명품들 역시 작품 속에서 반복적으로 열거돼 내려간다. 이는 임금의 사치를 묘사한 것이지만 사치는 기실 권력과 관계가 깊다. 왜냐하면 파스칼Blaise Pascal이 말한 바와 같이 권력은 역량보다는 관습에 의해 유지되기 때문이다. 전설적인 명품을 일상적으로 가질 수 있는 사람이라면 그에게 신화적인 의미가 덧붙여지고 이것이 특별한 권력을 만들어 내는 것은 당연한 귀결이다. 이러한 풍요와 사치는 비단 장비에만 국한되는 게 아니다. 그 뒤에 이어지는 장사들의 사냥 솜씨와 수확의 성과는 유능한 장수들과 인재들의 확보를 상징한다. 이 역시 초나라 임금의 권력이 강성함을 은근히 인식시키고자 하는 자허의 수사였다.

권력과 성性

이러한 사치는 사냥에 동반한 초나라 임금의 여인과 아울러 이들과 함께 즐기는 또 다른 사냥에 대한 묘사로 다시 이어진다.

이에 정나라 여인을 비롯한 미녀들이 고운 베를 걸치고 모시와 명주로 짠 옷을 질질 끌며, 섬세한 망사들을 섞어 걸친 위에 비단 치마를 안개처럼 드리웠는데, …… 아련하면서도 황홀한 것이 마치 신선과도 흡사합니다. …… 이에 모두 함께 혜포蕙圃에서 사냥을 하는데, 어슬렁어슬렁 걸어가 금제金堤의 제방으로 올라갑니다. …… 물총새를 그물을 쳐서 잡고, 활로 금계를 잡으며, 작은 주살이 (활을 떠나) 나가면 (주살에 매인) 가느다란 명주실이 풀려 나갑니다. …… 싫증이 나면 출발을 뒤로 미루고 청지淸池못에서 놀기도 합니다. 익조鷁鳥 문양을 그려 넣은 배를 띄우고 깃발과 노를 세우고 비취빛 휘장을 펴고 깃을 만든 덮개를 올립니다. …… 징을 두드리고 생황을 불며 뱃사공이 노래할 때, 그 소리가 하나로 어울려 애간장을 태웁니다. (그 소리에) 물속의 고기들이 놀라고, 물새들이 날뛰며, 샘물이 용솟음쳐 일어나 급한 물결과 합쳐집니다. 이때 초나라 임금님께서 양운대陽雲臺에 오르시는데, 무위의 도리로 인하여 마음을 편안해 하시고 자제하심으로 인하여 마음이 고요하십니다. 다섯 가지 맛을 두루 구비한 음식을 잡수시고는 더디게 수레를 몰아가십니다. (이러한 것들은 제나라) 대왕께서 종일토록 말을 직접 달리시고 수레에서 내려오지도 않으시며 날고기를 쭉쭉 찢어 수레 아래서 구워 드시는 것을 스스로 즐겁게 여기십니다. 제가 마음 속으로 보건대, 제나라는 아마 초나라만 같지 않을 듯합니다. 그러자 제나라 임금님께서 저에게 아무 말로도 대답하지 못하셨습니다.

於是鄭女曼姬, 被阿緆, 揄紵縞, 雜纖羅, 垂霧縠, …… 眇眇忽忽, 若神仙之髣髴. …… 於是乃相與獠於蕙圃, 媻姍勃窣, 上乎金堤. …… 搴翡翠, 射鵔鸃, 微矰出, 纖繳施. …… 怠而後發, 游於淸池. 浮文鷁, 揚旌枻, 張翠帷, 建羽蓋. …… 摐金鼓, 吹鳴籟, 榜人歌, 聲流喝. 水蟲駭, 波鴻沸, 湧泉起, 奔揚會. 於是楚王乃登陽雲之臺, 泊乎無爲, 澹乎自持, 芍藥之和具, 而後御之. 不若大王終日馳騁, 曾不下輿, 胉割輪焠, 自以爲娛. 臣竊觀之, 齊殆不如. 於是齊王無以應僕也.

    정나라 여인은 옛날부터 요염한 이국적 여인의 대명사로 흔히 일컬어 왔다. 궁중의 후궁들과 미인들은 각종의 화려한 의상을 입고서 위험하지 않은 새 사냥 등, 그들끼리의 사냥을 따로 즐긴다. 그리고 피곤하거나 따분해지면 배를 타고 놀면서 가무를 즐기는 것으로 작품은 묘사한다. 사냥이란 제나라 임금의 사냥에 대한 묘사에서 볼 수 있듯이, 여인들과는 관계없는 것이 사실이다. 그럼에도 불구하고 초나라 임금의 사냥에서는 부속적인 행사로서 여인들의 사냥을 포함시키고 있는데 여기에는 어떤 의미가 있는가?

가학적(sadistic) 속성과 피학적(masochistic) 속성의 결합이라는 측면에서 권력과 성(sex)은 매우 근접한 유사성을 보여준다. 따라서 권력의 행위나 언설에서 남성적인 힘에 대비되는 여성이 언제나 등장하게 마련이다. 라캉에 의하면 남성은 한마디로 보편성의 논리와 그것을 가능하게 만들어 주는 일자의 논리에 충실한 존재이다.[3] 이 보편성은 거세의 복종 위에서 형성되는 것인데, 여성은 거세되지 않으므로 거세의 너머, 즉 거세가 금지한 것으로 가정되는 비남근적 향유를 누릴 수 있을 것이라는 환상을 만들어 준다는 것이다. 이 환상은 기실 미지의 영역이므로 여성은 이러한 향유를 누리는 신비한 대타자 자체로 기능하게 된다. 그래서 여성은 남녀 모두에게 대타자가 된다.[4] 그래서 가학적인 힘보다는 '나를 정복하라'는 피학이 오히려 대타자가 되는 것이다. 아기에게 "너에게 젖을 먹이게 해다오"라는 어머니(mother)의 시선(look)이 아기의 대타자(Other)가 되듯이 말이다. 이것이 초나라 임금의 사냥 행사에 여인들과 그들의 행사가 동반되는 이유이다. 따라서 제나라의 사냥이 단순한 남자들의 스포츠 행사인 데 비하여, 초나라의 사냥은 권력을 공고히 하기 위한 문화적 행사이자 정치적 행사였다고 보아야 하는 것이다.

정치성을 띤 문화 행사를 소개하면서 사마상여는 (자허의 입을 빌려) 그 장엄한 권력의 중심에 임금이 있음을 강조한다. 그런데 이 임금은 직접 사냥에 참여하지 않으면서도 사냥의 행사를 일사불란하게 움직이는 핵심으로 기능한다. 여기서 사마상여는 도가의 이른바 무위지치無爲之治, 즉 작위하지 않으면서도 다스릴 수 있는 통 큰 정치의 이상을 독자에게 호소하고 있는 것이다. 이러한 호소는 "종일토록 말을 직접 달리시고 수레에서 내려오지도 않으시며 날고기를 쭉쭉 찢어 수레 아래서 구워 드시는 것을 스스로 즐겁게 여기는" 제나라 임금을 지적했을 때 그 감응이 배가된다. 사마상여의 이러한 수사법은 곧 『시경』의 비흥比興을 되살려 낸 것으로 보는 것이 옳다. 새로운 주체의 탄생이 문학의 기능이라는 들뢰즈의 관점에서 본다면 통 큰 정치의 이상을 실현하고자 하는 통치자의 주체를 생성하는 데 매우 유효하였을 것으로 짐작된다.

외교적 언사의 진수

초나라와의 비교에서 왜소해짐을 느낀 제나라 임금이 응답을 못하더라는 자허의 말에 오유선생이 자허를 크게 꾸짖는다.

이 무슨 지나친 말씀이시오? 인형께서는 우리 제나라에 선물을 전달하시려고 천리를 멀다 않고 오셨으므로, 우리 임금님께서 국내의 무사들을 모두 동원하시고 전차와 기마대의 무리를 모으셔서 (초나라) 사신과 더불어 사냥을 나가신 것이오. 그래서 힘을 쏟아 사냥감들을 거두어 그대와 그대 좌우의 사신단使臣團을 즐겁게 하신 것인데, 어찌 이를 우리가 자랑한 것으로 규정한단 말이오? (임금님께서) 초나라 땅에 있는지 없는지를 물으신 것은 그대 나라의 미풍양속과 훌륭한 공적, 그리고 선생의 고견이었소. 그런데 인형께서는 초나라 임금의 후덕함은 입에 올리지 않고 운몽만을 적극적으로 내세우는 것을 잘하는 것으로 알고 있으니, 허풍을 떨고 지나치게 즐기면서 사치와 낭비를 드러내는 것은 내 생각으로는 인형이 취할 바가 아니라고 생각하오. (실정이) 인형이 말씀하신 바와 같이 틀림없다면 이는 굳이 초나라의 훌륭한 점이 아닐 것이오. 실제 있는 것을 말씀하셨다면 이는 임금의 악함을 드러내는 것일 테고, 없는데도 말씀하셨다면 이는 인형의 신의를 해치는 일이 됩니다. 임금의 악함을 드러내고 개인의 의로움을 상하게 하는 일은 두 가지 중 어느 하나라도 있어서는 안 되는 것인데도 선생께서는 이를 행하셨으니, 이는 필시 제나라에게는 우리를 업신여겼다는 말을 들을 것이고 초나라에게는 누를 끼치는 일이 될 것입니다. 또한 제나라는 동쪽으로 큰 바다를 물가로 끼고 있으며, 남쪽으로 낭야琅邪까지 이르고, …… 청구靑丘[5]에 가서 가을 사냥을 하고, 바다 건너 해외海外 지역을 이리저리 다니는데, 이곳은 운몽雲夢 같은 것은 여덟이나 아홉 개쯤 가슴속으로 삼켜도 목에 걸리지 않을 정도입니다. …… 진기하고 기괴한 새와 짐승들이 복잡하고 다양하여 물고기 비늘처럼 많고 그 가운데에 꽉 차 있어서 이루 다 기록할 수 없습니다. 그래서 (초목의 이름을 다 아는) 우임금도 이들의 이름을 댈 수 없고 (셈을 잘하는) 설卨도 이들의 수를 다 세지 못합니다. 그러나 제후의 지위에 있는 사람은 감히 유희의 즐거움과 사냥터의 거대함을 말하지 않는 법입니다. 게다가 선생께서는 손님의 대우를 받고 계시니 이 때문에 우리 임금님께서 사양하시고 대답하지 않으신 것인데, 어찌 대답하지 못하셨다고 여기시는 것이오?

是何言之過也. 足下不遠千里, 來貺齊國, 王悉發境內之士, 備車騎之衆, 與使者出田, 乃欲戮力致獲, 以娛左右, 何名爲夸哉? 問楚地之有無者, 願聞大國之風烈, 先生之餘論也. 今足下不稱楚王之厚德, 而盛推雲夢以爲高, 奢言淫樂, 而顯侈靡, 竊爲足下不取也. 必若所言, 固非楚國之美也; 有而言之, 是彰君之惡, 無而言之, 是害足下之信也. 彰君

惡, 傷私義, 二者無一可, 而先生行之, 必且輕於齊而累於楚矣. 且齊東
陼鉅海, 南有琅邪, …… 秋田乎青丘, 傍徨乎海外, 吞若雲夢者八九於
其胸中, 曾不蔕芥. …… 珍怪鳥獸, 萬端鱗崪, 充牣其中, 不可勝記; 禹
不能名, 卨不能計. 然在諸侯之位, 不敢言游戲之樂, 苑囿之大; 先生又
見客, 是以王辭不復, 何爲無以應哉?

자허가 초나라 사냥의 장관을 제나라와 비교하여 자랑한 데 비위가 상한 오유선생의 반박을 요약하자면 다음과 같다. 즉 이번 사냥 행사는 자허 당신을 접대하기 위해서 거행한 것이다. 사냥 후 우리 임금님이 당신에게 하문下問한 것은 초나라의 미풍양속과 초나라 임금의 선정善政에 대한 것이었다. 그런데 당신은 오히려 초나라 임금의 사냥이 장관임을 자랑하였다. 이것은 초나라 임금에게도 누가 되는 일일 뿐 아니라 당신 자신에게도 덕이 되질 않는다. 우리 제나라에는 운몽과 같은 거대한 사냥터가 없는 줄 아는가? 제나라는 바다를 끼고 있어서 가을 사냥을 바다 건너로 갈 정도로 크다. 그렇지만 우리는 당신처럼 이런 거 자랑하지 않는다. 백성을 보살펴야 하는 임금이 어찌 그런 화려한 놀이나 자신의 재산 자랑을 할 수 있는가? 그래도 우리 임금님이 당신이 손님이라 봐줘서 대답을 안 한 것인데, 어떻게 대답을 못하더라고 함부로 말할 수 있는가?

그러나 『자허부』의 도입부를 보면 자허의 초나라 사냥에 대한 자랑의 시작은 제나라 임금의 과시에서 촉발된 것임은 분명한 것 같아 보인다. 자허의 수사가 기실 너무 유려流麗한 나머지 제나라 임금이 대꾸할 수 없었던 것이지 오유선생의 주장대로 손님이라서 봐준 것은 아니었으

제2장 | 대문호 사마상여司馬相如, 그의 진정한 가치

리라. 자허가 묘사한 운몽에서의 사냥은 제왕이라면 누구나 꿈꿔 볼 만한 것임에 틀림없다. 무위라는 도가의 이치로 위장한 자허의 오만에 약이 오른 오유선생은 임금이 된 자는 사치향락을 일삼아서는 안 된다고 지적하면서, 이것이 사실이라면 신하된 자는 이를 감춰야 함에도 감히 드러냈고 만일 그렇지 않다면 거짓말을 한 셈이니, 이래저래 당신(자허)은 윤리적이지 못하다는 모순론으로 몰아붙여 자허의 언설을 한낱 허풍으로 무화無化시켜 버렸다.

앞서 말했듯이 제나라 임금의 위세에 지지 않으려고 겸손을 앞세워 초나라의 위세를 은근히 자랑한 자허의 논변도 놀랍지만, 다시 여기에 눌리지 않고 허를 찌른 오유선생의 기지도 감탄스럽다고 평가하지 않을 수 없다. 그렇다고 해서 제나라 임금이나 오유선생이 초나라 임금이나 자허보다 낫다고 볼 수는 없겠지만 상대방의 말을 메타적으로 규정함으로써 윤리적으로 우위에 서면서 자연스럽게 임금과 신하가 처신해야 할 이상적 모델을 제시한 것은 『시경』 훈고의 방식과는 다른 주문휼간으로 여겨지게 되었다. 대부분의 중국 문학사의 기술에서는 '작부이풍作賦以諷', 즉 풍간諷諫을 하기 위해서 부를 짓는다고 하여 부를 주문휼간의 도구쯤으로 여기는 것이 일반적인데, 이는 사마상여의 이러한 수사법으로 인하여 형성된 견해이다.

『한서漢書』「사마상여전司馬相如傳」찬贊에 보면 사마상여를 개괄하는 내용이 나오는데, 그의 부를 『춘추』・『역』・『시경』 등과 비교하면서 다음과 같이 썼다.

상여의 작품에 비록 허황된 수사와 비현실적인 논설이 많지만, 궁극적으로 말하고자 하는 바를 요약하면 (천자를) 절약과 검소로 인도하는 것이었으니, 이것 역시 『시경』의 작자가 은근히 비유로 간하고자 한 바와 무엇이 다른가?

相如雖多虛辭濫說, 然要其歸, 引之節儉, 此亦詩人之諷諫何異.

사마상여의 부는 어디까지나 문학 작품이었음에도 불구하고 『한서』의 저자인 반고班固는 이를 『시경』·『역』·『춘추』 등의 경서와 나란히 열거했다는 데서 우리는 두 가지 점을 시사 받을 수 있으니, 그의 문장이 그만큼 훌륭했다는 사실과 아울러 그의 작품의 당시 사회에 끼친 영향력이 막대했다는 사실이다. 반고는 어디까지나 사학자였으므로 사마상여의 영향력을 문학적 관점에서 보지 않고 경학의 관점에서 보았기 때문에 위와 같은 평가를 내렸을 것임에 틀림없다. 당시 '독존유술獨尊儒術', 즉 유가의 학술만을 숭상한다는 정책에 의해 등장한 유가의 세계관에서는 황제의 개인적인 수양과 행위가 체제 유지에 거의 절대적 조건이었으므로 황제 개인과 아울러 그의 권한을 적절히 통제하는 것이 사실상 정치의 시작이었다. 그래서 『한시의 비밀』에서 살펴본 바대로 『시경』이 주문휼간의 수단으로 제한되었고, 문학적 잠재력이 컸던 부까지 여기에 귀속시켰던 것이다.

부의 가치는 사실적 묘사에 있지 않다

그러나 사마상여가 순전히 주문휼간의 기능을 염두에 두고 부를 지었다면, 그의 작품들이 그렇듯 사람들에게서 사랑을 받아 왔을까? 문학의 가장 근본적인 기능은, 반복해서 말하지만, 독자로 하여금 새로운 주체로 태어나게 하는 것이다. 옛 주체를 벗어나 새로운 주체가 된다는 것은 주체가 확장되는 힘의 감응에서 비롯된다. 우리가 작품을 읽는 의의는 바로 이 힘에서 찾을 수 있다. 이에 비하여 주문휼간이란 거칠게 말하자면 독자인 황제나 임금을 어떤 윤리적인 질서의 틀에 가두어 일탈하지 않도록 하기 위한 글쓰기인 셈인데, 그렇다면 여기서 주체가 확장되는 힘을 느낀다는 것은 불가능할 것이고, 따라서 이를 즐길 독자는 없다는 결론에 이른다. 만일 사마상여의 작품이 주문휼간에 초점이 맞춰져 있다면 황제들만 읽어야 의미가 있을 터인데, 황제가 아닌 일반 독자들, 그것도 시대를 초월해서 애독돼 온 현상은 어떻게 설명할 것인가? 뒤에 가서 차차 설명하겠지만, 부 작품이 진정 주문휼간에 있었다면 바쁜 황제가 간단히 읽도록 단순하게 씌어야 옳지 사마상여처럼 그렇게 지루할 정도로 장황하고 상세하게 쓰일 필요가 없다는 것이다. 여기에는 문학만이 가지는 독특한 기능과 효과가 있기 때문에 그러한 것이다.

『자허부』는 황제가 아닌 어느 누가 읽더라도 감응의 힘을 경험하게 된다. 사마상여는 일찍이 "부를 짓는 작가의 마음은 우주를 포괄한다(賦家之心, 包括宇宙)"라고 말한 바 있다. 여기서 '우주를 포괄한다'는 말은 부의 스케일을 뜻하기보다는 개념화할 수 없는 카오스적인 감각을 표현한 예술가의 심상을 지칭한 말로 봄이 옳을 것이다. 이는 사마상여가 『자허부』를 지을 때의 과정을 토로한 말이라고 알려진 『서경잡기西京雜記』의 다음 말로써도 입증된다.

의상과 생각이 자유로워져서 다시는 외부의 사물과 상관이 없게 된다. 천지를 내 마음대로 끌어오고 고금의 시간을 서로 엮을 때 홀연히 잠에 든 것 같더니 문득 선명해지면 흥이 일어났다. 그러고는 거의 백일이 지난 다음에 글이 완성되었다.
意思蕭散, 不復與外事相關. 控引天地, 錯綜古今, 忽然如睡, 煥然而興, 幾百日而後成.

여기서 "의상과 생각이 자유롭다"는 말은 사물을 형이상학적으로 보거나 고정관념에 사로잡혀 있는 진부한 방식에서 벗어나 있다는 뜻으로서, 이는 사마상여가 어떤 원본이 존재하지 않는 특이한 감각(singularity)을 상상하고 있음을 의미한다. 그렇기 때문에 각각 하늘과 땅으로 나눠져 있고 옛날과 지금으로 구분돼 있는 형이상학적 인식을 뛰어넘어 공간과 시간을 끌어다가 마음대로 섞어서 자신만의 감각을 형성하는 것인데, 이때 혼돈(카오스) 상태로 들어간다. 그래서 '마치 잠든 상태'처럼 느껴지는 것이다. 그러다가 상상을 구성하는 요소들이 어느 순간 자리를 잡을 때 여기서 초월론적인 감각을 경험하게 된다. 이것이 감응이자 전통 시학에서 말하는 '흥興'이다. 이 흥을 먼저 경험해야 글쓰기로 이어질 수 있다. 그런데 흥은 카오스적인 감각이고 글의 본질은 개념이므로, 개념이라는 유한성으로써 감각이라는 무한성을 표현하려면 각고의 시간이 필요한 법이니, "거의 백일이 지난 다음에 글이 완성되었다"는 말은 곧 이를 의미한다.

이렇게 설명하면 문학을 형이상학적인 것으로 규정했다고 오해할 수 있기 때문에 이에 대하여 부연설명을 하지 않을 수 없다. 데리다Jacques

Derrida가 "텍스트 밖에는 아무것도 없다"고 설파했듯이, 작품이란 어떤 원본을 상정하고 그것을 재현(representation)해서 만들어 낸 것이 아니다. 그냥 텍스트만 있을 뿐이라는 말이다. 재현하기 위한 원본이 없다면 글을 어떻게 쓰는가? 글을 쓰게 만드는 힘이 곧 흥이라고 하는 감응이다. 흥이 곧 원본이 아니냐, 따라서 문학적 글쓰기도 재현 행위에 지나지 않는다고 따져 물을지도 모르겠지만, 이것이 부정될 수밖에 없는 게 흥은 본질적으로 시뮬라크르로서 실체가 없기 때문이다. 따라서 독자는 작품을 읽고 감춰져 있다고 믿는 원본을 찾거나 재현할 필요가 없다. 단지 작품이 독자 자신을 어떻게 변화시키고 움직이게 하는가만을 살펴보면 되는 것이다.

사마상여 부 작품 역시 구절구절에서 이러한 감응과 힘이 생성되는 것을 감지할 수 있다. 작품이 궁정을 배경으로 씌었기 때문에 권력자가 읽는다면 색다른 감응의 경험을 할 수도 있고, 따라서 권력에의 욕망이 더욱 자극 받을 수도 있을 것이다. 우리는 일상에서 권력에의 욕망을 이야기하면 흔히 부정적인 의미로 받아들이는 것이 보통인데, 실제 정치에 있어서 이 요소는 매우 중요하다. 뒤에 가서 『상림부』를 감상할 때 자세히 언급하겠지만, 사마상여는 이 감응을 통해서 무제에게 제국에의 욕망을 불러일으킴으로써 한 왕조뿐 아니라 후대 중국의 든든한 문화적 기초를 세우게 했던 것이다.

이러한 힘은 기실 지루할 정도로 반복되는 부의 변주 형식이 만들어 낸다. 앞에서 반복 변주에 대하여 이미 설명한 바 있지만, 부에서의 반복 변주는 존재자의 반복적인 생성을 뜻한다. 실체로서의 존재란 그 자체로는 감각할 수 없는 것이어서 존재자로서 감각될 때에만 느껴진다.

바꿔 말하면, 존재란 존재자(시뮬라크르)에 의해 순간적으로 감각되는 일종의 환영이다. 따라서 존재자의 특이성이 강할수록 존재감은 커지게 된다. 존재는 일의-意적인 것인 반면 존재자는 다양하게 생성되는 것이어서 환유적으로 이동하면서 감각을 조금씩 변화시켜 주어야 특이성이 유지된다. 그래서 변주를 반복하게 되는 것이다.[6]

이렇게 비유해 보자. 우리의 전통 식품인 김치는 평생 동안 거의 매일 먹어도 물리지 않는 이유는 그것이 언제나 맛의 특이성을 유지하기 때문일 것이다. 그런데 아무리 맛이 있더라도 똑같은 음식을 몇 번 반복해서 먹으면 물리기 마련인데 김치는 왜 예외일까? 우리가 간과하기 쉬운 가장 중요한 이유는 김치가 발효식품이라서 같은 맛을 언제나 유지하는 것 같으면서도 먹을 때마다 아주 조금씩 변화된 맛을 내주기 때문이다. 김치가 우리 민족에게 거의 신화적 존재가 된 배경에는 변치 않는 맛의 반복된 변주가 있었던 것이다. 부에서 변주의 반복이 일으키는 감응도 이와 같다. 그러면 추상적인 권력이 구체적인 감성을 갖추게 되는데, 이로써 권력은 사람들에게 경외의 대상으로 군림할 수 있는 것이다.

이미 잘 알려져 있다시피 모든 언어는 은유적이다. 즉 세계로부터 오는 감각적 정보들을 언어라는 개념적 도구로 전환했기 때문에 은유적이라고 말한 것이다. 그런데 만일 세계가 언어에 의해서 완전히 분절되어 개념화하고 체계적으로 질서가 잡혀 있다면, 세계의 모든 사물이 언어와 1:1로 짝 지워진 상태가 될 것이다. 따라서 이런 조건 하에서 표현된 언어는 논리적일 수는 있어도 특이성(singularity) ─ 이를테면 감응과 같은 ─ 이란 전혀 없는 진부한 것이 된다. 이처럼 논리적인 언어를 가치중립적 언어 또는 명제적 언어라고 하는데, 수학에서 공식과 명제를 이용해서 어떤 가설을 증명하는 진술이 그 대표적인 예이다. 수학을 비롯한 과학에서는 그들이 다루고자 하는 세계를 대부분 언어와 1:1로 분절해서 개념화해 놓았기 때문에 이것이 가능하다. 이것을 들뢰즈는 니체의 힘의 개념을 빌려 '소극적(reactive)' 또는 '반응적'이라 불렀다.

그러나 언어 이전의 실재의 세계 자체에는 어떤 무엇에 의해서도 미리 정해진 분절이나 질서 같은 것은 없다. 따라서 이미 질서 잡힌 경계를 넘어 인식된 감각을 언어로 표상하였다면 그것은 새로운 질서를 창조한 은유가 된다. 이것이 바로 들뢰즈가 말한바, '적극적(active)' 또는 '능동적'인 힘으로서 특이성의 본질인 것이다.[7] 『자허부』나 『상림부』가 만일 이미 존재하는 거대한 운몽雲夢 늪이나 상림원上林苑에 대한 핍진한 사실적 묘사였다면 근본적으로 반응적이어서 이들은 문학적 가치를 갖지 못하였을 것이다. 부의 글쓰기 자체가 적극적이고 창조적이기 때문에 감응을 일으키는 것이므로, 글쓰기의 대상인 운몽과 상림원에서의 사냥이 실제로 그렇게 웅장했는가에 대한 의문이나 고증 따위는 별로 의미가 없다.

중국어가 단음절어 중심이기 때문에 중국 문자인 한자는 궁극적으로 하나의 단어(사물)는 하나의 글자를 갖고, 이는 다시 하나의 음절을 갖는다는 이른바 '일사-詞 — 일자-字 — 일음-音'의 속성을 갖는다. 다시 말해서 음절 수만큼 사물을 글자로 표상한다고 가정하면, 음절은 수적으로 제한돼 있기 때문에 표상할 수 있는 사물도 제한될 수밖에 없는 것이 중국어의 처지일 것이다.[8] 뿐만 아니라 한자 자체도 시각 이미지로 구성돼 있어서 자칫 시각이 갖는 특정한 의미가 그 글자의 상징적 의미로 고착될 가능성도 있다. 따라서 이러한 언어적 속성을 잘못 활용한다면 중국어와 한자는 기존의 질서 잡힌 세계를 재현하는 데 유리한 메커니즘이 되기도 한다. 즉 사물 대 언어가 1:1의 형식으로 작용하여 질서 잡힌 세계를 재인식시키는 도구로 전락할 위험이 있다는 말이다. 실제로 중국의 전통적인 봉건 관념은 이 속성에 의지해서 고착된 결과물이기도 하고, 그래서 2천여 년이 지난 지금에도 잘 사라지지 않는 것이다. 그러나 부의 반복 변주 형식과 다양한 묘사로 생성된 감응의 힘은 읽는 사람들에게 새로운 감각과 인식을 경험할 수 있는 계기를 만들어 주었다. 이런 의미에서 사마상여를 비롯한 한대의 부 작가들은 한자가 적극적으로 세계를 창조하는 기능을 강화하는 데 크게 기여하였다고 평가할 수 있다.

03 『장문부長門賦』
: 남성의 여성적 글쓰기는 가능한가

사마상여의 이러한 적극적이고 창조적인 글쓰기는 그의 작품 중에서도 특별히 『장문부』에서 잘 나타나 있다. 이 작품은 궁중 여인, 즉 황후의 시각에서 쓰인 것인데, 남성 주체인 작가가 여성성을 이토록 잘 드러낸 것은 경이로울 정도이다. 아마 이러한 글쓰기는 '부'라는 장르였기에 가능할 수 있었을 것이라고 추측해 본다. 왜냐하면 여성의 신비롭고 섬세한 모습은 변주의 반복이 아니면 표상하기가 힘들기 때문이다.

여성성 - 욕망과 보편성 사이에서

『장문부』는 내용상으로 대략 다음과 같이 네 단락으로 나눌 수 있다. 첫째 단락은 배회하는 궁중 여인에 대한 음울한 묘사로부터 시작하는데, 황제로부터 버림받은 이 여인(황후)은 그가 다시 찾아 주거나 아니면 적어도 소식이라도 주기를 간절히 기다리고 있다. 둘째 단락에서는 자신이 거처하고 있는 장문궁의 화려한 모습을 매우 사실적으로 그리고 있는데, 이는 궁중의 화려함이 버림받은 자신에게는 덧없는 것에 지나지 않음을 암시한다. 그러면서 외로움에 지친 나머지 지난날의 잘못을 후회하는 회한의 서정을 토로하는 세 번째 단락으로 이어진다. 네 번째 단락에서 밤이 깊어 가면서 괴로움이 극에 달하지만, 어렴풋한 여명과 함께 이 괴로움은 다시 희망과 기대로 역전된다.

이 작품은 화려한 궁궐 안에서 상실로 괴로워하는 여인의 모습으로부터 시작한다.

> 어느 한 아름다운 여인이 있어
> 이리저리 거닐면서 스스로를 위로하네요.
> 그녀의 혼은 산산이 흩어져 돌아오지 않고
> 모습은 초췌한 채로 홀로 살고 있지요.
> 夫何一佳人兮, 步逍遙以自虞.
> 魂逾佚而不反兮, 形枯槁而獨居.

궁궐은 풍요와 쾌락의 상징으로서 일반적으로 사람들은 여기에 사는 삶 자체를 행복으로 여긴다. 그래서 황제도 황후에게 이 화려한 곳에서 호의호식하면 됐지 뭘 더 바라느냐면서 질투를 과욕으로 규정하고는 장문궁長門宮에 유폐시켰을 것이다. 그러나 시인은 "그녀의 혼은 산산이 흩어져 돌아오지 않고 / 모습은 초췌한 채로 홀로 살고 있지요"라는 말로써 행복이란 풍요한 삶에 있지 않다고 암시적으로 항변한다. 물질적으로 아무리 풍요하다 하더라도 이 여인처럼 특권화된 대상이 결여돼 있다면 풍요는 아무런 의미가 없다. 여기서 우리는 장문궁에 유폐된 채 대상(황제)의 결여로 괴로워하는 여인의 심정을 이해하기 위하여 잠시 라캉이 보는 여성성을 거칠게나마 알아볼 필요가 있다.

오이디푸스 콤플렉스의 과정에서 아이는 아버지를 인정함으로써 최초의 법, 즉 상징계를 경험한다. 이것이 곧 거세인데, 이는 달리 말하자면, 아이가 아버지가 부과하는 남근적 질서에 복종하는 것이다. 이 과정에서 존재는 소외되지만 대신 새로운 주체가 구성된다. 이렇게 구성된 주체를 라캉은 남성의 입장으로 보았다. 여성의 경우는 주체의 구성이 좀 복잡한데, 왜냐하면 남녀의 성차가 남근이라는 기표에 의해서 결정된다고 보았기 때문이다. 즉 여성에게는 상징계 내에서 그 위치를 보장해 줄 기표가 없으므로 앞의 남성의 경우와 같은 주체가 구성될 수는 없고 다른 과정의 길을 거쳐야 한다는 것이다.[9]

아무튼 거세를 통하여 새로운 주체로 태어난 남성은 남근적 질서에 복종하므로 일자—卷의 논리에 충실해지는데, 이때의 일자는 아버지나 법과 같은 예외적 존재를 가리킨다. 이를테면 예외적 존재가 금지를 명하면 그 금지의 당위성에 의문을 제기하기에 앞서 일단 복종함으로써 보편성의 논리와 질서를 쉽사리 구성한다는 뜻이다. 남성은 이른바 '의리' 앞에서 약해진다는 속설은 바로 여기에 근거한 말이다.

상징적 질서가 존재(아이) 속으로 들어와 자리 잡는 순간 아이는 거세가 되면서 주체로 태어나는데, 여기서 거세가 된다는 것은 외부에서 들어온 상징적 질서가 자리 잡은 부분만큼 존재를 비우게 되는, 다시 말해서 결여로 남게 됨을 의미한다. 그래서 이 결여를 메우려고 남성은 어떤 특별한 대상을 좇게 되는데, 이것이 바로 대상 a라는 환상이다. 이것은 끝내 도달할 수 없는 환상이지만 이를 통해서 남성은 절대적 향유를 꿈꿀 수 있다.

남성이 "모든 주체가 거세에 복종한다"는 입장에서 향락(주이상스)을 경험한다면, 여성은 "모든 주체가 거세에 복종하는 것은 아니다"라는 입장을 취하므로 거세를 명하는 예외적 존재 — 즉 일자-者 — 를 인정하지 않는다. 즉 예외적 일자를 제외하고는 그 아래서 누구나 동일하다는 보편성을 인정하지 않으므로 여성에게는 소타자, 즉 대상 a가 대타자를 대체한다는 것이 라캉의 주장이다. 이는 곧 자신의 개인적인 욕망을 추구하는 것을 마치 보편적인 대타자에 복종하는 것처럼 여기므로 여성은 언제나 개별적 존재로만 존재하게 돼 있다. 따라서 여성은 흔히 이기적인 주체로 간주되기도 하는 것이다. 남성과 여성의 이러한 성적 차이를 상징적으로 잘 표현한 예술 작품으로 마네Edouard Manet의 〈풀밭 위의 식사〉를 흔히 거론한다. 이 그림에는 정장을 차려입은 남성과 전라의 여인이 등장하는데, 정장을 차려입었다는 것은 남성은 타자의 시선을 의식함과 아울러 스스로가 보편자(일자)의 굴레에 억압돼 있음을 상징한다. 반면에 벌거벗음은 타자의 시선을 의식하지 않음을 상징하므로 여성은 소타자에 충실함으로써 대타자의 어떠한 굴레에도 얽매이지 않는다는 여성성을 이 그림은 가시적으로 잘 보여주고 있다. 그렇다면 우리나라에서 흔히 중년 여성들의 극성을 희화해서 부르는 이른바 '아줌마 신드롬'도 그 배경에는 이러한 여성성 때문이 아닐까 하는 의구심이 든다.

여성이 이렇게 보편성을 획득하는 데 성공하지 못했다면 거세(금지)로부터 야기되는 향락(주이상스)이 없을 것 같지만, 오히려 이를 넘어서는 향락이 가능한데,『장문부』전편에 흐르는 묘사는 바로 이것을 잘 보여주고 있다.

여성이 대상 a를 상실했을 때, 이를테면 사랑하는 사람에게 버림을 받았을 때 그 당황함과 괴로움의 고통은 남성보다 심할 수가 있는데, 이는 앞서 말한바, 복종하고 의지할 보편자를 대상 a가 대신하고 있기 때문이다. 앞에 인용된 "어느 한 아름다운 여인이 있어 / 이리저리 거닐면서 스스로를 위로하네. / 그녀의 혼은 산산이 흩어져 돌아오지 않고 / 모습은 초췌한 채로 홀로 살고 있지요"라는 구절은 그 의지할 데가 없어 어쩔 줄 몰라 하는 고통을 극명히 말해 준다. 즉 이리저리 방황하면서 스스로의 마음을 다잡아 보려 하지만 정신이 가다듬어지지 않는 주체의 현실이 그대로 느껴진다.

이 여인의 이러한 여성성은 어쩌면 애당초 장문궁 유폐의 원인이었을 수도 있다. 즉 복종해야 할 보편자란 욕망의 끝없는 추구를 억제하는 한계점을 뜻하는데, 이것이 약하거나 결여됐다면 대상을 끝까지 추구하게 될 것이다. 궁궐에서 황후가 추구하는 대상이라면 그것은 황제일 것이고, 그를 욕망하기 위하여 무한정 바짝 다가서려 했다면 그는 분명히 답답함을 느꼈을 것이다. 답답함에 숨이 막힌 황제는 여인을 강제로 떼어 놓았을 터이니 이것이 장문궁 유폐의 본질인 것이다.

대상에게 무한정 가까이 다가가는 것만이 진정한 사랑이라고 여긴 여인은 황제에게 정작 필요한 것은 숨을 쉬기 위한 보편자라는 공간이라는 사실을 모르고 자신의 진정성을 이해하지 못한다고 여겼다. 그래서 사마상여를 불러 자신의 진정한 마음을 대신 표현해 주도록 부탁한 것인데, 이를 달리 말하면 시를 통하여 핍진한 존재자를 만들어 자신의 존재를 알게 하기 위한 것이다. 그래서 사마상여는 오해로부터 빚어진 그녀의 고통이 어떠한 것인지를 다음과 같이 묘사한다.

아침에 가셨다가 저녁에 돌아오겠다고 하시고선

잔치의 즐거움에 빠지셔서 나를 잊으셨네요.
마음이 내게서 떠나 옛 여인을 돌아보지 않으시고
새 여인과 지내시며 사랑에 빠지셨나 보네요.
言我朝往而暮來兮, 飮食樂而忘人.
心爁移而不省故兮, 交得意而相親.

모든 고통의 느낌 중에서 버림받은 여인이 자신의 남자가 다른 여인과 사랑하는 것을 상상하는 것만큼 견디기 힘든 것이 있을까? 곧 돌아오겠다고 언약한 사랑하는 남자가 약속한 시간을 넘기며 돌아오지 않는 것 자체가 이미 좌불안석인데, 게다가 다른 여인과 사랑을 나누느라 늦는다는 상상은 여인을 극도의 고통 속에 몰아넣는다. 왜냐하면 남자가 자신을 진심으로 사랑하던 때 속삭여 주던 달콤한 말을 다른 여인에게 그대로 재현하고 있을 것이라는 상상만큼 배신의 아픔을 느끼게 하는 것은 아마 없을 것이기 때문이다. 이러한 묘사를 통해 느껴지는 극단적인 소외감은 여인의 공황적 심리 상태를 절실히 공유하게 해주는 존재자의 생성이라고 말할 수 있다.

그냥 해본 말씀을 정말로 여기고서
이곳 장문궁에 오실 날 기다립니다.
수랏상 정갈하게 손수 마련해 놓았지만
임금님은 오려 하지 않으세요.
뜬구름 사방을 메우기나 할 듯이 빽빽이 모여드니
벌건 대낮의 하늘이 컴컴하게 어두워지네요.

> 멀리서 울리는 천둥소리가
> 우리 임금님의 수레 소리 같아요.
> 奉虛言而望誠兮, 期城南之離宮.
> 修薄具而自設兮, 君不肯兮幸臨.
> 浮雲鬱而四塞兮, 天窈窈而晝陰.
> 雷隱隱而響起兮, 聲像君之車音.

"그냥 해본 말씀을 정말로 여기고서 / 이곳 장문궁에 오실 날 기다립니다"라는 구절로 보아 황제는 황후를 유폐시키면서 나중에 한번 들러 보겠노라고 말한 것으로 짐작된다. 아마 황후가 조용히 반성하도록 달래기 위하여 그냥 해본 말이었을 것이다. 이런 말은 흔히 귀맛 좋으라고 인사치레로 하는 상징적인 말에 속한다. 보통 사람이라면, 또는 황후가 평상심의 상태에 있었더라면 이런 종류의 말은 상징적인 것으로 여겼지, 꼭 지켜질 말이리라고는 믿지 않았을 것이다. 그러나 잃어버린 남자(대상)를 욕망하는 여인에게 상징이 작동할 공간은 없다. 왜냐하면 상징이란 근본적으로 타자의 시선으로 볼 수 있는 여유가 있어야 하는 것인데, 대상에 절실하게 사로잡혀 있는 황후에게 있어서 이것은 불가능하므로 상상계의 시선에 지배될 수밖에 없기 때문이다. 그래서 황제가 오지 않을 가능성이 크다는 것을 일면 알면서도 수랏상을 정갈하게 손수 마련해 놓고 기다렸던 것이며, 멀리서 울리는 천둥소리가 마치 임금님의 수레 소리처럼 들렸던 것이다.

이러한 묘사는 궁극적으로 존재를 알리기 위한 존재자의 생성을 위한 것이다. 다시 말해서 황제는 황후가 현재 어떤 마음의 상태에 있는지, 또는 황후의 마음에 진실성이 과연 있는지를 이해하지 못한다. 그래서 황제가 황후의 존재를 인식할 수 있도록 적극적으로 존재자를 만들어 진실을 느끼게 하고자 했던 것이다. 앞에서 지적한 대로 언어가 세계의 사물들을 정확히 1:1로 짝 지워서 진술하는 논리적 체계로 돼 있다면, "저는 지난날을 깊이 반성하고 있으며, 폐하가 오실 날을 손꼽아 기다리고 있습니다"라고만 표현해도 되지, 굳이 "그냥 해본 말씀인지 알면서도 오실 날을 기다리고 있다", "수랏상을 손수 마련했지만 오시지 않는다", "멀리서 울리는 천둥소리가 폐하의 수레 소리 같다"는 등, 사실상 같은 내용의 수사를 반복할 필요가 없을 것이다. 그러나 이러한 수사의 반복은 궁극적으로 존재자(시뮬라크르)의 생성을 위한 것이다. 존재자를 통해서 감각하지 않고는 존재를 인식할 수 없기 때문이다. 이 존재자가 실제처럼 강력하게 느껴지는 것은 언어가 특이성(singularity)을 가짐으로써 감응을 일으킬 때이다.

언어의 표현으로 생성된 존재자의 특이성으로 인하여 대상의 존재가 진실로 느껴졌다는 것은 곧 세계가 창조됐다는 말과 다름없다. 황후가 사마상여에게 부탁한 것은 바로 진정성이 느껴지는 세계의 창조였다. 왜냐하면 자신의 하소연으로써는 황제를 설득시키는 것이 번번이 좌절했기 때문이다. 수많은 좌절 끝에 '안다고 가정된 주체'란 사실상 환상이자 허구임을 감각적으로나마 깨달았을지도 모르겠다.

애증愛憎의 양상

우리가 언어로 의사를 주고받을 때 흔히 소통이라는 말을 쓴다. 소통이란 말 그대로 대화자 간에 막힘이 없이 의사가 완전히 이해된 상태를 뜻한다. 사람들은 상대방이 내 말을 100퍼센트 이해함으로써 소통이 이루어질 것이라는 기대를 품고 대화를 한다. 그러나 소통이란 거칠게 말하자면 무슨 물건처럼 주고받는 것이 아니라 소리(또는 기표)에다가 의미를 부여하고 또 이를 해석하는 과정이므로, 의미 부여와 해석 사이에 간극이 발생할 수밖에 없는 운명을 갖고 있다. 그러므로 소통은 역설적이게도 오해의 연속 과정이라고 보아도 무방하다. 우리가 귀엣말로 말 전달하기 게임을 해보면 소통의 실상이 어떠한지를 충분히 짐작할 수 있다. 따라서 상대방을 '안다고 가정된 주체'로 설정하는 대화는 헛일이 되는 것이다. 그렇다고 해서 대화가 무의미한 일은 아니다. 오히려 언어의 이러한 한계로 인하여 하나의 텍스트가 다른 텍스트를 낳는 긍정적인 작용도 수행하기 때문이다. 즉 어떤 텍스트를 읽은 사람이 거기에 감동을 받아 글쓰기를 해서 또 다른 텍스트를 생산했다면, 이 텍스트는 원原텍스트로부터 나오기는 했지만 분명히 그것과는 다른 것이다. 만약에 두 텍스트가 같은 것이라면 굳이 다시 쓸 필요도 없을 뿐만 아니라, 독자들도 파생된 텍스트는 읽을 필요도 없이 원텍스트만 읽으면 될 것이다. 이렇게 해서 텍스트는 다른 텍스트를 낳는다.

허구일 수밖에 없는 '안다고 가정된 주체'에게 이해시키려면 그 스스로 어떤 세계를 창출해 내야 하는데, 그 방법은 감응을 느끼게 하는 것이다. 감응은 감각을 통해서 생성되는 것이므로 감각의 실질인 존재자가 자극적이기 위해서는 음악적 요소를 강구하지 않을 수 없다. 앞서 텍스트는 다른 텍스트를 낳는다고 지적했는데, 역으로 텍스트의 전달 경위를 거슬러 올라가 최초 텍스트에 도달해 보면 거의가 음악적 요소를 강하게 지닌 시임을 알 수 있다. 인도 문명의 원텍스트인 『베다Veda』를 비롯하여 『구약성서』의 「시편詩篇」, 중국의 『시경』 등이 모두 시가 아니던가. 그래서 사마상여의 『장문부』도 7·6조의 운율과 압운을 작품에 강구하였던 것이다. 음악성을 머금은 그의 작품(텍스트)은 황제(독자)로 하여금 그 텍스트 너머의 또 다른 세계(또는 텍스트)를 적극적으로 생성해 낼 수 있겠기 때문이다.

이러한 감응의 생성은 더욱 극적인 국면으로 나아간다.

마음에 회한이 있어 편안치가 않으니,
서운한 마음이 은연중 커져 잔잔한 마음 뒤흔들어 놓는군요.
心憑噫而不舒兮, 邪氣壯而攻中.

감정이란 기실 카오스적인 것이어서 어느 한쪽으로 너무 쏠리거나, 또는 장애를 만나면 언제든지 반대의 정념으로 역전될 수 있다. 우리가 일상에서 흔히 쓰는 이른바 애증이 그 대표적인 예이다. "마음에 회한이 있어 편안치가 않으니(心憑噫而不舒)"에서 '빙희憑噫'를 직역하면 '탄식에 의지해서 살아가다'라는 뜻으로서, 사랑하는 남자를 애타게 기다리지만 끝내 찾아오지 않으면 사랑하던 마음에 점차 '한恨', 즉 미움이 싹트게 됨을 가리킨다. 이 미움의 싹은 급기야 '사악한 기운(邪氣)'으로 '자라나서(壯)' 그동안 근신하며 다스려 놓은 마음의 '고요함(中)'을 '뒤흔들어 놓는다(攻)'고 솔직하게 털어놓는데, 이러한 표현은 주체의 진정성을 엿보게 하는 효과를 발생시키기도 하지만, 더 중요한 것은 억압적인 보편성에 구애되지 않고 무한한 개성의 존재를 추구하는 여성성을 지시하기도 한다. 원대元代 관한경關漢卿의 희곡 『두아원竇娥寃』은 두아가 시어머니를 독살했다는 혐의를 뒤집어쓰고 억울하게 사형을 당한다는 비극을 다루고 있다. 여기서 두아는 죽기 전에 억울함을 호소하면서 자신이 결백하다면 하늘이 유월에 눈을 내릴 것이라고 선언한다. 과연 그녀가 죽은 후 유월에 눈이 내려 그녀의 결백이 입증되었다는 것이 이 극의 대단원이다. 이후로 이 이야기는 "여인이 한을 품으면 오뉴월에도 서리가 내린다"는 속담이 되어 사람들의 입에 회자돼 왔는데, 이 속담이 어원적으로는 왜곡돼 있긴 하지만 감정에 충실한 여인의 탄식은 어느 순간 사악한 마음이라는 역전된 정념으로 변할 수 있다는 일반인들의 경험을 그대로 드러내 준다.

동한 후기에 나타난 오언시의 대표적 작품으로 『고시십구수古詩十九首』가 있는데, 그중에서 첫째 시 「하염없이 가고 또 가는 길(行行重行行)」을 잠시 읽어 보기로 하자.

하염없이 가고 또 가는 길
멀쩡히 살아서 우리 님과 이별이라네.
서로가 만 리 밖으로 갈려져
각기 서로 다른 하늘 끝에 있다네.
길은 험하고 또 멀기만 하니
다시 만날 날 어찌 알 수 있으리?
오랑캐 땅에서 온 말은 북풍에 기대고
월나라에서 날아 온 새는 남쪽 가지에 깃든다지.
헤어진 거리는 날이 갈수록 멀어지고

옷과 허리띠는 날이 갈수록 헐렁해지네.

뜬구름 해를 가리고

길 떠난 이는 돌아올 생각을 않네.

그대 생각에 몸은 늙어만 가고

세월은 훌쩍 저물어만 가는구려.

모든 것 다 버려두고 다시는 말하지 않을 테니

힘써 밥이나 챙겨 드시구려.

行行重行行, 與君生別離.

相去萬餘里, 各在天一涯.

道路阻且長, 會面安可知.

胡馬依北風, 越鳥巢南枝.

相去日已遠, 衣帶日已緩.

浮雲蔽白日, 遊子不顧反.

思君令人老, 歲月忽已晚.

幷捐勿復道, 努力加餐飯.

이 시는 멀리 떨어져 있는 그리운 임이 속히 돌아오기를 고대하는 여인의 애절한 마음을 노래하고 있다. 『문선文選』의 오신五臣 주는 이 이별 시는 간신에게 모함을 당하여 내쳐진 충신이 빨리 돌아오기를 바라는 마음을 상징적으로 묘사한 것이라고 해석하였다. 이를테면, "뜬구름 해를 가리고 / 길 떠난 이는 돌아올 생각을 않네"에서 '뜬구름이 해를 가렸다'는 것은 간신이 임금의 성총을 흐리게 만들었기 때문에 '길 떠난 이', 즉 충신이 돌아올 생각을 않는다는 것이다. 이 시의 내용이 정말로 상징적인지는 분명하게 알 수 없지만, 텍스트 자체는 멀리 떠난 임을 애타게 그리워하는 여인의 마음을 문인의 손을 통해 그려진 것만은 확실하다. "하염없이 가고 또 가는 길 / 멀쩡히 살아서 우리 님과 이별이라네"부터 "헤어진 거리는 날이 갈수록 멀어지고 / 옷과 허리띠는 날이 갈수록 헐렁해지네"에 이르기까지의 구절들은 모두 이러한 여인의 심정을 핍진하게 보여준다. 그러다가 그리움은 "뜬구름 해를 가리고 / 길 떠난 이는 돌아올 생각을 않네"에서 좌절에 빠지게 되고, 이는 마침내 여인에게 애증의 역전을 일으켜 미움을 토로하게 하는데, 이것이 바로 "그대 생각에 몸은 늙어만 가고 / 세월은 훌쩍 저물어만 가는구려"이다. 쉽게 말하자면 "그대를 기다리다가 좋은 시절 다 가고 만다"는 회한과 불만이리라.

여기까지는 『장문부』에서 사마상여가 묘사한 여인의 애증 단계와 같다. 그러나 「하염없이 가고 또 가는 길」에서는 이 순간에 "모든 것 다 버려두고 다시는 말하지 않을 테니 / 힘써 밥이나 챙겨 드시구려"라는 구절로 재역전시킨다. 이것이 무슨 뜻인가를 거칠게 요약하자면 "내가 그대를 너무 그리워하다가 이런저런 불평을 하게 되었고, 그러다가 그리움에 사무쳐 그만 그대를 미워하고 말았어요. 그래서는 안 되는데…… 다시는 그대가 안 오신다고 투덜대지 않을 테니 제 걱정은 마시고 식사나 잘 챙겨 드셔서 건강하시길 빕니다" 정도가 될 것이다. 즉 여인이 남자를 보고 싶다고 너무 보채면 혹시나 선해져서 영영 돌아설까 봐 덜컥 겁이 나서 황망히 그리움의 표현들을 거둬들였던 것이다. 이것을 시인은 '병연井捐', 즉 '모든 불평을 한데 모아 버리다'라고 묘사하였다. 다시 말해서 개성적인 감정을 무한히 추구하는 여성성이 이 시에서는 종국적으로 남성 주체의 대타자로 환원되었기 때문에, 다른 사람(타자 또는 남자)의 시선을 의식하지 않고 솔직하게 표출한 원망이 순간적으로 남성적 보편자에 굴복하였다는 점에서 나는 앞에서 재역전이란 말을 쓴 것이다.

이처럼 여인이 그리움을 스스로 억제하고 남성을 대타자로 의식한 것은 보편자에 복종한 것으로 볼 수 있으니, 이것은 본래의 여성성이 아닌, 남성 주체들에게 길들여진 결과로 봄이 옳을 것이다. 바로 이 부분이 『장문부』에서 그리움이 사악한 기운으로 변해서 그간 다스려 놓은 마음의 고요함을 뒤흔들어 놓았다고 솔직하게 털어놓은 여성성과 다른 것이다.

물론 "모든 불평을 한데 모아 버리고 다시는 말하지 않겠어요"라는 말은 남자의 동정심을 사기 위한 전략적 표현이라고 볼 수도 있다. 그러나 우리나라 고려가요 중의 「가시리」와 비교해 보면 그 차이가 분명히 드러난다. 「가시리」의 가사를 본문만 빼서 잠시 읽어 보기로 하자.

가시리 가시리잇고,
버리고 가시리잇고.

날러는 엇디 살라 하고,
버리고 가시리잇고.

잡사와 두어리마나는,
선하면 아니 올세라.

셜온 님 보내옵노니,

가시는 듯 도셔 오쇼셔.

이 시에도 앞의 『장문부』나 「하염없이 가고 또 가는 길」에서와 같은 애증의 역전 현상이 보인다. 사랑하는 사람을 '셜온 님', 즉 '서러운 사람' 또는 '야속한 사람'으로 부른 것이 애증이라면, '선하면 아니 올셰라'는 남자를 성가시게 보채서 화나게 하면 영영 떠날 수도 있다는 두려움은 남성 주체에 대한 굴복 또는 길들임의 결과로 볼 수 있다. 그러나 이게 결코 굴복이나 길들임이 아닌 것이 현실적인 힘이나 상실의 위협에 굴복/타협하는 듯하면서, 마지막에 야속하게 훌쩍 떠나는 것처럼 속히 돌아오라는 말을 기어이 끼워 넣음으로써 욕망의 끈을 놓지 않았기 때문이다. 이렇듯 욕망에 타협 없이 도저到底하게 충실한 것이 여성성의 본질이다.

좌절에서 희망으로

이렇듯 남성 문인의 손을 거쳐 지어진 시는 여성의 시와 확연히 다름에도 불구하고, 『장문부』는 거세되지 않은 여인의 모습을 그대로 드러내고 있다. 이 같은 필치는 『장문부』에서 일관되게 이어지는데, 성의 한계를 뛰어넘는 이러한 감각의 포착은 대문호 사마상여의 천재성이 아니고서는 불가능했을 것이다.

여인의 거세되지 않은 욕망은 다음 구절에서도 나타난다.

고운 비파를 끌어다가 슬픈 곡조를 뜯어보지만,
슬픔을 연주하는 일은 오래 할 수 없는 것을.
援雅琴而變調兮, 奏愁思之不可長.

여인은 그리움과 한을 달래기 위해 비파를 끌어다가 연주하였는데, 대부분의 악기가 그렇겠지만, 특히 비파(琴)는 흐트러지는 마음이나 몸가짐을 바로잡기 위해 연주하는 악기로 잘 알려져 있다. '금琴' 자의 독음이 '금지할 금禁'과 같다는 사실에서도 비파에 규범적 의미가 함축돼 있다는 사실이 드러나기도 하지만, 사마상여가 비파를 '아금雅琴'이라고 표현한 데서도 이러한 기능이 감지된다. 왜냐하면 '아雅' 자는 '바를 정正'과 같은 뜻이기 때문이다.[10] 이렇게 사랑하는 남자에 대한 원망과 그리움을 다잡기 위해서 비파를 손에 쥐었지만 정작 연주된 음악은 '정조正調'가 아닌 '변조變調', 즉 슬픈 가락이었다. 전아한 연주에 어울리는 비파에서 변조가 울리도록 연주했다는 행위 자체가 이미 거세가 안 된 여인의 본성을 말해 주고 있는 것이다.

이와 같이 거세를 넘어 무한으로 향하는 강력한 욕망의 운동으로 인해서 남성 주체들이 여성의 욕망에 매료되는 것이다. 왜냐하면 거세된 남성 주체에게 금지(거세) 너머의 향락은 선망의 대상이기 때문이다. 금지된 정조正調를 넘어 슬픈 가락의 변조를 연주해도 그 끝없는 여인의 욕망은 위로를 받을 수 없다. "슬픔을 연주하는 일은 오래 할 수 없다(奏愁思之不可長)"는 구절은 바로 이러한 욕망에의 집착을 상징한다. 그래서 여인은 억누를 수 없는 욕망을 이겨 보려고 다시 잔잔한 치조徵調의 가락을 연주하지만, 그 노력은 오히려 더욱 격동적인 정서를 불러일으키기만 하였다.

　잔잔한 치조의 곡을 연주해서 마음을 돌려 보려 했으나,
　억눌려 가냘프던 소리는 다시 고조되기만 하네요.
　案流徵而却轉兮, 聲幼妙而復揚.

　원문의 '류치流徵'는 잔잔한 치조의 가락이란 뜻인데, 치徵란 오음五音 중의 제4음으로서 슬픈 감정을 억눌러 잔잔하게 표현하는 일종의 단조를 상징한다. 또한 '각전却轉'이란 '물러나 마음을 돌이키다'라는 뜻인데, 이 말은 여인 스스로도 자신의 욕망이 너무 과도한 나머지 남자가 이를 용납하기 힘들다는 것을 이미 알고 있음을 함의한다. 그래서 어떻게든 이 욕망을 자제하려고 이런저런 방법을 다 써보려고 무진 애를 쓰는 여인의 심정을 그대로 표현하고 있다. 그러나 이러한 노력도 헛되이 음을 통해 겨우 억눌렀던 마음은 북받쳐 오르는 감정을 이기지 못하고 다시 소리와 함께 고양되고 말았다. 이것은 슬픔이라는 고통에서 터져 나온 것이긴 하지만 고양된 순간에는 자신도 알 수 없는 잉여적인 쾌락이 함께 동반된다는 점에서 향락이다. 이 때문에 여인은 향락의 근원이 되는 슬픔을 유지하기 위하여 자신도 모르게 상실을 반복하게 된다. 상실이 있어야 이를 끝없이 추구하는 욕망의 반복 회로가 작동하기 때문이다.
　향락을 위한 무의식적인 반복 구조는 다음 구절에서도 그대로 이어진다.

　원래의 곡조대로 또박또박 연주해서 마음의 평정을 찾은 듯했는데,

원통함에 생각이 미치니 저절로 격앙되네요.
貫歷覽其中操兮, 意慷慨而自卬.

앞의 구절과 마찬가지로 상실된 대상을 다시 추구하려는 강렬한 욕망에서 야기되는 고통을 달래기 위하여 손수 음악을 연주해서 '중조中操', 즉 마음의 평정 상태를 잠시 찾는 듯했다. 그럼에도 불구하고 언뜻 뭔가 억울하다는 생각에 미치는 순간, 평정은 무너지고 자신도 모르게 격앙되었다는 것은 앞의 향락을 그대로 반복한 것이다. 그야말로 이 지독한 욕망의 운동은 앞서의 "여인이 한을 품으면 오뉴월에도 서리가 내린다"는 속담과 맥을 같이하지 않는가?

좌우의 시녀들도 슬퍼하며 눈물을 줄줄 흘리니,
눈물이 이리저리 흩어져 종횡으로 범벅이 되었어요.
근심을 누그러뜨리려 해도 흐느낌만 느니,
신을 신고 일어나 이리저리 방황합니다.
左右悲而垂淚兮, 涕流離而從橫.
舒息悒而增欷兮, 躡履起而彷徨.

상실과 복구를 무한하게 반복하는 강렬한 욕망의 운동은 고통을 동반하므로 여인은 어떻게든 여기서 벗어나기 위하여 음악으로도 달래고 울음과 탄식으로도 달래 보지만 번번이 실패하자 이번에는 방을 뛰쳐나가 바깥을 서성거려 보기도 한다. 초월과의 경계에까지 이를 수 있을 것처럼 끊임없이 추구하는 여성의 욕망, 이것이 남성 주체에게는 거세

너머에 존재할 것이라고 상상되는 향락의 가능성을 느끼게 해준다. 남성 주체가 여성에게 매료되는 원인은 바로 여기에서 찾을 수 있다.

이러한 반복이 만들어 내는 향락은 부의 반복적 형식과도 일치한다. 앞서 설명한 바대로 상실에서 복구로 진행하는 과정에서 증폭된 잉여 향락이 발생하는데, 이 향락은 본질적으로 순간적인 사건이므로 존재자가 된다. 바로 이 존재자로 인해서 주체는 존재를 느끼기 때문에 끝내 성취되지 않는 줄 알면서도 상실/복구 행위를 반복하는 것이다. 따라서 존재가 지속적으로 느껴지기 위해서는 존재자를 반복적으로 생성해야 한다는 말이다. 그러나 앞의 것과 동일하게 반복한다면 진부(routine)하고 권태로워져서 존재감이 나질 않으므로 동일한 구조를 갖고 있으면서도 색다른(singular) 감이 나는 변주 형식을 반복해야 한다. 이것은 『시경』의 형식을 구성하는 육시六詩 중에서 부賦[11]의 속성과도 완전히 일치한다.

옥타비오 파스Octavio Paz는 그의 책 『활과 리라』에서 음악에서 반복되는 리듬은 물리적인 시간의 형식을 통해 시간을 부정하고 영원의 시간으로 들어가는 방도라고 정의하였다.[12] 들숨과 날숨의 반복으로 생명이 유지되고, 밀물과 썰물의 반복으로 영원의 시간이 실현되는 것처럼 말이다. 마찬가지로 부 문학에서도 이러한 반복 형식은 주체라는 유한한 존재를 무한한 시간성의 존재로 들어가게 하는 방도가 된다. 이는 집단 줄넘기 게임을 즐기는 아이들에 비유할 수 있다. 즉 끊임없이 돌아가는 줄 돌림 속으로 한 명씩 차례로 뛰어 들어가 반복 구조의 장場을 만듦으로써 그 안에 편입된 아이들은 '하나 됨'이라는 영원성을 경험하게 된다.

슬픔이 고양됨으로써 잉여향락을 실현하였다는 말은 문학적으로는 특이성(singularity), 즉 자신 이외에 어떤 근거도 지니지 않은 초월론적인 경험을 느끼게 했다는 뜻이고, 이는 또한 주체에게 무의식적인 깨달음으로 인도한다. 이는 기실 일종의 오르가슴으로서, 깊은 슬픔으로 고통스러워하는 사람이 실컷 울고 나면 속이 후련해지는 효과와 같은 것이다. 그러고 나면 주체는 이제 현실을 생각하게 된다.

> 긴 소매를 끌어다 나를 덮고는
> 지난날의 허물을 헤아려 봅니다.
> 면목 없는 일들이 불현듯 떠올려지니
> 결국 그리움을 품은 채 침실로 돌아갔어요.
> 분약芬若 향초를 뭉쳐서 베개를 삼고
> 전란荃蘭과 채향을 자리 밑에 깔았어요.
> 投長袂而自翳兮, 數昔日之諐殃.
> 無面目之可顯兮, 遂頹思而就床.
> 搏芬若以爲枕兮, 席荃蘭而茝香.

무의식 속에 상징적인 질서가 강하게 자리 잡지 않은 여인이 욕망의 굴레에서 잠시 벗어나 평온을 찾았을 때 제일 먼저 떠오르는 현실적인 생각은 이 모든 고통이 혹시 자신에게서 비롯된 것은 아닌가, 자신에게서 비롯됐다면 자신에게 도대체 무슨 잘못이 있었던 것일까 하는 회의였다. 환언하면, 욕망의 시선이 자아로부터 벗어나 처음으로 타자의 시선을 의식하게 되었다는 말이다. 타자의 시선으로 자신을 보게 되자 낯뜨겁고 부끄러운 지난 사건들이 떠올랐을 것이다. 이제 현실을 인식한 여인은 자신이 부끄럽기도 하고, 또한 아무리 그리움도 중요하지만 격정에 지칠 대로 지친 몸도 쉬어야 하므로 이러한 현실적인 문제를 해결하기 위하여 잠자리에 들고자 했다. 욕망의 시선이 아닌 타자의 시선으로 자신을 보았으므로 부끄럽게 흐트러진 자신을 추스르기 위하여 잠자리에서 여러 가지 향초를 베고 깔았던 것이다. 오신五臣 주는 향초를 "행위를 닦아서 깨끗하게 함을 비유하는 것(喩修潔其行)"이라고 설명을 달았다. 여기서 우리는 언제 오실지 모르는 황제에게 단정하게 거세된 모습을 보이고 싶은 마음의 다른 한편에 정말로 임이 오실지도 모른다는 욕망이 다시 꿈틀대는 징후적인 운동을 느낄 수가 있다.

그래서 잠자리에 든 이후에도 꿈을 통해 이 고통의 메커니즘은 다시 반복된다.

깜빡 조는 사이에도 꿈속에서 그리워하였더니,
내 영혼에서는 폐하께서 제 옆에 계신 것 같았어요.
깜짝 놀라 잠에서 깨었더니 보이시지 않으니,
이제 내 영혼은 임을 잃은 듯 두렵고 떨립니다.
뭇 닭들의 우는 소리가 나를 근심케 하니,
일어나 맑은 달빛을 바라봅니다.
忽寢寐而夢想兮, 魂若君之在傍.
惕寤覺而無見兮, 魂迋迋若有亡.
衆鷄鳴而愁予兮, 起視月之精光.

욕망의 현실적인 좌절에 지친 여인은 끝내 잠들게 됐지만 그녀의 지독한 욕망은 그렇게 쉽게 좌절하지 않았다. 꿈속에서나마 그리운 임을 마침내 옆에 갖다 놓았던 것이다. 프로이트가 일찍이 꿈이란 좌절된 욕망의 실현이라고 간파하지 않았던가? 그러나 복구 뒤에는 반드시 상실이 따르기 마련이다. 상실이 있어야 향락이 실현될 수 있기 때문이다. 여인의 주체는 이렇게 고통스런 복구/상실의 메커니즘을 반복하면서 밤을 새운다. 이 묘사가 너무나 절실해서 가식이라는 생각이 전혀 들지 않는 것은 이러한 현상들이 겪어 보지 않은 사람은 써낼 수가 없는 핍진한 것이기 때문이다. 그래서 여인의 이러한 욕망의 운동은 남성 주체에게 엄청난 유혹으로 받아들여진다. 왜냐하면 거세로 인하여 보편성을 갖게 된 남성 주체는 범하지 못하도록 금지된 보편자 너머에 있을 것이라고 믿는 절대적 향유를 언제나 동경하고 있기 때문이다. 다시 말해서 여인의 이 지독한 욕망의 반복 운동이 일으키는 효과가 바로 남성 자신이 꿈꾸는 절대적 향유일 것이라고 믿는다는 말이다. 변절한 옛 여인이 변명처럼 말하는 "당신을 사랑할 때만큼은 진심이었어요"라는 말은 이런 의미에서 진실이다.

밤은 지지리도 길어서 일 년이나 되는 듯하고,
답답하고 울적한 마음은 다시 뒤집기도 힘들군요.
우두커니 서서 새벽빛을 기다리고 섰노라니,
희미한 여명이 멀리서부터 서서히 밝아 오려 하네요.
소첩은 남몰래 속으로는 스스로를 비참해하고 있지만,
한 해 한 해가 다하도록 임금님을 감히 잊지 못할 거예요.
夜漫漫其若歲, 懷鬱鬱其不可再更.
澹偃蹇而待曙兮, 荒亭亭而復明.

妾人竊自悲傷兮, 究年歲而不敢忘.

이 여인은 권력을 극도로 추구하다가 황제의 눈에 나서 유폐되는 역경을 만난 것이므로 이를 달리 정의하자면 쾌락을 얻으려다 역설적으로 고통을 얻게 된 것이다. 그렇다고 해서 이 여인이 불행한 것은 아니다. 왜냐하면 그녀는 욕망의 대상을 잃은 대신 새로운 욕망을 얻음으로써 삶을 영위해 갈 수 있었기 때문이다. 지지리도 긴 밤을 울적한 상태로 보내면서도 새벽빛을 기다리고, 또한 그 여명이 밝아 옴을 느끼는 그 자체가 삶에 대한 기대이다. 이것이 뭐 그리 대단한 것이냐고 반문할지 모르지만 극단적인 환경에 처한 사람에게 기다림이란 삶의 과잉을 경험하지 않고서는 존재할 수 없는 것이다. 그러니까 극단적인 슬픔과 고통은 주체를 삶과 죽음의 경계에 처하게 만들 것이고, 이 경계에서 역설적이게도 주체는 진정한 삶이 무엇인지를 깨닫게 된다. 이것이 곧 유령적 삶의 진실로 와닿게 되는 것이니, 이 경험으로 인해서 그녀는 속으로는 슬프더라도 몇 해가 되든지 잊지 않고 살 수 있을 거라고 감히 말했던 것이다.

왜 조강지처糟糠之妻에게로 돌아갈 수밖에 없는가

앞서 "안다고 가정된 주체는 없다"에서 살펴보았듯이, 자신의 진심과 고통을 알아줄 사람은 아무도 없다는 것을 여인은 깨달았다 — 물론 이 깨달음은 저자인 사마상여의 것이겠지만 말이다. 다시 말해서 자신의 행복이 필연적으로 정해진 것이 아닌 것처럼, 보증된 의미는 존재하지 않는다는 것을 받아들일 때, 이제 남은 것은 또 다른 우연을 기다리는 것이다. 이 우연을 기다리는 것이 결국 희망의 본질이 아닌가? 바로 이 보이지 않는 메시지로 인해서 『장문부』가 인구에 회자되는 명작이 된 것이다.

사마상여는 분명히 남성이었다. 그 옛날 봉건 윤리가 지배하던 시대에 하나의 남성 주체가 어떻게 이렇듯 여성성을 여실히 잘 표현했느냐는 데에 의구심을 감출 수 없는 게 사실이다. 그러나 바로 이러한 특별한 감성 때문에 그가 위대한 문호의 호칭을 받는 게 아닐까 하는 생각이 든다.

어떠한 좌절과 상실을 겪더라도 '다시 한 번 더'를 반복하는 것이 사랑의 운명이다. 그래서 『장문부』의 서문은 "상여가 문장을 지어 주상을 깨닫게 하니, 진황후는 다시 총애를 얻게 되었다(相如爲文以悟主上, 陳皇后復得親幸)"라고 하여 황제가 다시 황후에게 돌아온 것으로 기록하였다. 물론 이것이 역사적으로 사실인지 아닌지는 알 수 없으나, 위 작품을 읽어 보면 충분히 가능한 일로 짐작되는데, 그 이유는 다음과 같다.

앞에서 살펴보았듯이 사마상여는 여성을 대타자에 접근할 수 있는 주체와 같은 존재로 표현하였다. 거세된 남성 주체에게 여성은 대상 a, 즉 남근 기표로 작용한다는 사실을 사마상여가 알고 있었을 리 만무하지만 말이다. 중국이라는 거대한 세계를 훌륭히 통치해야 한다는 대타자의 욕망에 인정받기 위해서 무제는 노력을 하였고 또한 상당 부분 성공하였다고 스스로도 만족했을 것이다. 그러나 그러한 인정과 만족이 헛될 수밖에 없는 것은 대타자 자체가 이미 결핍이기 때문이다. 따라서 아무리 영웅적인 황제라 하더라도 소타자(대상 a)에의 욕망으로부터 자유롭지 못하다. 흔히 말하는 "세계를 정복하는 것은 영웅이지만, 그 영웅을 정복하는 것은 한 여인이다"라는 속담은 바로 이 사실에 근거한다. 중국 봉건주의 체제하에서 무소불위의 권력을 가진 남성 주체인 무제에게 궁궐 내외의 수많은 여인들은 복구와 상실의 과정을 반복하게 하는 대상들이었을 것이다. 이 지겹도록 반복되는 과정에서 무제가 궁극적으로 욕망하는 것은 잃어버린 대상이었으니, 잃어버린 대상이 찾아질 리 없다는 사실을 막연하게나마 무제는 깨달았으리라. 그래서 마지막으로 찾는 것이 변치 않는 타자이니, 그 기표가 바로 조강지처糟糠之妻이다. 이런 의미에서 조강지처는 대타자의 욕망과 소타자(대상 a)의 욕망이 겹치는 곳이 된다. 왜냐하면 조강지처는 남성 주체에게 여인으로서 소타자의 위치에 있음과 아울러 국가 체제의 기초 단위가 되는 가족이라는 상징체계에서는 이를 유지하는 핵심 요소가 되기 때문이다. 아무리 남존여비의 가부장 사회라 하더라도 늙으면 가정 내의 실질적인 권력이 여자(조강지처)에게 돌아온다는 사회적 현상과 전통적인 가족 체계에서 적자와 서자의 구분은 '어머니'의 자리에 의해 결정된다는 사실을 상기하자.

후세의 문학 평론가들은 『장문부』가 사마상여의 다른 작품들과는 다른 독특한 풍격을 갖고 있다는 데에 동의한다. 우선, 사마상여의 다른 작품들은 편폭이 매우 긴 대부大賦인 데 비하여 이 작품은 편폭이 비교적 짧은 서정부이다. 그리고 다른 대부들이 객관적인 풍경과 사물을 사실적으로 묘사한 데 비하여 주관적인 감정을 매우 세밀하게 표현하였다는 것이다.[13] 사마상여가 묘사한 대상들이 객관적인 풍경이나 사물인지는 좀 더 고증해 봐야 할 부분이겠지만, 아무튼 부 문학의 발전사라는 관점에서 봤을 때 전통적인 부의 제재를 넘어 새로운 지평을 확대하였다는 사실은 인정하지 않을 수 없다. 그러나 『장문부』가 갖는 가장 큰 의미는, 앞서 설명한 바와 같이, 여성성을 여실히 잘 드러내 준 보기 드문 명작이라는 데서 찾을 수 있다. 서문에 적힌 대로 사마상여가 진황후로부터 황금 일백 근으로 글을 청탁 받았다면 아무리 문장이 청산유수처럼 나오는 대문호라 하더라도 글쓰기에 앞서 그 절박함에 대하여 고민하지 않을 수 없었을 것이니, 『장문부』가 단지 여인을 위한 노리개가 아니라 인간적 고뇌에 대한 동참의 결과였음을 충분히 짐작할 수 있다. 이 때문에 후대 독자들의 공감을 불러일으키는 불후의 명작으로 남을 수 있었던 것이다.

제3장

한부의 꽃, 『상림부上林賦』

01 주문휼간의 새로운 모습, 도덕성

앞서 살펴보았듯이 『자허부』에서 제나라의 오유선생이 자허의 은근한 자랑을 무례하다고 꾸짖는 데서 부의 주문휼간은 시작되었다. 그러나 주문휼간이란 본시 부의 목적은 아니었고, 『장문부』의 예에서 고찰하였듯이 부의 문학적 힘은 존재자의 무한 반복 생성에서 찾을 수 있다. 『자허부』의 이러한 힘으로 인하여 궁정을 출입하며 무제의 총애를 받게 된 사마상여는 그 속편으로 『상림부上林賦』를 지어 바쳤다.

『상림부』는 『자허부』의 연작이므로 전개 방식이 기본적으로 같다. 단지 다른 점은 『자허부』가 제후의 권력을 초나라와 제나라의 간의 비교·경쟁이라는 방법을 통해서 감각하게 하는 작품이었다면, 『상림부』는 제후의 것을 딛고 올라서는 방법을 통해서 천자의 권력과 권능이 얼마나 심대한지를 느끼게 했다는 것이 다를 뿐이다. 이를테면, 전자가 초나라 임금의 사냥터인 운몽의 광대함을 자허의 입을 통해서 묘사한 것에 비하여, 후자는 천자의 사냥터인 상림원上林苑의 웅장한 모습을 무시공亡是公의 입을 통해서 그리고 있다. 후자는 전자의 부정을 통해서 지어진 것이므로 말할 것도 없이 『상림부』의 스케일은 『자허부』를 훨씬 능가한다.

『상림부』도 『자허부』에서처럼 무시공이 두 사람을 점잖게 꾸짖으면 이야기를 열어 간다.

무시공이 껄껄 웃으면서 말하였다. "초나라 사신께서도 말씀을 잘못 하셨지만, 제나라의 말씀도 이치에 닿는다고 볼 수 없습니다. 무릇 다른 나라의 제후에게 공물을 바치러 사신으로 왔다면 재물로 폐백을 드리는 것을 자신의 직무라고 기술하는 이유가 될 수 없소이다."
亡是公听然而笑, 曰: 楚則失矣, 而齊亦未爲得也. 夫使諸侯納貢者, 非爲財幣所以述職也.

무시공은 초나라의 자허와 제나라의 오유의 잘못을 싸잡아 꾸짖는 이른바 양비론으로부터 자신의 주장을 펴기 시작한다. 양비론 속에는 이미 부정의 부정이 들어 있으므로 화자는 자연스럽게 변증법적인 긍정을 확보할 수 있는 이점을 갖고 있다. 이렇게 되면 앞의 두 사람은 저절로 말할 자격을 박탈당하고 따라서 그들의 말은 몰수되는 운명을 맞는다. 그래서 무시공은 여유 있게 껄껄 웃으며 대화에 끼어들었던 것이니, 여기서 껄껄 웃는다는 것은 소통을 위한 단순한 친교 행위 같지만, 기실은 이들의 주장을 개인적인 담론으로 격하시키는 이데올로기적 기능을 수행하였다.

여기서 다시 주의할 곳이 있는데, 그것은 "무릇 다른 나라의 제후에게 공물을 바치러 사신으로 왔다면 재물로 폐백을 드리는 것을 자신의 직무라고 기술하는 이유가 될 수 없소이다"라는 구절이다. 외교 직무를 맡은 신하들은 외교적 업무를 잘 수행해서 나라의 품위를 지키는 것만이 다는 아니라는 훈계 투의 말로써 그들의 말을 일괄 부정한 것은 신하에게는 이보다 더 중요한 직무가 있음을 암시하고 있다. 말의 모두에 쓰인 '무릇'이란 단어가 이들이 어떤 중요한 것을 놓치고 있는지 궁금증을 자아내게 한다.
 이렇게 말하고는 무시공은 다음과 같이 힐난한다.

> 장차 제나라와 초나라가 서로 자랑한 일들은 다시는 입에 올릴 만한 일이 못 될 것이오! 그대들은 아직도 장중한 아름다움을 보지 못했단 말이오? 오로지 그대들만 천자의 상림원上林苑에 관해 들어 보지 못했단 말이오? 이 후원은 좌로는 창오蒼梧에 이르고, 우로는 서극西極에 다다르며, 단수丹水가 그 남쪽을 가로질러 흐르고, 자연紫淵 호수가 그 북쪽을 막고 있소이다. ……
> 且夫齊楚之事, 又焉足道乎. 君未觀夫巨麗也, 獨不聞天子之上林乎. 左蒼梧, 右西極, 丹水更南, 紫淵徑其北. ……

 그러면서 앞의 『자허부』에서 두 사람이 각기 자기 나라의 사냥터를 장황하게 자랑하던 방식으로 상림원의 장관을 늘어놓기 시작한다. 상림원은 황제의 것이므로 당연히 그 스케일이 제후들의 것과 비교도 안 되게 장엄하고 화려하다는 것은 굳이 말할 필요도 없을 것이다. 그 내용은 이미 『자허부』를 통해서 그 일면을 보여주었으므로 여기서는 다시 반복해서 설명하지는 않겠다.
 외교관들이 자기네 나라의 스케일을 자랑하는 것은 궁극적으로 이른바 기선을 제압하려는 권력 행위다. 즉 거대한 스케일을 보여줌으로써 상대방의 기를 꺾으려는 의도라는 말이다. 고대 역사에서 식민지를 많이 지배했던 나라의 유적에 공통적으로 거대한 건축물들이 많은 것은 바로 이런 의도에서 연유된 것이다. 무시공이 자허와 오유선생의 행위를 똑같이 반복한 것도 더 큰 스케일을 통해서 그들의 기세를 일단 꺾기 위해서였다. 그러나 이렇게 하는 행위는 언제나 초월적이어서 종국에는 허무함만 남는다. 쉽게 말해서 더 큰 것이 나타나면 앞의 자랑이 허무하게 무너진다는 말이다. 그래서 무시공은 이런 한계를 극복하고 진리의 말씀이라는 초월적인 권력의 위치를 점하기 위해서 저들과는 다른 형태의 감동을 생성시키려 했다. 여기서 그가 동원한 것이 도덕성이었고, 이는 주문휼간主文譎諫이라는 수사로 드러났다.

주문휼간이란 『한시의 비밀』에서 상세히 논한 바 있듯이, 한대 정권에서 관학으로 키운 중국 시학이 황제와의 소통을 위해 고안한 기능적인 해석의 방법론이었다. 고대 봉건시대에서 권력의 안정은 다음의 두 가지 역설적 상황을 잘 관리하는 일에 의해 좌우되었다. 먼저 황제의 권력은 절대화해야 했다. 그런데 이럴 경우 권력에 대한 견제가 어려워져서 소통이 막히게 되고 이는 오히려 권력의 수명을 단축하는 일이 된다. 이 모순을 해결하려면 황제의 위엄을 해치지 않으면서 의지를 바꾸게 할 수 있는 기술(art)이 필요했는데, 이것이 바로 주문휼간이었다.

사마상여의 부에서 주문휼간은 다음과 같은 과정을 감안해서 실현되었을 것으로 추측할 수 있다. 그는 먼저 황제의 지대한 권력을 느끼게 할 수 있는 묘사를 화려하게 구사한다. 이것이 반복되는 가운데 황제의 권력은 갈수록 절대적이 될 것이고, 그러면 이러한 권력의 쏠림 현상을 우려하는 비판과 반발 세력이 생기게 마련이다. 그들은 사마상여의 이러한 글쓰기가 권력에 아부하고 이익이나 챙기는 비윤리적 행위라고 비난할 것이다. 아닌 게 아니라 후대의 학자들은 이런 부류의 문학을 궁정문학이라고 규정하기도 하였다. 사마상여 같은 문호가 이런 과정을 모를 리 없었을 것이다. 그래서 그는 이러한 우려를 은근히 불식시킬 수 있는 방법을 생각해 냈으니, 당시로서는 문학에서 가장 윤리적인 행위로 간주돼 오던 주문휼간을 작품 안에 들여온 것이다. 사마상여의 주문휼간이 『시경』의 것과 다른 특색이 있다면, 그것은 후자가 풍자 위주인 데 비하여 전자는 황제가 스스로를 견제하고 제어하는 방식을 취함으로써 현인의 모습으로 그린다는 데 있다. 그 구체적인 방식을 살펴보기로 하자.

『자허부』에서 자허의 은근한 자랑 다음에 오유선생이 주문휼간의 칼을 꺼내드는 단계로 들어가는 것처럼 『상림부』에서도 황제의 웅장하고 화려한 권위가 극에 달했을 때 주문휼간이 다음과 같이 시작된다.

> 술이 반쯤 취하고 즐거움이 한창 무르익었을 때, 천자께서 망연히 생각에 빠지셨는데 마치 무언가를 잃으신 듯하였다. 그리고 말씀하시기를 "아, 저런! 이것은 너무 사치한 것이로다. 짐은 정사를 둘러보고 듣다가 여가가 났던 것인데, 일도 하지 않고 날짜만 버렸도다. 하늘의 도리를 따라서 죽이고 치면서 때때로 여기서 휴식을 하고는 있지만, 후손들이 사치해져서 끝내 그리로 가서는 다시 돌아오지 않을까 두렵도다. 이는 (선조께서) 물려 주신 창업의 전통을 계속 이어 갈 방도가 아니다."
> 於是酒中樂酣天子芒然而思似若有亡. 曰: 嗟乎! 此太奢侈. 朕以覽聽餘閑, 無事棄日, 順天道以殺伐, 時休息於此. 恐後世靡麗遂往而不返. 非所以爲繼嗣創業垂統也.

위의 인용문에서 "술이 반쯤 취하고 즐거움이 한창 무르익었을 때"는

'주중락감酒中樂酣'을 번역한 말인데, '중中'은 오신五臣 주가 해석하였듯이 '버금 중仲'의 뜻으로 읽어야 한다. 즉 '중仲'이란 형제 서열인 '백중숙계伯仲叔季' 중에서 두 번째이므로 술이 70~80퍼센트 정도로 취해 오른 상태를 말하므로, 황제는 완전한 쾌락에 빠지기 직전에 갑자기 정신을 바로 잡았다는 말이 된다. 그것도 무언가 중요한 것을 까맣게 잊고 있다가 갑자기 생각난 사람처럼 말이다. 이 사냥 행사가 비록 화려하고 사치하게 진행되긴 했지만, 이는 어디까지나 가을이 되면 음기가 성하게 되므로 이에 맞춰 짐승을 잡아야(殺伐) 하는 하늘의 이치에 따라 한 것이고,[1] 또한 술을 마시고 즐긴 것은 이런 행사를 하고 난 다음에 휴식을 한 것에 지나지 않는다. 그런데 여기서 황제 스스로가 이 즐거움에 탐닉하면 후손들이 본질은 잊고 즐거움을 누리는 일만을 본받을 것이니, 이것이 실로 걱정된다는 것이 황제의 생각이다.

생각이 여기에 이르자 황제는 즉시 잔치를 물려 사냥 행사를 마친 후, 각 담당 관리들을 불러 다음과 같이 명한다.

이에 주연을 해제하고 사냥 행사를 마치게 하고서 담당 관리들에게 명하셨다. "(상림원의) 땅이 경작과 개간이 가능하면 모두 농경지로 만들어서 백성들에게 공급하고, (상림원의) 울타리를 허물고 못을 메워서 산과 늪 주위의 사람들이 들어와서 짐승들을 잡게 하라. 보와 못에 물고기를 채워서 잡아 가는 것을 금지하지 말고, 여러 궁과 관을 비워서 거기에 사람을 모아 채우지 않게 하라. 창고와 곳간을 열어서 빈궁한 사람들을 구제하고, 부족한 사람들을 보태 주며, 홀아비와 과부들을 구휼하고 고아와 독거노인들을 보호하라. 천자의 명령을 내려서 형벌을 줄여 주고, 제도를 고치고, 관리들의 관복을 바꾸고, 새해 첫날을 바꿔서 온 천하 사람들에게 새로운 시작으로 삼게 하라."

於是乎乃解酒罷獵而命有司曰: 地可墾闢, 悉爲農郊, 以贍氓隸, 隤墻塡塹, 使山澤之人得至焉. 實陂池而勿禁, 虛宮館而勿仞. 發倉廩以救貧窮, 補不足, 恤鰥寡, 存孤獨. 出德號, 省刑罰, 改制度, 易服色, 革正朔, 與天下爲更始.

즉 황제 혼자 즐기는 드넓은 사냥터를 개간할 수 있는 곳은 농토로 만들어 백성들에게 나누어 주게 하고, 그 안의 산과 늪은 개방해서 백성들이 들짐승과 물고기를 잡아 생계에 도움이 되도록 하며, 창고를 열어 빈한한 사람들과 과부, 홀아비, 고아, 독거노인들을 구휼하게 하였다. 뿐만 아니라 형벌과 규제를 완화하고 각종 예법과 제도를 정비하는 등 나라를 새로 만드는 수준의 개혁을 시행하게 했다는 것이다. 그랬더니 "사해四海의 모든 땅과 백성들이 교화되어 복종하지 않는 자가 없게 되었다(四海之內, 靡不受獲)"는 것이 『상림부』의 대단원이다.

영화 〈미션 임파서블〉의 가치로 부를 보다

현대인의 시각에서 보면 선뜻 이해가 안 되는 부분이 이 대단원으로의 전환이다. 즉 천하의 사치라는 사치는 마음껏 즐기던 황제가 아무려면 이런 코페르니쿠스적인 개과천선改過遷善이 일순간에 가능하냐는 것이다. 사마상여가 온갖 귀맛 좋은 말로 부를 지어서 황제에게 아첨하다 보니 주위의 보는 눈이 있어서 이를 위장하기 위하여 작품의 말미에 이른바 주문휼간이라는 미명 아래 위의 내용을 덧붙였다고 비판하는 사람들도 적지 않은 게 사실이기도 하다. 탁문군을 꼬여내 달아난 고사를 통해서 형성된 타고난 불성실한 재주꾼일 것이라는 사마상여의 인상은 이러한 비판을 수긍하게 한다. 그러나 『상림부』의 마지막 부분을 직접 읽고 분석해 보면, 이것이 훈고학자들이 말하는 단순한 주문휼간이 아니라 이 작품의 가장 중요한 핵심임을 알 수 있다. 비록 그가 한때 불성실한 재주꾼이기는 했지만 문학적 글쓰기가 주체에게 어떤 작용을 하는지 정확히 알고 있었다는 말이다.

누차 강조하듯이 언어(또는 글)란 감각을 분절해서 개념으로 전환한 것이므로 속성상 추상적일 수밖에 없다는 태생적 한계를 갖고 있다. 그래서 말은 대상을 완벽하게 지시하고자 하면 할수록 언제나 말하는 사람의 의도를 벗어나면서 잔여를 남긴다. 이러한 잔여를 극복하고 포섭하기 위한 행위가 예술인데, 글쓰기에서는 문학으로 나타난다. 따라서 문학은 언어로 추상화하는 과정에서 상실된 부분을 구체적으로 감각할 수 있도록 존재자를 생성하는 기능을 수행한다. 이것이 형이상학적 존재를 재현하는 행위는 결코 아니지만 작품을 읽는 주체에게는 잃어버린 대상을 복원시켜 주는 것처럼 여기도록 만드는 게 사실이다. 즉 잃어버린 대상이 예술적 글쓰기에 의해 복원되는 것처럼 여겨진다는 말은 곧 그 복원을 빨리 실현하기 위해서 주체에게 강렬한 욕망이 생겨난다는 말로 바꿀 수 있다. 이 부분을 구체적으로 살펴보자.

그리하여 길일을 택하여 몸과 마음을 깨끗이 하는 재계를 하신 후, 조복을 입고, 여섯 마리 말이 끄는 수레를 타시고, 화려한 깃발을 꽂으시고, 난새 모양의 말방울을 절렁절렁 울리며 육경六經의 정원에서 노니시고, 인의의 길을 힘써 달리시며, 『춘추』의 숲²을 관람하시고, 제후들과 사례射禮를 행하실 때는 「이수貍首」편³과 「추우騶虞」편⁴을 연주하셨다. 현학玄鶴 춤⁵을 취하시고, 간척干戚 춤⁶을 추시고, 구름처럼 펴놓은 새잡이 그물을⁷ 수레에 싣고 다니심으로써 아정雅正한 것을 모두 잡도록 하셨다. 「벌단伐檀」편의 부조리⁸를 한탄하시고, '낙서樂胥' 구절을 즐기셨다.⁹ 예를 수행하는 곳에서 위엄 있는 예모를 갖추시고, 『상서尚書』의 정신을¹⁰ 논하는 곳에 자주 드나드셨다. 『역易』¹¹의 도리를 기술하시고, 괴이한 짐승¹²을 잡으면 그대로 놓아 주셨다. 명당明堂에 오르셔서 제후들의 내조來朝를 받으시고, 태묘太廟의 중앙 실인 청묘淸廟에 앉아 계시면서, 뭇 신하들에게 일을 맡겨서 득실을 따져 아뢰게 하니, 사해의 안의 어느 곳도 그 은덕을 입지 않은 곳이 없었다.

於是歷吉日以齋戒, 襲朝服, 乘法駕, 建華旗, 鳴玉鸞, 游乎六藝之囿, 馳騖乎仁義之塗, 覽觀春秋之林, 射貍首, 兼騶虞; 弋玄鶴, 舞干戚, 載雲罕, 掩群雅; 悲伐檀, 樂樂胥; 修容乎禮園, 翱翔乎書圃; 述易道, 放怪獸; 登明堂, 坐淸廟; 次群臣, 奏得失; 四海之內, 靡不受獲.

위의 구절을 거칠게 요약하자면, 황제가 사냥 행사를 하면서 놀다가 즐기는 일이 지나치면 안 되겠다 싶어 문득 정신을 가다듬고 백성을 위한 국정을 올바르게 살폈고, 그래서 천하가 안정되었다는 내용을 조목조목 반복적으로 묘사한 것에 지나지 않는다고 볼 수 있다. 앞서 말했듯이, 언어가 사물을 1:1의 관계로 지시하는 것이라면 굳이 이렇게 지루하게 반복할 필요가 없다. 그저 앞서의 거친 요약을 단순히 기술해도 사실이 달라질 것은 거의 없으리라. 만일 사마상여가 그렇게 기술했다면 이 글이 무제를 움직인 작품은커녕 사관이 휘갈겨 쓴 사초에도 들지 못했을 것이다.

사람이 순전히 이성적 판단에 의해서만 생각하고 행동한다면, 합리적 계산의 결과가 긍정적일 때만 행동하고 부정적이라면 결코 움직이지 않을 것이다. 그렇다면 인간은 주체가 아니라 로봇과 같은 기계에 지나지 않게 된다. 인간이 기계가 아니라 주체인 것은 그에게 욕망이 있기 때문이다. 욕망이 있기 때문에 무모하거나 불합리한 것을 향해 움직이기도 하고, 심지어 환상에 의해서 행동하기도 한다. 이 욕망을 불러일으키는 것이 존재자의 본질인 감각인데, 감각은 존재하는 것이 아니라 순간적으로 생성되는 것이므로 이를 존속시키기 위해서는 생성 행위를 반복하는 수밖에 없다.

그러므로 문학 작품을 읽을 때, 그 텍스트의 골간을 이루고 있다고 믿는 어떤 사상을 찾아내는 일이 중요한 게 아니다. 중요한 것은 텍스트를 읽을 때 생성되는 존재자를 감각하는 일이다. 읽는 주체가 감명을 받고 또 변화하는 것은 바로 이 존재자에 의해서이기 때문이다. 비근한 예를 들면, 영화 〈미션 임파서블Mission Impossible〉의 명성은 여기에 무슨 탁월한 사상이 함축돼 있거나 또는 스토리와 플롯이 좋아서 얻어진 게 아니다. 이 영화의 압권은 주연 역을 맡은 톰 크루즈가 보안이 완벽한 건물에 침투한 후 외줄에 의지하여 컴퓨터 내의 비밀 정보를 성공적으로 빼내는 아슬아슬한 장면일 것이다. 명연기(퍼포먼스)와 명연출이 생산해 낸 이 명장면이 나온 후, 이를 패러디하거나 이와 유사한 장면을 연출하는 등, 세계 액션영화의 흐름이 달라졌다. 이는 액션영화를 감상하는 주체들의 시각이 이 영화를 통해 확실히 달라졌음을 입증한다. 달리 말하자면, 새로운 주체가 탄생했다는 말이다. 새로운 감각을 찾아내는 것이 예술의 과업이라는 경구가 다시 한 번 증명되었다. 문학 작품을 어떻게 영화와 — 그것도 액션영화와 — 직접 비교할 수 있느냐고 반문할지 모르겠지만, 예술 행위란 면에서 본질은 같은 것이다.

이러한 시각에서 위의 구절을 다시 보기로 하자. "그리하여 길일을 택하여 몸과 마음을 깨끗이 하는 재계를 하신 후, 조복을 입고, 여섯 마리 말이 끄는 수레를 타시고, 화려한 깃발을 꽂으시고, 난새 모양의 말방울을 절렁절렁 울리며"라는 구절은 권위 있는 황제의 의연한 모습을 눈앞에 보는 듯 연상시킨다. 권위라는 것은 관념 속에 있는 게 아니라, 감각할 수 있는 관습 자체에 있는 법이다. 몸을 깨끗이 재계한 황제가 으리으리한 수레에 올라앉아 말방울 소리도 우렁차게 울리며 다닌다는 묘사는 황제 행차의 웅장한 감각을 생성시키는데, 이 감각은 당연히 환유적인 것이므로 이 웅장함 뒤에는 이보다 훨씬 큰 어마어마한 힘이 도사리고 있음을 상상하게 한다. 이러한 힘의 중심에 깨끗하게 재계한 황제가 있다면 그는 완전무결한 존재로 인식되게 마련이다.

이러한 그가 흥청망청 놀러 다니는 게 아니라, 육경을 읽고, 인의를 존중하고, 『춘추』의 역사관을 가졌다면, 천하의 왕으로서 백성들이 믿고 의지하기에 조금도 부족함이 없을 것이다. 그의 일거수일투족을 묘사하는데, 「이수」편과 「추우」편의 노래와 현학과 간척의 춤을 일일이 열거한 것은 그 자태의 전아한 감각을 생성해 내기 위한 것이다. 특히 "구름처럼 펴놓은 새잡이 그물을 수레에 싣고 다니심으로써 아정雅正한 것을 모두 잡도록 하셨다"는 구절은 황제가 옳고 바른 것을 얼마나 중시하는지를 상징적으로 잘 보여주기 때문에 경구라 말할 수 있다. 왜냐하면 동서고금을 막론하고 국가가 백성에게 반드시 보장해야 줘야 할 두 가지가 안보와 정의인데, 고대 중국 봉건주의 사회에서 정의는 황제에게 속해 있었기 때문이다.

'관官피아'의 원조

또한 "「벌단」편의 부조리를 한탄하시고, '낙서樂胥' 구절을 즐기셨다"는 구절은 특별한 의미를 부여한다. 여기서 잠시 「벌단」편의 첫 장을 보기로 하자.

> 박달나무 쾅쾅 찍어서
> 황하 가에 갖다 놓는데,
> 맑은 강물 위에 잔물결이 일고 있네.
> 씨도 뿌리지 않고 추수도 하지 않았는데
> 어떻게 삼백 마지기의 곡식을 거둬들였을까?
> 겨울 사냥도 하지 않았고 밤 사냥도 하지 않았는데
> 어떻게 너희들 정원에 담비 가죽이 걸려 있는 게 보일까?
> 저들 양반님들이시여, 일하지 않고 진지 드시지 마시게.
> 坎坎伐檀兮, 寘之河之干兮, 河水淸且漣猗.
> 不稼不穡, 胡取禾三百廛兮,
> 不狩不獵, 胡瞻爾庭有縣貆兮.
> 彼君子兮, 不素餐兮.

이 노래는 고대 벌목 노동자들의 노동요로 추측이 되는데, 즉 자신들은 고된 노동을 해도 먹고살기 힘든데 저들 귀족이나 벼슬아치들은 일하지도 않고 호의호식하는 불공평한 사회적 현상을 신랄하게 토로함으로써 육체적 고통과 울분을 해소했던 것으로 보인다. 울분을 토하기 전에 "맑은 강물 위에 잔물결이 일고 있네"라고 읊은 구절에서 불공평함과 대비되는 황하의 물처럼 세월이 지나도 변치 않는 정의로움이 언젠가는 실현될 것이라는 그들의 소망이 읽혀지기 때문이다.

천자로도 불리는 황제에 대한 전통적 관념은 『시경』「북산北山」편의 "넓은 하늘 아래에 임금님의 땅이 아닌 곳이 없고, 모든 땅의 물가에 이르기까지 임금님의 신하가 아닌 사람이 없네(溥天之下, 莫非王土. 率土之濱, 莫非王臣)"라는 구절에서 알 수 있듯이, 천하의 땅과 백성을 모두 소유한 유일한 주인이었다. 그런데 이 넓은 땅과 수많은 백성을 황제 혼자 관리할 수 없으므로 대리인들을 대신 세워서 다스리게 되었는데 이들이 바로 관리다.

『설문해자說文解字』는 '벼슬아치 리吏' 자를 "사람을 다스리는 자란 뜻이다. '하나 일一'과 '아전 사史'로 이루어진 회의會意 자다(治人者也. 从一从史)"라고 정의하였다. '사史'란 문서를 쥐고 있는 아전의 모습이고, '일一'은 하나의 변치 않는 원칙(또는 도)이란 뜻인데, 옛날에 원칙은 곧 황제에게 있었다. 그리고 독음인 '리'는 '다스릴 리理'와 같으므로 '리吏' 자의 자형적 의미는 "원칙(또는 황제)에 의거해서 다스리는 벼슬아치"가 된다. 왕국유王國維는 '리吏' 자의 고문자 자형이 '섬길 사事'와 같은 모양이므로 이 두 글자를 같은 글자로 보았는데, 학계에서는 타당한 주장으로 받아들이고 있다.

또한 '벼슬 관官' 자에 대해서는 "벼슬아치가 임금을 섬긴다는 뜻이다. '집 면宀'과 '쌓을 퇴𠂤'로 이루어진 회의 자다. 여기서 '퇴' 자는 '무리 중衆'과 같은 글자이다. 이것은 또한 '무리 사師'와 같은 뜻이다(吏事君也. 从宀从𠂤, 𠂤猶衆也. 此與師同意)"라고 정의하였다. '관官' 자는 '장인 공工', '줄기 간幹' 등의 글자들과 성모가 같은 쌍성雙聲 관계에 있다. 따라서 '관' 자의 자형적 의미는 "관청 안에서 천자를 대신해서 주동적으로 일하는 무리"가 된다.

이러한 정의에 의해서 보면 관리란 황제와 백성 사이에서 가교 역할을 하는 중간자적 존재임을 알 수 있다. 즉 황제는 이들을 통해서 백성을 보고 백성은 이들을 통해서 황제와 만난다는 뜻이 된다. 따라서 이들이 백성을 대할 때는 황제의 권력을 행사하게 되고, 반대로 황제를 만날 때는 백성의 힘을 등에 업고 황제에게 보이지 않는 압력을 행사할 수 있게 된다. 환언하면 황제의 권력과 백성의 권력을 모두 소유한 것이 관리 집단의 근본 속성이라는 말이다.

그런데 고대에는 관리 집단의 이러한 이중적 속성을 간과하고 오로지 황제의 권력을 대신하는 대리자라는 면에만 치중하여 이를 효과적으로 수행시킬 방법만을 강구해 왔다. 황제는 오직 한 사람이기 때문에 이의 대리자인 관리들도 하나같이 움직여야 한다. 그래서 옛날부터 관리의 윤리를 사슴이나 양 또는 기러기에 비유하기도 했다. 『시경』의 「녹명鹿鳴」편과 「고양羔羊」편을 해석하는 훈고학자들이 늘 강조하는 것이 사슴과 양들이 무리에서 벗어나지 않고 무리의 질서에 복종하는 것처럼 관리들은 튀지 말고 하나처럼 행동하라는 것이다. 옛날에 벼슬을 제수받으면 기러기를 폐백으로 들고 가서 예를 올리는 것도 무리를 벗어나지 않는 기러기의 속성을 끝까지 지키겠다는 일종의 약속이었다.

모든 조직은 궁극적으로 구조이고, 구조는 근본적으로 외부에 대하여 폐쇄적이다. 따라서 관리들의 조직도 여기서 예외일 수 없는데, 문제는 이 폐쇄성이 자신들의 존재 근거인 황제와 백성에 대해서도 그대로 적용된다는 사실이다. 근거를 떠난 폐쇄적인 조직은 스스로만을 위해서 키워지고 비대해진다. 그러니까 관리 조직의 이중적 속성인 황제의 권력과 백성의 권력이 동시에 그 안에서 강화된다는 말이다.

『순자荀子』「왕제王制」편에 보면 "임금은 배이고 백성은 물이다. 물은 배를 띄워 줄 수도 있지만 엎을 수도 있다(君者舟也, 庶人者水也. 水則載舟, 水則覆舟)"라는 구절이 있다. 이는 기실 백성의 황제에 대한 권력을 말하는 것인데, 황제에게 백성은 관리를 통해 만나는 것이므로 백성의 권력은 곧 관리의 권력으로 실현되기 마련인 것이다. 마찬가지로 백성에게 황제의 권력은 관리를 통해 수행되므로 그들에게 관리는 기실 황제인 것이다. 관리들의 조직과 그 권력이 비대해질 수밖에 없고, 황제와 백성이 여기에 종속될 수밖에 없는 이유가 여기에 있다. 요즈음 속칭 '관피아'라고 하는 관료들의 조직적 부패가 언론에 오르내리고 있다. 이 부패 현상의 뿌리를 찾아 거슬러 올라가 보면 바로 고대 중국에서 황제들이 세운 관리의 기능과 속성에서 연유한다는 것을 알 수 있다.

앞의 「벌단」편에서 벌목꾼들의 입을 통해서 원망한 것은 바로 황제의 권력을 빙자한 관리들의 횡포와 아울러 이를 수수방관하는 황제의 무능이었다. 그래서 황제가 백성들의 마음을 사로잡으려면 관리들을 철저히 감시하고 이들의 횡포를 단호히 처벌해야 함은 말할 필요도 없다. 오늘날의 관점에서 볼 때 황제가 「벌단」편을 읽고 그 부조리를 한탄했다는 묘사가 뭐 그리 대단하냐고 여길는지 모르지만, 그 배경을 살펴보면 이 구절이 백성들에게 얼마나 큰 위로가 되는지 짐작할 수 있다. 또한 그 뒤에 이어서 "'낙서樂胥' 구절을 즐기셨다"고 썼는데, 이는 황제가 관리를 잘 감독함에 앞서 애초에 현명한 인재를 등용하는 것이 무엇보다 중요하다는 사실을 암시하는 말이라 볼 수 있다. 이렇게 경전의 전아한 경구를 활용해서 황제의 성심을 생성시켰는데, 이를 읽는 황제가 어떻게 이 감동에 물들지 않을 수 있겠는가?

『예기禮記』「경해經解」편에 보면 다음과 같은 구절이 있다.

> 공자께서 말씀하셨다. "어느 나라에 들어가면 그 나라의 교화 상태를 알 수 있다. 그들의 사람됨이 온유하고 독실하면『시詩』의 교화를 잘 받은 것이고, 트여서 꽉 막힘이 없고 미래지향적이면『서書』의 교화를 잘 받은 것이고, 너그럽고 착하면『악樂』의 교화를 잘 받은 것이고, 정직하고 생각이 깊으면『역易』의 교화를 잘 받은 것이고, 겸손하고 의연하면『예禮』의 교화를 잘 받은 것이며, 시문을 잘하고 매사에 포폄이 정확하면『춘추春秋』의 교화를 잘 받은 것이다."
> 孔子曰, 入其國, 其教可知也. 其爲人也, 溫柔敦厚, 詩教也. 疏通知遠, 書教也. 廣博易良, 樂教也. 絜靜精微, 易教也. 恭儉莊敬, 禮教也. 屬辭比事, 春秋教也.

이 구설은 나라를 잘 다스리려면 먼저 백성을 잘 교육시켜야 하는데, 이는 오경五經의 가르침에 따라 제대로 하게 되면 다섯 가지 성격을 갖추게 됨을 말하고 있다. 이를테면, 『시경』 교육을 잘 받으면 '온유하고 독실해진다'는 것인데, 이는 앞의 『시경』 「벌단」편으로도 설명할 수 있다. 즉 이 시는 일하지도 않으면서 잘 먹고 잘사는 탐관오리들에 대한 백성들의 원망을 노래하고 있지만, 그 불공정함에 대한 불만을 황제에게 대놓고 토로하는 것이 아니라 노래라는 매개체에 기탁하는 간접적인 방법으로써 호소하였다고 여겼다는 말이다. 이것을 풍간 또는 주문휼간이라고 부르는데, 이렇게 순치된 행위는 곧 온유돈후한 성품에서 나오는 것이니, 이 때문에 백성들에게 『시경』을 가르치는 것이다. 앞에서 사마상여가 황제의 행위를 반복적으로 『시경』과 관련지어 언급한 것은 이 시교詩敎의 효과를 기대한 것이기도 하다.

사마상여가 『시경』에 이어서 『예』, 『상서尙書』, 『역易』, 『춘추』 등을 황제의 지대한 관심의 대상으로 묘사한 것은 바로 「경해」편에서 말하는 각각의 교화를 실현함으로써 공정한 사회를 이룩하겠다는 의지를 황제에게 북돋아 주기 위한 것으로 봐야 한다.

여기서 우리가 눈여겨볼 부분이 "괴이한 짐승을 잡으면 그대로 놓아 주셨다"는 구절이다. 이것은 『춘추공양전』 「애공哀公 14년」의 "서쪽으로 사냥을 나갔다가 기린을 잡았다"는 이른바 '서수획린西狩獲麟' 사건을 가리킨다. 기린이란 신화 속의 상서로운 동물로서 진정한 천자가 출현할 때 그 조짐으로서 나타나는 것으로 알려져 있다. 그런데 『공양전』은 이 구절에 대한 해석에서, 이 기린이 엉뚱하게도 나무꾼에 의해 잡혔으므로 이 소식을 들은 공자가 "도대체 누구를 위해 나타났단 말인가?(孰爲來哉)"라고 말하면서 눈물을 흘리고는 "나의 도가 다하였도다!(吾道窮矣)"라고 탄식하였다고 기록하였다.

한대 훈고학의 임무는 경전 해석을 통해서 왕조의 정통성을 세우고 이를 입증하는 것이었다. 그래야 세력을 좀 모았다고 해서 함부로 정권에 반기를 드는 시도를 예방할 수 있기 때문이다. 정통성이란 천명, 즉 하늘의 명령을 뜻하는데, 이것은 기린과 같은 상서로운 조짐으로 나타난다는 것이다. 이것이 있으면 나무꾼과 같은 필부도 천자가 될 수 있지만, 없으면 세력이 있는 자는 말할 것도 없고, 공자처럼 인격이 성인의 경지에 이른 사람이라도 천자가 될 수 없다. 기린이 공자에게 나타났더라면 천자의 자질을 갖춘 그에게 정통성마저 주어짐으로써 명분과 실질 면에서 완벽한 천자가 탄생했을 것이다. 그래서 공자도 이를 안타깝게 여긴 나머지 울며 탄식하였고, 『춘추』의 기록을 애공 14년에서 종결 지으면서 '다 갖추어졌다(備矣)'고 결론을 냈다는 것이다. 따라서 여기서 '다 갖춰졌다'는 말은 곧 천자로서의 자질을 따지는 내용보다는 정통성이라는 형식이 무엇보다 중요함을 뜻하는 것이다.

기실 이 구절은 단지 『공양전』 필자의 해석이지 공자가 실제로 이렇게 말했는지는 알 수가 없다. 『공양전』의 해석은 명분의 중요성을 강조한 것이었고, 한대의 훈고학자들은 이를 왕권의 정통성을 세우는 데 원용하였던 것이다. 이런 배경에서 기술된 "괴이한 짐승을 잡으면 그대로 놓아 주셨다"는 말은 천명을 존중하고 하늘을 두려워할 줄 아는 황제의 모습을 각인시킴으로써 백성들에게 신뢰감을 심어 주게 된다.

묘사(글쓰기)가 시스템을 움직인다

유가의 경전 텍스트들이 하나같이 삼황三皇과 오제五帝를 찬양했다는 사실에서 그들은 천자가 성인이기를 바랐다는 것을 알 수 있다. 이러한 천자관은 전국시기를 거쳐 한대에 이르면서 종교적 속성은 약화된 반면 정치적 위상은 강화된 지도자로 변화하였다. 그래서 한대의 제왕은 굳이 성인이 될 필요는 없고, 제도와 관습에 충실한 모습을 견지하기만 하면 천하는 잘 다스려지고 아울러 성군이 될 수 있다는 믿음을 마지막 구절은 말해 주고 있다.

> 명당明堂에 오르셔서 제후들의 내조來朝를 받으시고, 태묘太廟의 중앙 실인 청묘淸廟에 앉아 계시면서, 뭇 신하들에게 일을 맡겨서 득실을 따져 아뢰게 하니, 사해의 안의 어느 곳도 그 은덕을 입지 않은 곳이 없었다.

권력은 기실 제도와 관습에 의하여 이데올로기처럼 운명 지워지는 경향이 있다. 위의 인용문에서 나열된 황제의 행위들은 기실 황제 개인의 자유의지에 의한 것이 아니라 제도화된 관습에 의해 이루어진 것들에 지나지 않는다. 다시 말해서 제국이라는 시스템 속에서 제왕이 실제로 하는 일은 없다는 말이다. 그렇다면 황제란 제국이라는 상징체계의 정점을 채우는 질료에 지나지 않는다. 이런 시스템에 처해 있는 자신의 실재를 역대 제왕들 스스로도 아마 대부분 알고 있었을 것이다. 역사에 흔히 보이는 제왕들의 일탈은 이러한 실재에서 비롯된 것이리라.

그러나 사마상여는 제왕들의 관습적인 행위들을 숭고하고도 전아하게 묘사함으로써 이것이 진부한 행위가 아니라 특이한(singular) 것, 즉 '나(황제)'의 주체적인 행위를 통해서 천하가 잘 다스려지고 사해의 모든 백성들이 은덕을 입게 될 것이라는 성군의 환상을 만들어 주었다. 이렇게 해서 황제는 일탈을 스스로 자제할 뿐 아니라 정치에 적극적으로 참여하게 되는데, 이것이 바로 사마상여의 주문휼간이다.

요컨대 제국의 시스템 상에서 황제가 질료로서의 역할에 국한될 수밖에 없다면 그 자리는 누구든지 수행할 수 있는 대리인(agent)에 지나지 않은 것이 현실이다. 황제가 대리인의 자리에 지나지 않는다는 것은 황제 자신이 그리 어리석지 않다면 충분히 깨닫게 된다는 사실은 역사의 여러 사건들이 이를 입증한다. 즉 그들 중 일부 군왕들은 자신이 꼭 두각시가 아님을 스스로 증명하려다 권신들에 의해서 희생되는 경우가 적지 않았음을 우리는 굳이 예를 들지 않아도 알고 있지 않은가? 따라서 거칠게 말해서 희생당하지 않으려면 황제에게는 두 가지 선택이 남아 있으니, 하나는 그냥 모르는 체 대리자로 지내거나, 다른 하나는 차라리 대리자 역할을 능동적으로 수행하는 일이 그것이다. 후자를 잘하면 군왕은 다른 사람들에게 능동적 주체(actor)로 보임으로써 체제 자체가 부여한 권력보다 더 과잉된 권력을 생성시키는 효과를 갖게 한다. 이것은 결과적으로 권력을 나누는 파트너들인 군왕과 신하들 모두에게 유리한 결과를 낳으므로 체제는 더욱 굳건해져서 마침내 성군이 탄생하는 것이다. 권력은 독점해야 안정되고 오래갈 것 같지만, 기실은 나눠야 오래가는 법이다. 그러니까 여기서 말하는 주체란 권력의 주체가 아니라 이를 생성하는 관습과 제도, 달리 말하면 권력을 생성하는 형식의 수행 주체가 됐다는 뜻이다. 이것이 바로 사마상여가 의도한 글쓰기의 힘이다. 이에 관해서는 뒤에서 좀 더 자세히 설명할 것이다.

앞에서 영화의 명장면을 비유로 들어서 감명의 본질에 대하여 잠깐 설명했지만, 글쓰기의 힘은 음운학적 차원이 아니라 음성학적 차원에서 발생하는 것이다. 다른 사람을 설득하고자 할 때는 먼저 그를 감동시켜야 한다. 다른 사람이 남의 말을 듣거나 글을 읽고 감동을 받게 되는 것은 다음의 두 가지 요소 중에서 적어도 한 가지 이상의 성취에 의해서 가능하다. 그것은 첫째가 논리의 정연함이고, 둘째가 수사의 아름다움이다. 전자가 진실성에 입각하여 설득하는 것이라면 후자는 말 자체의 미학성에 의지해서 호소하는 것이다. 그렇다면 글쓰기는 음성학적 차원에서 발생하는 미학성이 호소력을 갖게 됨을 뜻한다.

여기서 주의할 점은 논리가 정연한 담론이 모두 감화력을 갖는 것은 아니지만, 수사가 아름다운 말은 논리성이 좀 결여되더라도 설득력을 갖는 경우가 오히려 더 많다는 사실이다. 그 비근한 예를 들자면, 우리는 "말 한 마디로 천 냥 빚을 갚는다"는 속담의 진실을 부정하지 않는다는 사실이다. 이와 비슷한 의미의 "'아' 해서 다르고 '어' 해서 다르다"는 속담도 있는데, 여기서 '아'와 '어'의 차이란 기실 아름다움의 차이를 가리킨다. 논리성이 갖는 진실의 힘은 굳이 현상적으로 아름다운 모습을 가질 필요가 없다. 오히려 수학처럼 중립적인 언어로 수식 없이 기술돼야 객관성이 확보됨으로써 진실성이 높아진다. 이러한 개념적 글쓰기가 음운학 차원의 설득 방식이다. 반면에 현상적으로 미학성이 강구된 말이나 글이란 기실 존재를 환영으로 생성시킨 존재자이므로 듣고 읽는 순간에 공감이 이루어진다. 그래서 이것은 음성학적인 차원에서의 힘이 되는 것이다.

알랭 바디우Alain Badiou의 『바그너는 위험한가』에 보면 다음과 같은 구절이 있다.

사실상 흥미로운 것은 행동이 아니다. 흥미로운 것은 인물들의 대사, 다시 말하면 주체의 가능성 — 플롯의 시시콜콜한 사항들은 다만 그 결과나 장식일 뿐인, 새로운 주체의 가능성 — 을 창조하는 대사다. 결정적인 것은 플롯상의 사건이나 행동 자체가 아니라 행동에 관해 말해지는 것, 행동의 주관적인 측면이다.[13]

쉽게 말해서 우리가 연극이나 오페라를 반복해서 즐기는 이유는 사건의 줄거리나 플롯 등에 있는 것이 아니라는 말이다. 왜냐하면 그런 것들은 우리가 이미 익히 잘 알고 있기 때문이다. 우리가 즐기는 것은 그 대사에 있다는 것이 바디우가 말하고자 하는 바이다. 문학의 기능이란 근본적으로 새로운 주체를 탄생시키는 것인데, 이는, 누차 말하지만, 언어로 생성되는 존재자에 의해서 성취된다. 그렇다면 스토리, 플롯, 행위 등보다 당연히 언어의 맛을 내는 대사가 절대적이 될 수밖에 없다. 존재자는 기호에 의해서 생성되므로 근본적으로 환영에 속한다. 주체를 창조하는 대사를 '행동에 관해 말해지는 것'이라 정의하고 다시 '행동의 주관적인 측면'이라고 반복한 것은 여기에 근거한 말일 것이다.

여기서 우리는 왜 대사가 주체를 창조하게 되는지에 대해 한번 생각해 볼 필요가 있다. 주지하다시피 구체적인 하나의 단위 문장이나 말은 크게 주어(subject) 부분과 술어(predicate) 부분으로 돼 있는데, 이는 언어 자체의 구조이기 때문에 사유의 구조가 되기도 한다. 그래서 거의 모든 언어가 기술하고자 하는 대상(topic)을 먼저 앞에 놓고 뒤에서 이를 기술(comment)하는 구조를 갖게 되는 것이다. 따라서 "주어는 기술의 대상", "술어는 대상에 대한 기술"이라는 동어반복적인 정의가 가능하다.

주어는 기술의 대상이므로 개별적인 사물이 되고, 술어는 기술하는 부분이므로 일반적인 개념으로 채워진다. 이를테면, "장미는 붉다"에서 '장미'는 개별적 속성을, '붉다'는 추상적 개념을 갖는다는 말이다. 따라서 주어라는 특정한 사물은 술어에 의해서 일반화되는 것이다. 주어를 영어로 'subject', 술어를 'predicate'라고 각각 부르는데, 전자에는 '복종하다' 또는 '신하'라는 뜻이 함께 들어 있고, 후자에는 '근거하다' 또는 '입각하다'라는 의미가 들어 있다. 특히 후자의 형태소는 'pre'와 'dic'으로 나누어지는데, 'pre'는 '앞에(before)', 'dic'은 '말하다(speak)'라는 의미를 각각 품고 있으므로, 'predicate'의 어원은 '확정되지 않은 것을 앞서 말하다'가 된다. 확정되지 않은 것을 말한다는 것은 주어의 속성을 정의한다는 말과 다름없으므로 주어는 술어의 진술에 전적으로 의지한다는 말이 된다. 다시 말해서 주어는 술어의 '근거에 복종하는 신하', 즉 'subject'인 것이다. 어떤 특정한 대상(topic)의 존재는 그 자체로는 절대 알 수 없고, 반드시 존재자라는 매개를 통해야 인식된다. 존재자는 언어로 드러낼 경우 진술(comment)의 기술로써 생성해 낸다. 이때 이 진술이 진부한 정의를 넘어서 특이한 시각으로 대상의 색다른 모습을 보여 줬을 때 주체는 새로운 세계를 발견하는 즐거움을 경험한다. 이것이 곧 감응인데, 감응의 순간에서 새로운 주체가 창조되는 것이다. 『상림부』는 다음과 같이 끝을 맺는다.

이에 두 선생은 삼가는 모습으로 정색을 하고는 뒷걸음으로 자리를 피하며 말하였다. "저희 배우지 못한 자들이 고루하여서 두려워 피할 줄을 몰랐습니다. 이제 오늘에야 가르침을 받았으니 삼가 명을 받들겠나이다."

於是二子愀然改容, 逡巡避席曰: 鄙人固陋, 不知忌諱, 乃今日見敎, 謹受命矣.

이 말은 자허와 오유선생 두 사람이 무시공의 진술을 들은 후 새로운 주체가 생기니까 옛 주체는 저절로 물러갔다는 뜻이 된다.

이러한 주체의 변화를 흔히 개과천선改過遷善이라고 부르는데, 이는 기실 선뜻 납득이 되지 않는 게 사실이다. 어떻게 갑자기 사람이, 그것도 황제가 변할 수 있단 말인가? 앞서 말했듯이 글쓰기가 만든 메시지는 내용이 논리적으로 옳다고 해서, 또는 윤리적으로 바르다고 해서 설득력을 갖는 게 아니다. 글쓰기가 생성하는 존재자가 감성을 자극해서 감정의 과잉 상태를 형성해야 거기서 주체의 확장, 즉 새로운 주체의 탄생이 가능해지는 것이다. 그러려면 이미 진부해진 정연한 논리는 지양하고 논리성에서 배제되었던 낯선 타자들을 불러들여야 한다. 여기서 내가 직접 겪었던 사건을 이야기하면 이를 이해하는 데 큰 도움이 되리라 믿는다.

나는 ROTC(학군장교)로 임관하여 군복무를 마쳤다. 임관 후 당시 광주 상무대에 있던 보병학교에서 초급장교 훈련 과정을 밟을 때의 일이었다. 군복무를 해본 사람이면 다들 알 듯이, 군사교육 훈련이라면 피동적이 되는 것은 장교와 사병이 별반 다르지 않다. 그래서 교육관들은 장교는 사병과 달라야 한다면서 자발적으로 장교의 자질을 갖추고 훈련에 임하라고 귀가 따갑도록 훈시하는 게 일상이었다. 교육관들의 훈시는 옳은 말씀이었고, 당연히 복종해야 하는 훌륭한 말씀이었음은 말할 것도 없다. 그럼에도 장교들은 이미 귀에 못이 박힌 말씀이라 한 귀로 듣고 한 귀로 흘리면서 '세월아 네월아' 하는 자세를 전혀 바꿀 기색이 없었다. 그러던 중 어느 날 저녁 정훈교육 시간에 영화 관람이 있다는 전갈이 왔다. 우리는 따분한 정훈교육 대신에 영화를 본다니까 이게 웬 횡재냐 하면서 중대별로 희희낙락 강당으로 갔다.

상영된 영화는 〈진짜 사나이〉라는 극영화였는데, 주인공인 어느 육군 소위가 보병학교 졸업 후 자대에 배치되어 소대장 임무를 수행하는 이야기였다. 당연히 소대에는 갖가지 말썽쟁이들이 있었고 그들이 일으키는 사건과 갈등, 그리고 대단원이 영화의 줄거리를 구성했다. 정훈교육용으로 만든 영화라서 테마와 줄거리가 진부한 건 사실이지만, 연출과 연기, 스크린플레이, 소품, 컬러, 음악, 터치 등 제작 자체는 군에서 만든 영화답지 않게 현실감 있게, 그리고 감동적으로 그렸다. 2년의 복무를 마치고 전역하는 소대장이 생사고락을 같이한 부하 사병들과 이별하는 라스트 신에서는 장내가 숙연해지고 심지어 눈물을 글썽이는 장교도 있었다.

그런데 특이한 일이 영화가 끝난 후 일어났다. 보통 때 같으면 집합 한 번 시키려면 동료 지휘자 장교가 소리를 몇 번 고래고래 질러야 대오를 맞추던 장교들이 이때는 누가 뭐라 하지도 않았는데 스스로 척척 대오를 맞추더니 평소답지 않은 씩씩한 자세로 보무당당히 행진해서 숙소로 향하는 것이 아닌가? 이렇게 달라진 모습에 우리 스스로도 깜짝 놀랄 정도였다. 그 주간에 교육관들이 매우 흡족하게 여겼음은 말할 것도 없다. 주말이 지나면서 그 생생하던 군기는 대부분 빠져서 일상으로 돌아왔지만 말이다. 개과천선이란 무의식적 구조를 바꾸지 않는 이상 근본적으로 불가능한 말인가 보다.

비록 일주일도 안 돼 도루묵이 되긴 했지만 이전과는 다른 새로운 주체의 장교를 경험한 것은 분명하였다. 그렇다면 영화의 무엇이 우리를 잠시나마 변하게 만들었던 것일까? 영화의 주제나 줄거리가 감동적이어서 그랬다면, 이 영화의 주제는 궁극적으로 통솔 상의 모든 어려움을 이기고 훌륭한 소대장이 되라는 것 아닌가? 그렇다면 정훈교육관에게서 매일 듣는 훌륭한 말씀과 무엇이 다른가? 그 말씀을 듣고 언제 한번이라도 내가 변해 본 적이 있었던가? 따라서 영화에는 이것과 다른 어떤 요소가 있을 것이라는 짐작을 쉽게 할 수 있다.

강의란 언어로 진행하는 것이므로 속성상 관념적이 될 수밖에 없다. 관념은 이성적인 것이어서 자연히 논리성 외에 다른 것은 배제되기 마련이다. 그래서 이성적인 것은 언제나 중심을 이루고 있다는 관념에 우리는 빠져 있다. 비유컨대 정훈교육관의 훈시는 뼈에 해당하므로 그는 이 뼈대를 이해하는 것으로 우리의 행위가 변화하기를 기대하면서 강의에 열을 올렸을 것이다. 그런데 변화는 영화를 통해서 일어났다. 도대체 영화와 강의에 어떤 차이가 있었기에.

당연히 강의에 부재한 것은 영화의 감성이다. 강의는 주로 이성에 의존하므로 머리만 이해하도록 의도하지만 영화는 머리뿐 아니라 모든 감각기관이 다 동원되도록 기획된다. 즉 존재자를 생성시킴으로써 존재를 깨닫게 한다는 말이다. 존재자를 생성시키는 일이 곧 연출이고 제작이다. 앞서 강의가 뼈대의 이해에 있다고 비유했는데, 그렇다면 영화는 뼈대뿐 아니라 살을 붙이고 나아가 이를 입히는 옷까지 갖추는 일이 된다. 그러니까 여기서 영화란 논리성을 추구하다가 배제해 버린 타자들을 다시 불러다 존재로 돌아오게 한 작업인 셈이다. 장교들이 경험한 새로운 주체는 교육의 효율성 때문에 지엽적인 것이라 여기고 생략해 버린 감성적인 부분을 되살려 냄으로써 가능했던 것이다. 이 감성적인 부분이 바로 앞서 말한바 음성학적 차원의 존재이자 글쓰기의 힘에 해당하는 것이다.

혹자는 『상림부』에서의 주문휼간은 아첨꾼인 사마상여가 권력에 너무 아부한다는 비난을 모면하기 위해서 끌어들여 온 것이라고 힐난하기도 한다. 다시 말해서 사적인 영달의 탐욕을 위장하기 위해 쓰는 가면, 즉 페르소나 같은 것이란 말이다. 옛날부터 글쓰기라는 게 그리 간단한 게 아니어서 이를 잘못 쓰면 심하게는 멸문의 화를 당하는 경우도 있다는 것을 모든 작가들은 거의 무의식적으로 알고 있으며, 이는 언론 자유가 보장된 오늘날이라고 해서 별반 다르지 않다. 따라서 작가들은 언제나 자신도 모르게 방어적으로 글을 쓸 수밖에 없다. 글이라는 것은 롤랑 바르트Roland Barthes가 정확하게 지적했듯이, 저자의 손을 떠나는 순간 저자는 사라지고 텍스트만 남아서 갖가지 해석을 낳고 아울러 그들 주체에 영향을 끼친다. 정말로 사마상여가 힐난을 면하기 위해서, 또는 좋게 말해서 윤리성을 제고시키기 위해서 주문휼간을 작품에 들여왔는지는 아무도 모른다. 아니, 알 필요도 없다. 다만 우리에게 관심이 있는 것은 이것이 독자들에게 어떤 영향을 끼쳐서 세계를 창조했는가이다.

02 황제 : 성인聖人 개념에서 시스템으로

『상림부』의 내용은 기실 맹자가 양 혜왕에게 역설한 이른바 '여민동락與民同樂', 즉 임금은 백성들과 함께 즐겨야 한다는 가르침을 모티프로 해서 다시 쓴 것이다. 그러니까 『자허부』에서 『상림부』에 이르기까지 작품 자체가 연작 형태의 주문휼간인 셈이다. 『맹자孟子』 「양혜왕梁惠王 장구章句 하下」의 구절을 잠시 보기로 하자.

제 선왕이 물었다. "(주나라) 문왕의 동산은 사방 70리라던데, 그런 일이 있었습니까?" 맹자가 대답하였다. "기록에 그런 사실이 있었습니다." "그렇게 컸나요?" "그래도 백성들은 오히려 작다고 여겼습니다." "과인의 동산은 사방 40리밖에 안 되는데도 백성들은 오히려 그것을 크다고 생각하고 있으니, 어찌된 일입니까?" "문왕의 동산은 사방 70리라도 풀 베는 자들과 나무하는 자들이 거기에 들어갈 수 있고, 꿩과 토끼를 사냥하는 자들이 거기에 갈 수 있으니 백성들과 함께 공유한 것입니다. 백성들이 작다고 여긴 게 마땅하지 않겠습니까? 제가 처음 이 나라 국경에 도착했을 때, 이 나라에서 절대 어겨서는 안 되는 법이 뭐냐고 묻고 나서 감히 들어왔습니다. 제가 듣건대 이 나라 도읍에서 100리 밖 안에 사방 40리 되는 동산이 있는데, 그 안의 사슴을 죽인

자는 사람을 죽인 자와 똑같은 죄로 다스린다고 하더이다. 그렇다면 이것은 나라 가운데에 사방 40리가 되는 함정을 파놓은 것입니다. 백성들이 이를 크다고 여기는 것은 당연한 것이 아니겠습니까?"
齊宣王問曰: 文王之囿方七十里, 有諸? 孟子對曰: 於傳有之. 曰: 若是其大乎? 曰: 民猶以爲小也. 曰: 寡人之囿方四十里, 民猶以爲大, 何也? 曰: 文王之囿方七十里, 芻蕘者往焉, 雉免者往焉, 與民同之. 民以爲小, 不亦宜乎? 臣始至於境, 問國之大禁, 然後敢入. 臣聞郊關之內有囿方四十里, 殺其麋鹿者如殺人之罪. 則是方四十里, 爲阱於國中. 民以爲大, 不亦宜乎.

『상림부』가『맹자』의 여민동락을 모티프로 해서 다시 쓴 것(rewriting)이라면『상림부』의 문학적 가치는『맹자』에서처럼 근본적으로 제왕의 윤리성에 있다고 볼 수 있다. 그렇다면『상림부』의 주문휼간과『맹자』의 여민동락은 무엇이 다른가?

제왕에게 윤리란 마땅히 실천해야 할 선한 행위이긴 하지만, 다른 한편으로는 하기 싫고 피하고 싶은 유쾌하지 않은 일에 대한 요구이기도 하다. 맹자는 누구나 존경하는 문왕을 예로 들면서 그처럼 백성과 즐거움을 공유하면 동산을 얼마든지 넓게 가져도 백성들이 오히려 작다고 여길 것이라고 설득하였지만 혜왕이 그렇게 결단했다는 기록은 보이지 않는다. 반면에 사마상여의 글을 읽은 한 무제는 그를 가까이 두었을 뿐 아니라 역사에 남는 제왕으로 기록되었다. 맹자의 말과 사마상여의 글 사이에는 어떤 차이가 있었을까? 물론 두 제왕 사이에는 개성이 다르고 시대적 환경도 다르기 때문에 단순히 그들의 행동을 통해서 맹자와 사마상여의 수사적 영향력을 비교할 수는 없다. 그러나 둘 다 제왕에 대한 주문휼간이었다는 점에서 이 두 버전이 제왕들에게 수용되는 과정에 어떤 구조적 차이가 있는지 비교할 수 있는 좋은 예라고 볼 수 있다.

　우리가 먼저 주목해야 할 점은 양 혜왕이 맹자의 교훈적인 말씀을 실천하지 못한 것은 맹자의 말이 무슨 뜻인지 몰라서 그런 게 아니라는 사실이다. 세상의 어느 군왕이 태생적인 폭군이 아닌 이상, 성군으로 칭송 받고 싶지 않은 자가 있겠는가? 그런데 그는 왜 결단을 못하였을까? 그것은 큰 나라를 실제로 다스리는 노련한 군왕으로서, 정치의 현실을 너무 잘 알았기 때문이다. 이를테면, 맹자는 동산을 문왕처럼 백성들과 공유하라고 권했지만 그게 말이 쉽지 기실 그렇게 간단한 게 아니다. 실제로 혜왕이 동산을 공유하는 결정을 했다고 가정해 보자. 우선 사람들이 마구잡이 드나들면서 동산 자체가 관리가 안 될 것이다. 동산이란 것이 단지 군왕이 사냥하며 즐기는 용도만 있는 것이 아니라, 『자허부』에서 보았듯이 그 호화롭고 사치한 장관을 이웃나라 사신들과 백성들에게 과시함으로써 제왕의 권위를 세우고 권력을 공고히 하는 수단이 되기도 한다. 그런데 동산의 관리가 엉망이 된다면 권위와 권력의 유지가 현실적으로 어려워지는 난제가 있는 게 사실이다. 문왕처럼 인자한 인품이 갖춰진 군왕이라면 또 모르겠지만, 혜왕에게 이런 능력이 갑자기 생기는 것도 아니질 않는가? 따라서 혜왕의 입장에서 본다면 맹자의 말씀은 신화적인 이야기거나 극히 이념적인 훌륭한 이론에 불과할 것인즉, 신화나 이념을 즉각적으로 행동에 옮기는 일이란 쉽지 않았을 것이다.

맹자가 양 혜왕에게 교훈을 준 것에 비해 사마상여는 무제에게 비전을 보여준다. 먼저 사마상여는 황제의 동산을 경작지로 전환시켜서 백성들의 생업에 직접적으로 필요한 땅으로 돌려주는 일을 묘사하였다. 동산을 경작지로 돌려주는 일은 사실 동산을 백성들과 공유하는 일보다 쉽다. 왜냐하면 즐기는 일이란 아무나 할 수 있는 일이 아니고, 반드시 마음이 내키는 사람과만이 할 수 있는 일이기 때문이다. 부부 사이도 어려움을 나누는 동고同苦는 쉽게 해도, 즐거움을 나누는 동락同樂은 어렵다 하지 않던가? 문왕은 백성을 진정으로 사랑해서 그들과 즐길 수 있었겠지만 백성을 통치의 대상으로 삼는 보통의 군왕들에게는 이게 현실적으로 불가능하다. 그렇기 때문에 성군이 아니라면 차라리 백성들에게 베푸는 일로 모양을 바꾸어서 권한다면 그들이 쉽게 받아들일 수 있을 것이다. 아무리 용렬한 군왕이라도 백성에게 베푸는 일은 성군이면 해야 할 당위적인 일로 여길 것이기 때문이다.

두 번째로 무제가 성군이 되기 위해서 사마상여가 권한 업무들을 살펴보자. 앞서의 인용문에서 보는 바와 같이 "길일을 택하여 재계를 하신 후, 조복을 입고 여섯 마리 말이 끄는 수레를 타시고, 화려한 깃발을 꽂으시고, 난새 모양의 말방울을 절렁절렁 울리며 육경六經의 정원에서 노니시고, 인의의 길을 힘써 달리시며……"로 이어지는 일련의 행위들이 황제가 성군이 되기 위해 해야 할 일들이다. 이런 일들의 공통된 속성은 형식상의 절차로서 상징적 수행만 하면 될 뿐, 황제가 굳이 형식에 부합하는 실제적 행위를 실행하지 않아도 된다는 사실이다. 이를테면, 『상서』의 정신을 논하는 곳에 자주 드나들기만 하면 되지 굳이 『상서』를 공부할 필요가 없고, 또한 명당明堂에 올라서서 제후들의 내조來朝를 받거나, 태묘太廟의 중앙 실인 청묘淸廟에 앉아서 뭇 신하들로 하여금 득실을 따져 아뢰게만 하면 될 뿐이라는 것이다. 이러한 일들은 성인의 품성을 먼저 갖춰야 하는 문왕의 경우와 비교할 때 수행하기가 매우 용이한 것들이다. 이나마도 매일 하는 게 아니고 길일을 택해서 가끔 하면 되는 것이다. 이렇게 볼 때 사마상여는 정치의 성패는 권력에 달렸고, 권력의 핵심은 힘이지만 이 힘에 정통성을 부여하는 것은 관습과 제도라는 사실을 직감적으로 알았던 것 같다. 이 관습과 제도의 본질은 궁극적으로 상징에 속한다. 고대 봉건주의 사회에서 이 상징성의 정점에 제왕이 있었다. 따라서 관습적이고 제도적인 것을 매우 정교하게 만들어서 이를 전아한 모습의 황제가 경건하게 수행하면 거기서 신화적 의미가 생성이 되고, 그로부터 체제는 자연의 일부처럼 안정됨과 아울러 제왕의 권력은 하늘로부터 부여받았다는 관념이 형성된다. 따라서 백성들이 이러한 체제에 자연스럽게 복종함으로써 국력의 총화가 도모될 수 있었던 것이 고대 봉건주의 체제의 원리다.

물론 백성들 개개인에게 이러한 왕권과 국가 체제가 정말로 천명에 속한 것인지를 묻는다면 아마 대부분의 사람들이 그것이 근본적으로 허위적인 것임을 알고 있다고 말할 것이다. 진나라 때 진승陳勝(?~기원전 208)이 "천자와 제후, 장군과 재상에 어찌 씨가 따로 있겠느냐?(王侯將相, 寧有種乎)"라며 반란을 선동했을 때 900여 명이나 되는 농민들이 이에 호응한 사실은 이를 입증한다. 그러나 힘이 본질인 권력이 신화적인 관습으로 포장되어 관념으로 형성됐다면 그것은 대타자로서의 기능은 수행하기에 충분하다. 그렇다면 이것은 곧 지젝이 말한바 '믿는다고 가정된 주체'에 의해 지지된다. 즉 아이들이 믿고 있다는 우리들의 믿음에 부합하기 위해서 산타클로스가 허위인 줄 알면서 산타클로스 행사를 한다는[14] 기막힌 비유를 통해 대타자의 본질을 설명한다. 그래서 그는 문화라는 대타자를 "'진지하게 생각하지' 않으면서 실천하는 모든 것을 지칭하는 이름"[15]이라고 정의한다.

따라서 제왕의 능력을 이야기하면서 그의 신화성이 실증적 근거가 있느냐 없느냐의 여부는 기실 근본적인 질문이 될 수 없다. 상징체계의 정점에 있으면서 문화적 기능을 수행하는 질료로서의 역할을 충실히 실천할 수 있는가가 성왕의 조건인 것이다. 문화라는 보이지 않는 대타자가 굳건히 자리를 잡아야 이에 의존하는 체제가 안정될 것이고, 그래야 이 속에서 사회는 지속적인 움직임을 반복함으로써 생산을 끊임없이 계속할 것이기 때문이다.

교육자가 진정으로 아이들을 사랑하는 마음을 갖고 가르친다면 역설적이게도 그는 위대한 교육자가 될 수 없다. 아이들을 진심으로 사랑하면 선생은 그의 모든 것을 그들에게 투여해야 하는데, 이렇게 하려면 그에게 아무리 위대한 능력이 있어도 그가 품고 영향력을 미칠 수 있는 학생의 숫자에 한계가 있기 때문이다. 위대한 교육자로 기억되려면 무엇보다 먼저 그의 행위가 많은 사람에게 알려져야 하는데, 그러려면 그에게 교육 받은 학생들이 많아야 한다. 그래서 스승의 훌륭함을 판단하는 주요 근거로 도리桃李, 즉 복숭아와 자두처럼 많은 제자를 배출해 낸 업적을 꼽는다. 학생을 많이 배출하려면 아예 학교를 세우는 것이 효과적이다. 학교도 유치원부터 대학교까지 교육의 전 과정을 세트로 설립함으로써 학원學園을 조성하고 그 이사장에 취임하면 그 길로 위대한 교육자의 반열에 오르게 된다.

이쯤 되면 이 사람은 교육 행위의 단계를 넘어 교육 사업의 차원에 있게 된다. 교육이 사업이 된 이상 규모를 키워야 하고, 규모를 키우려면 학생을 수입원의 단위, 즉 머릿수로 계산할 수 있는 안목을 가져야 하는 것은 당연한 귀결이다. 여기서 아이들에 대한 사랑을 교육의 주요 요소로 상정한다면 이 발전의 과정은 더딜 수밖에 없을 터이니 사랑에 애착을 갖는 교사들이 어떤 대접을 받는가는 굳이 묻지 않아도 알 수 있을 것이다. 사랑 같은 것은 상징적인 행위로 대체해야 효율을 극대화할 수 있는데, 이때 극적인 연출로 강한 이미지를 심어 준다면 보다 많은 사람들에게 교육자(이사장)의 위대성을 알릴 수 있다.

따라서 진정한 페스탈로치는 위대한 교육자가 될 수 없다는 역설을 만나게 된다. 이러한 역설은 성직자의 경우도 마찬가지로 성립된다. 성직자가 진정으로 신을 믿는다면 대형 교회를 세울 수 없다. 신의 계시를 신실하게 믿는 사람이라면 불쌍한 영혼이나 중생을 구하기 위해 다급하게 뛰어다녀야 할 텐데 어느 겨를에 거대한 교회를 한가하게 세울 수나 있겠는가? 마찬가지로 상징적 행위를 통해 자신의 믿음을 재현해야 현실적인 문제들을 해결하면서 대형 교회까지도 만들 수 있는 것이다.

세계는 근본적으로 혼돈 상태인 것을 상징적인 질서 체계로 걸러서 우리가 살고 있는 세상의 모습으로 구현한 것이다. 따라서 선정을 하는 성군이 된다는 것은 이 상징질서의 틀을 균형적으로 구성하고 유지해 나갈 수 있도록 장악하는 일을 뜻한다. 군왕이 이를 장악했다는 현실적인 증거는 백성들이 질서의 틀이 정의로운 힘에 의해 균형 있게 유지되고 있다고 어느 정도로 믿느냐는 것이다. 그 믿음의 정도에 따라서 성군의 여부가 결정된다는 말이다. 따라서 군왕이 그가 해야 할 일을 전아하게 행하는 빈틈없는 모습을 백성들에게 보인다면 그것으로써 그는 성군이 되는 것이고, 그에 의해서 상징적 질서는 공정하게 잘 유지되고 있다는 믿음을 갖게 된다.

사마상여의 묘사대로 황제가 상징적 행위를 잘 실천해 준다면 백성들 눈에는 공정한 질서가 굳건히 잘 유지되고 있는 것으로 보인다. 이것이 곧 '믿는다고 가정된 타자'이다. 그렇다면 여기서 이런 행위가 반드시 무제와 같은 위대한 황제라야만 할 수 있는 것은 아니지 않는가라는 회의가 생긴다. 결론을 말하자면 '그렇다'이다. 앞서 잠깐 설명했듯이, 이러한 대타자의 구조를 벗어날 수 없는 이상 황제는 이 구조를 채우는 질료에 지나지 않는다. 구조의 질료를 에이전트agent, 즉 대리자라고 부르는데, 이 역할만 제대로 한다면 누가 해도 마찬가지 결과가 나올 가능성이 큰 것이 아니겠는가?

이것이 가능했던 것은 한 왕조 초기의 정치적 화두가 언제나 봉건 체제와 질서의 유지였기 때문이다. 당시는 한 왕조가 구체제를 정리하기 위해서 유학을 새로운 질서 규범으로 내세워 출범하던 중이라서 정치적 프로파간다의 내용은 체제 강화와 질서 회복에 집중될 수밖에 없었다. 따라서 군왕이 제왕다운 모습으로써 전아하게 행동하는 모습을 보이면 이것이 대타자로서 백성들에게 '믿는다고 가정된 주체'를 생겨나게 하고, 이로써 체제에 대한 신뢰가 쌓이게 되는 것이다.

오늘날의 정치 현상도 이로써 설명할 수 있다. 근자의 우리나라 정치인들이 시민들에게 던지는 화두는 언제나 '경제'이다. 말이 좋아 경제이지 실은 부유하게 살게 해줄 테니 표를 달라는 유혹과 다름없다. 이런 정치인에게 경제가 흥청망청 돌아가게 만들 수 있는 능력자로 '믿는다고 가정된 주체'가 생겨나게 하려면 그의 이미지에서부터 부자 냄새가 풍겨야 한다. 우선 용모부터 번들번들해야 하고 학력도 미국의 유명 사립대 졸업으로 장식해야 하며, 특히 주위의 지인들도 부자들로 득시글해야 한다. 그러면 이것이 강력한 대타자로 작용하기 때문에 서민들은 그에게 표를 몰아 줄 뿐만 아니라, 그가 나중에 부자들만을 위한 정책을 세우고 시행해도 한결같이 그를 지지하게 된다. 우리나라에서 부유층의 권익만을 옹호하는 보수 정당이 그들이 저지른 부도덕성에도 불구하고 서민들의 변함없는 지지를 받고 부동의 여당 자리를 유지하는 것은 바로 이 때문이다.

반면에 '경제'가 화두인 시대에 도덕성을 기반으로 하는 야당들은 당연히 그다지 큰 지지를 받지 못한다. 왜냐하면 도덕성이라는 것은 돈 버는 일에 걸림돌이 될 뿐이기 때문이다. 평생을 민주화 투쟁에 몸 바친 야당의 어느 중진 국회의원은 고심 끝에 '경제'에 관련된 정책을 공약으로 내세웠지만 결국 낙선하였다. 민주화라는 정치의 본령에 충실히 살아온 그의 생애 어느 구석에서도 돈을 만들어 낼 능력이 있을 것 같아 보이지 않았던 것이다. 따라서 정치적 화두를 정의와 민주주의로 되돌리지 않는 한, 야당이 아무리 '경제'를 외쳐 봐야 '믿는다고 가정된 주체'가 생기기 어려우므로 정권을 차지할 수 없을 것이다.

사마상여와는 달리 맹자가 혜왕에게 요구한 것은 능동적인 주체, 즉 액터actor로서의 지도자였다. 구조 자체의 힘이란 궁극적으로 시스템이 생산하는 힘이므로 효율은 있을지언정 감동이 없다. 정치에 감동이 없다면 백성들을 신명나게 만들지 못한다. 백성들이 신명이 나야 제한된 자원 안에서 생산성을 높일 수 있지 않겠는가. 그러려면 군왕은 시스템을 넘어 능동적인 주체로서 정치를 '연출하듯 수행(perform)'해야 한다. 이를 위해서 군왕은 문왕을 본받아서 인격을 수양함으로써 수행 능력을 키워야 하는 것이다.

따라서 액터로서의 군왕이 되는 것은 험난하고 어렵지만, 에이전트로서의 군왕을 수행하는 일은 상대적으로 매우 쉽다고 볼 수 있다. 이것이 바로 맹자의 가르침이 혜왕에게 먹히지 않은 반면, 사마상여는 무제를 설득할 수 있었던 가장 중요한 이유다. 그렇다고 지도자의 능동성을 부정하는 것은 결코 아니다. 사회가 분화하지 않았던 고대 주나라 시대나 또는 오늘날이라도 작은 규모의 사회에서는 여전히 지도자의 능동성은 중요하다. 그러나 춘추전국 시대까지만 내려와도 이것만으로는 먹히지 않는 사회가 되었다는 것이 양 혜왕 사건이 입증하는 바다. 결국 정치의 성패는 예나 지금이나 지도자 한 사람의 초인적 능력에 의존하는 게 아니라 시스템의 구비에 달려 있다는 사실을 사마상여의 작품은 간접적으로 말하고 있는 것이다.

오늘날 우리는 민주주의로 가는 과정에서 겪어야 할 홍역을 단단히 치르고 있는 중이다. 그래서 대통령 선거가 있을 때마다 우리가 처한 난국을 타개할 성군을 기다리는 마음으로 투표를 하고 있지만 번번이 실망을 반복하고 있는 것도 사실이다. 아마 맹자의 가르침이 관념화한 나머지 메시아적인 신화가 되어 어느 날 백마 탄 성군이 홀연히 나타나 이 모든 문제를 일거에 풀어 주리라 믿는 모양이다. 그래서 우리는 국회의원 선거보다 대통령 선거에 더 열광하며 기대를 한다. 이러한 메시아적인 신화를 믿는 집단에서 가장 힘든 문제는 정말로 메시아가 나타났을 때 그를 알아볼 능력이 있는가이다. 현실에서 메시아의 질료로 나타난 사람들은 예수 그리스도처럼 십자가에 못 박히거나 돌에 맞아 죽는 게 역사적 사실이 아니던가? 그러므로 메시아를 알아볼 능력이 없는 우리로서는 대통령보다 국회의원 선거에 더 많은 관심을 갖고 그들을 잘 뽑는 것이 더 현실적이다. 왜냐하면 성군의 정치가 불가능하다면 남은 것은 시스템인데 이것은 국회의원들이 정하기 때문이다. 시스템이 움직이는 현대 사회에서 성군을 기다리는 주나라 시대의 사유와 믿음은 그 자체가 이미 시대착오인 것이다. 비록 권력에 중독된 정치인들은 계속해서 그 신화를 재생산하겠지만 말이다.

황제가 상징적 행위를 실천하는 게 뭐 대단한 일이랴 싶지만, 이게 기실 그리 쉬운 일이 아니다. 어디 중요한 의전 행사나 품위 있는 만찬 장소에 턱시도나 이브닝드레스를 입고 두어 시간 앉아 있어 보면 이게 아무나 하는 게 아니란 걸 알게 된다. 예복이란 게 형식을 갖춘 옷이라서 결코 편한 옷이 아닌 데다가, 장시간 자세를 흐뜨리지 않은 채로 앉아 있어야 하거나 모든 언행이 품위에 어긋나지 않도록 긴장해야 한다. 게다가 식사할 때는 비싼 예복이나 드레스에 음식이나 포도주가 튀지 않도록 조심도 해야 한다. 겉으로 보면 화려해 보이지만 실제로 해보면 보통 사람들은 이게 여간 고역이 아님을 알게 된다.

반면에 이런 데에 익숙한 사람들은 오히려 이런 고역을 즐긴다. 수시로 느슨해진 넥타이를 다시 조이고, 지워진 화장을 틈틈이 고치기도 한다. 치렁치렁 늘어뜨린 드레스를 불편해 하지 않고 평상복처럼 입으니까 옷이 자연스럽게 어울린다. 이런 현상은 그 주체가 상징적 행위를 즐기기 때문에 발생한 결과다. 상징적 행위를 정교하게 실천하는 것을 고역으로 여기지 않고 즐거움으로 여긴다는 것은 이것이 주체를 확장된 존재로 느끼게 해준다는 말이다. 확장된 주체란 삶(生)의 과잉 상태, 달리 말하면 신명이 난 상태를 뜻하는데, 이는 곧 새로운 주체의 영역이다. 그래서 보통 사람들은 점잖은 의전을 마치고 집에 돌아와 옷을 벗어 던지는 순간 해방감을 맛보는 반면, 이들은 오히려 허전함을 느끼는데 이는 과잉을 생산하는 회로가 중단되었기 때문이다. 이런 것 때문에 권력에 중독되는 현상이 일어나는 것이다. 중독은 추상적인 관념에서 생기는 게 아니라 과잉을 일으키는 메커니즘에서 발생하기 때문이다.

일반적으로 기업체 사장들은 개인적 성격에 따라서 건설업을 좋아하는 사람이 있고, 제조업을 선호하는 사람이 정해져 있다고 한다. 대체로 전자는 실속형 성격에, 후자는 권력형 성격에 각각 속한다고 말할 수 있다. 주지하다시피 기업체를 운영하는 데 가장 힘들고 골치 아픈 일이 인사 노무 관리다. 건설업체는 운영 방식이 주로 도급제이므로 직접 고용하는 직원이 얼마 되지 않아서 노무 관리에 골치 아플 일은 별로 없지만 사람이 적어서 사장으로 군림하는 재미가 별로 없다는 것이다. 반면에 제조업은 공장이라는 공간에 많은 인력이 집중돼 있을 뿐 아니라 이를 체계적으로 관리하기 위한 복잡한 시스템이 갖춰져 있으므로 여기서 사장을 한다는 게 여간 만만한 일이 아니다. 회사를 시스템으로 움직이게 하려면 근본적으로 형식과 질서를 중시해야 한다. 직원들에게 정해진 복장도 갖추게 해야 하고, 상호 예절도 강조함으로써 위계질서를 세워야 한다. 이러한 체제의 정상에 사장이 있는 것이니, 그 군림하는 재미는 해본 사람이 아니면 모른다. 그래서 노무 관리가 힘들어도 제조업을 굳이 한다는 것이다. 앞에서 "이게 아무나 하는 게 아니다"라는 말은 바로 이런 현상을 가리켜 한 말이다.

사마상여의 글은 바로 이러한 삶의 과잉, 즉 감응을 스스로 맛보도록 독려한다. 그가 작품에서 제안한 황제의 상징적 행위들은 기실 예禮의 기호체로서 문화적 속성을 갖는다. 문화는 형식의 총화라고 말할 수 있는데, 형식이란 자의적으로 만든 기호에 지나지 않지만 이를 실행하는 과정에서 감응이 생성되는 특성이 있음은 앞에서 설명한 바와 같다. 이것 때문에 사람들은 수준 높은 문화적 생활을 추구하는 것이고, 새로운 문화를 창조하려고 노력하는 것이다.

이러한 사실을 명쾌하게 입증하는 예가 한나라 초기에 숙손통叔孫通이 조의朝儀를 정비함으로써 한 고조高祖의 권위와 정통성을 세워 준 사건이다. 잘 알려져 있다시피, 한 고조는 출신이 미천하였기 때문에 왕권을 장악한 이후에도 정통성 시비가 일어나고 크고 작은 반란에 시달렸다. 뿐만 아니라 주요 공신들 중에도 배우지 못한 자들이 많아 황제 앞에서 함부로 행동하는 바람에 고조의 권위와 체통이 영 말이 아니었다. 이때 숙손통이 황제의 권위와 정통성을 바로 세울 방도를 강구한 나머지 유자儒者들의 도움을 받기로 했다. 그래서 그동안 약육강식의 사회적 분위기 속에서 소외됐던 유자들을 불러 모아 조의, 즉 조정에서 지켜야 할 예의와 의전을 정비하게 했다. 그러고는 마침내 이를 엄격히 시행하자, 고조가 자신의 권위가 늠름해짐에 매우 득의하여 "내가 오늘에야 비로소 황제된 자가 존귀함을 알게 되었다"[16]고 감격하였다는 사건은 유명하다.[17] 이 사건은 상징적인 기호체를 실천했을 때 주체에게 어떤 변화가 일어나는지를 잘 보여주는 예다.

이러한 예는 멀리 갈 것도 없이, 사춘기의 청소년들이 자기네들끼리 사적 동아리를 만들어 연대감을 고취하기 위하여 자기들끼리만 통하는 손짓을 만들어 만나고 헤어질 때마다 멋있게 행하는 경우에서 볼 수 있다. 여기서 손짓이 곧 상징적인 코드로서 이를 행할 때마다 멤버들은 연대와 소속감이라는 감응을 맛보게 될 뿐 아니라, 외부의 또래들은 이에 동참하고 싶어서 힘들고 위험하기까지 한 입회 의식을 달게 받기도 한다. 이는 황제의 조의와 규모만 다를 뿐 구조는 같은 것이다.

무제 역시 사마상여가 보여준 비전대로 실천했을 때 과잉을 경험했을 것이고, 나아가 이를 확대하기 위해서 이런 종류의 문화적 행위를 계속 창조하려 했을 것이다. 앞서 말한 바와 같이 문화란 형식의 총화다. 형식을 바꾸는 행위는 궁극적으로 개혁으로 이어지게 돼 있다. 마오쩌둥(毛澤東)도 사회혁명을 위해서는 '문화혁명'이 필요하다[18]고 말했다지 않은가?

맹자를 초월한 사마상여 : 호사의 의의

앞에서 설명한 바와 같이 거대한 영토와 주변의 많은 소수민족을 관리해야 중국으로서는 당장 눈에 보이는 건축물들을 크고 화려하게 보이도록 건설해야 할 필요가 있었다. 상림원도 그중의 하나였으니, 당연히 『상림부』에서 묘사한 것처럼 호사스러웠을 것이라고 짐작할 수 있다. 그러나 이 호사스러움이 『상림부』 이전부터 있었던 것인지, 아니면 이후에 사마상여의 묘사에 자극받아 완성된 것인지는 내가 고증을 해보지 않아 모르겠다. 아마 후자가 사리에 맞지 않았을까 하는 것이 나의 추측이다. 왜냐하면 문학적 묘사라는 게 근본적으로 감정적인 요소가 강해서 독자가 실제보다 과장되게 인식하는 것이 일반적이다. 무제 역시

『자허부』와 『상림부』를 읽고는 글 속에서의 장관과 실제의 차이를 누구보다도 잘 깨달았을 것이고, 그 차이를 실현해 보고자 하는 욕망을 강하게 느꼈을 것은 쉽게 짐작할 수 있다.

무제는 중국사에서 성군까지는 아니더라도 위대한 제왕의 반열에 올라 있음은 부정할 수 없다. 위대한 제왕은 저절로 되는 게 아니라, 근본적으로 제왕 자신이 백성에 대한 철학을 확고히 가졌을 때 가능하다. 그리고 이러한 철학은 공부한다고 해서 얻어지는 것이 아니고 각성이 먼저 있어야 하는데, 이 각성은 곧 오류를 거쳐 지양止揚됨으로써 얻어지는 결과다. 그렇다면 그가 어떤 오류를 저질렀다는 말인가?

대립적인 두 요소 사이에서 어느 한쪽을 끝까지 추구하다 보면 오히려 반대쪽을 만나게 되는 역설이 발생한다. 무제가 사마상여의 진술대로, 또는 그의 묘사에 자극 받아 상림원의 호사를 끝까지 추구했다면 종국에는 호사와 대척 관계에 있는 그 무엇을 만났을 것이라는 말이다. 상림원의 호사란 무제의 개인적인 즐거움을 뜻하는데 이의 대척점에 있는 것이라면 '여민동락', 즉 백성을 생각하는 계기를 말한다. 백성을 측은히 여기는 계기는 바로 호사의 즐거움이 궁극적으로 허무하고 무의미함을 깨닫는 순간이다. 앞서 말했듯이 이러한 깨달음은 관념적으로 얻어지는 것이 아니라 경험에서 오는 것이 보통이다. 이 순간이 바로 "술이 반쯤 취하고 즐거움이 한창 무르익었을 때, 천자께서 망연히 생각에 빠지셨는데 마치 무언가를 잃으신 듯하였다"라는 구절이다. 즐거움이 극에 달했을 때 노둑같이 찾아오는 허무함을 사마상여는 이렇게 묘사했던 것이다. 그러고는 다음과 같은 깨달음이 이어진다. "아, 저런! 이것은 너무 사치한 것이로다. 짐은 정사를 둘러보고 듣다가 여가가 났던 것인데, 일도 하지 않고 날짜만 버렸도다. 하늘의 도리를 따라서 죽이고 치면서 때때로 여기서 휴식을 하고는 있지만, 후손들이 사치해져서 끝내 그리로 가서는 다시 돌아오지 않을까 두렵도다. 이는 (선조께서) 물려주신 창업의 전통을 계속 이어 갈 방도가 아니다." 즉 호사스러움을 즐기는 일의 대척점에 다다른 것이다.

우리는 흔히 호사를 누리거나 누려 본 사람들, 이를테면 스포츠카를 소유하고 즐겨 본 사람들이 "스포츠카 그까짓 거 별 거 아니다. 처음에는 신나지만 좀 타다 보면 보통 차처럼 여겨지고 괜히 관리 비용만 엄청나게 나가서 나중엔 애물단지가 돼. 그런 것 사지 마. 소형차가 돈도 안 들고 신경도 안 쓰이고 훨씬 좋아"라고 충고하는 말을 들을 때가 있다. 그러면 스포츠카 소유를 꿈으로 여기는 사람들은 대꾸한다. "그건 당신이 누려 봤으니까 쉽게 하는 말이지. 우리야 아직 그게 뭔지도 모르는데 해보지도 않고 포기하는 게 어디 쉽냐?" 맞는 말이다. 전자의 깨달음은 그냥 관념적으로는 불가능하다.

의미는 기호(정확히는 기표 또는 시니피앙)로 이루어진 상징체계에서 발생한다. 의미의 발생 원리는 대략 이러하다. 하나의 기호는 스스로 의미를 만들어 내지 못한다. 반드시 또 다른 기호가 옆에 있거나 뒤따라 와서 앞의 것의 의미를 한정하거나 정의해 주어야 한다. 이를테면 음절 '가' 하나만 갖고서는 이게 무엇을 뜻하는지 모르지만, 뒤에 음절 '정'이 오면 이게 '집'을 뜻하는지 알게 된다. 그러나 이 '가정'이란 단어도 정말로 '집'이란 뜻의 '가정家庭'인지 아니면 '가설'이란 뜻의 '가정假定'인지 아직 모른다. 따라서 이것이 결정되려면 다시 그 뒤에 어떤 음절이 올지 기다려 봐야 한다. 이것이 이른바 프로이트가 말한바 '사후성事後性의 원리'

인 것이다.

따라서 의미를 만들어 내는 언어 기제의 원형은 상징적 거세의 의한 최초의 '유有', 즉 남근이라는 존재에 있음을 알 수 있다. 이 남근 기표로 인해서 여성이 분기되고 '무無'가 '유'의 대척점으로 의미를 갖게 되는 것이다. 이진법二進法에서 보자면 '영(0)'은 그 자체로는 의미가 없고, 이것이 의미를 가지려면 '일(1)'이 있어야 하는 것과 마찬가지다. 불이 꺼져 있는 전구는 그냥 전구일 뿐이지만, 이것이 켜짐과 꺼짐을 반복한다면 꺼진 상태는 켜진 상태와 대척하여 어떤 의미를 생성한다. 이렇게 전구들의 온on/오프off를 조합해서 의미를 기록하는 것이 바로 컴퓨터의 원리다.

마찬가지로 무제에게 역사에 길이 남을 위대한 제왕이 되고자 하는 욕망이 처음부터 있었을 것이라고 가정하기는 힘들다. 그에게 아무리 훌륭한 스승이 있었다 하더라도 말이다. 그것은 세상 최고의 호사를 누려 봄으로부터 온 것이다. 호사가 극에 달했을 때 그것이 '무無'을 깨달았고, 거기서 발견한 것이 백성이었다는 말이다. 앞서의 비유로 말하자면, 그냥 불이 들어오지 않은 전구에서 '오프off'라는 신호가 들어와 있는, 즉 의미를 갖고 있는 전구로 인식하게 된 것이다. 이것이 바로 사마상여가 맹자를 초월하는 부분이다.

앞머리에서도 언급했지만 한대 부를 궁정문학의 속성을 파악해서 황제에게 아부하거나 기껏해야 주문휼간의 방도쯤으로 간주하는 것이 일반적인 인식이었다. 그러나 무제에게 욕망을 부여함으로써 새로운 주체를 탄생하게 했고, 나아가 이후 중국의 기초를 다져 놓았다는 점에서 볼 때 사마상여 작품의 중요성과 위대성은 다시 평가해야 한다. 뿐만 아니라 사마상여 자신의 '반듯하지 않은 삶'도 그의 작품과 구분할 필요가 있다. 왜냐하면 적지 않은 사람들이 그의 작품을 그의 '반듯하지 않은 삶'과 연관시켜서 작품의 가치를 폄훼하고 있기 때문이다.

『좌전』「양공 24년」에 오래되어도 썩지 않는 세 가지 일, 즉 '삼불후三不朽'라는 말이 있다. 덕을 닦아 세우는 일인 입덕立德, 나라와 사회에 헌신하는 일인 입공立功, 좋은 글로써 감화시키는 일인 입언立言 등이 그것인데, 입언은 그의 글이 반드시 그의 삶과 일치하지 않아도 되기 때문에 순서상 맨 아래 놓인 것이다. 삶과 작품이 일치한다면 그것은 입언이 아니라 가장 어려운 입덕으로 불러야 할 것이다. 로티Richard Rorty는 작품이 작가의 인생을 합리화한다고 했다. 이렇게 본다면 사마상여의 삶은 작품을 통해 무제를 변화시킨 것만으로도 크게 평가 받아야 마땅하다 할 것이다.

03 한부의 의의와 운명

반고班固의 『양도부兩都賦』 「서」에 다음과 같은 글이 있다.

부란 옛날 『시경』에서 흘러온 것이다. 옛날에 주나라 성왕과 강왕이 돌아가시고 나서 찬양하는 노랫소리가 잠잠해졌다. 천자의 은택이 말라 버리니까 시가 지어지지 않은 것이다. 우리 한나라가 처음에 세워졌을 때에는 시기상으로 문화를 풍족하게 할 틈이 없었다. 무제로부터 선제 시기에 이르러서야 비로소 예를 관장하는 관직들을 정비해서 전적들이 온전하게 갖추어졌다. 그래서 안으로는 금마문金馬門과 석거각石渠閣의 관서를 설치하였고 밖으로는 악부를 두어 노래의 음률을 조절하는 일을 맡아 하게 하였다. 이렇게 그간 버려졌던 일들을 일으키고 끊겨졌던 사업들을 이어 가게 함으로써 왕업을 부드럽고 윤기 나게 만들었다. 賦者, 古詩之流也. 昔成康沒而頌聲寢. 王澤竭而詩不作. 大漢初定, 日不暇給. 至于武宣之世, 乃崇禮官, 考文章, 內設金馬石渠之署, 外興樂府協律之事, 以興廢繼絶, 潤色鴻業.

윗글의 내용을 요약하자면, 부는 『시경』의 맥을 이어받은 것이기 때문에 왕업을 일으키는 일과 깊은 관련이 있다는 것이다. 왕업을 흥성시키는 일 중 가장 중요한 것이 나라의 기강을 세우는 일이다. 중국 봉건 왕조에서 기강은 예의 정비에 달려 있었다. 『사기』 「육가陸賈열전」의 유명한 다음 구절은 이를 잘 대변한다.

> 육가가 고조 앞에서 시도 때도 없이 『시詩』와 『서書』를 인용해서 말하니까 고조가 짜증을 내며 말했다. "이 어르신께서 말 위에 살면서 천하를 얻었는데, 시·서 따위를 어디에 써먹는다는 말인가?" "말 위에 사시면서 천하를 얻으셨다고 해서, 설마 말 위에서 하시는 방법으로 천하를 다스릴 수 있는 것은 아니겠지요?"
> 陸生時時前說稱詩書. 高帝罵之曰: 乃公居馬上而得之, 安事詩書. 陸生曰: 居馬上而得之, 寧可以馬上治之乎.

실재계 상태는 대상들이 갖가지 환영들로 위장돼 있기 때문에 충분한 힘만 있다면 주체가 이들을 다스려 원하는 형태로 만들 수 있을 것처럼 보이지만, 환영에 가려져 있는 그 밑의 실재적 힘까지 다스려질 수 있는 것은 아니기 때문에 언제까지나 원하는 대로 유지시킬 수는 없다. 이 실재적 힘에 영향을 미치려면 기호체를 동원해서 상징체계를 구성해야 하는데, 이 작업이 바로 예를 정비하는 일이다. 그러나 건물이 뼈대만으로 될 수 없듯이 예만으로는 세계가 구성되지 않는다. 여기에 의미라는 살을 붙여야 진정한 세계가 이루어지는데, 이 상상계적 작업이 바로 문학이 맡아 하는 것이다. 한초에 이 기능을 부가 맡았다. "부란 옛날 『시경』에서 흘러온 것이다"라는 말은 바로 이를 의미한다. 앞서 설명한 바와 같이 정권의 철학과 정책이 아무리 훌륭해도 이를 백성들이 느낄 수 있는 비전으로 구체화하지 않으면 소용이 없다. 백성들이 느끼고 믿을 수 있도록 살을 붙이는 구체화 작업이 이른바 "왕업을 부드럽고 윤기 나게 만드는 것(潤色鴻業)"이다. 이러한 구체화는 사회적으로 찍어 내는 이데올로기와 달라서 백성들 개개인에게서 일어나도록 해야 하는 것이므로 추상적이어서는 안 되고 감각적이어야 한다. 그래서 문학이 동원되는 것인데, 부는 반복을 기본적 형식으로 하는 속성을 갖고 있어서 이러한 목적에 매우 요긴하게 부응할 수 있었다.

왕업이 일어나도록 개국 정신을 윤색하려면 이성적인 힘만으로는 안 되고 이를 넘어서는 힘의 과잉이 필요하다. 그러니까 부의 목적은 궁극적으로 황제, 신하, 백성 모두에게 욕망을 불러일으킴으로써 과잉의 힘을 생산하는 것이었다. 부의 이른바 가공송덕歌功頌德, 즉 제왕의 업적과 인품을 찬양하는 일은 힘의 과잉을 위해서는 어쩔 수 없는 수단이었고, 환상적인 묘사 역시 정치적 비전을 느끼게 하려면 꼭 필요한 요소였다. 환상과 비전이 있어야 사람들에게 힘의 과잉이 생기기 때문이다.

『구약성서』「요엘 2:28」에 보면 "너희 늙은이는 꿈을 꾸며 너희 젊은이는 이상을 볼 것이며(your old men will dream dreams, your young men will see visions)"라는 구절이 있다. 문학적 글쓰기는 앞서 설명했듯이 새로운 주체를 탄생시키는 것이므로 근본적으로 정치적이자 개성적이다. 위의 『성서』 인용문에서 '꿈들(dreams)'과 '비전들(visions)'로 묘사했듯이 꿈과 비전은 개인 각자가 갖는 것이다. 그래서 감응이 생성되는 것이고, 또한 이 때문에 고난을 이길 힘이 생기는 것이다. 이것이 바로 아무것도 준비된 것이 없이 시작하는 초창기의 고난을 이겨 내게 하는 힘의 원천이다.

이 부분에서 중국의 전통적인 정치적 갈등이 대두된다. 즉 권력은 왕업을 일으키기 위해서 문학의 도움이 필요하지만 문학은 속성상 개성적이어서 개인을 중시하게 되는 딜레마에 빠진다는 말이다. 개인의 사정을 일일이 고려해 주면서 체제의 통일을 기할 수는 없는 노릇이기 때문이다. 그래서 중국에서 문학은 언제나 이치理致라는 도그마에 의해서 길들여져 왔다. 우리는 문학이 받는 이러한 스트레스를 서진西晉 시기 지우摯虞의 『문장유별론文章流別論』에서 간접적으로 알 수 있다.

> 옛 시 중에서 부는 실정과 의로움을 주된 주제로 삼았고 사건과 사물을 보조적인 것으로 삼았다. 오늘날(한대)의 대부大賦는 사건과 위용을 주된 주제로 삼고 의로움과 올바름을 보조적인 것으로 삼고 있다. …… 가상적인 상상이 너무 지나치게 크면 실제 사물들과 서로 멀어지고, 뛰어난 문사들이 지나치게 웅장하면 실제 사건들과 서로 어긋난다. 말을 논리적으로 진술한 나머지 이치를 너무 지나치면 옳음과 서로 떨어질 수 있고, 화려함을 추구한 나머지 아름다움을 지나치면 실정과 서로 어긋날 수 있다.[19]
>
> 古詩之賦, 以情義爲主, 以事類爲佐; 今之賦, 以事形爲主, 以義正爲助. …… 假象過大, 則與類相遠; 逸辭過壯, 則與事相違; 辨言過理, 則與義相失; 麗靡過美, 則與情相悖.

위에서 '의로움과 올바름'이란 바로 주문휼간을 뜻하고, 이를 '보조적인 것으로 삼았다'는 것은 부를 지을 때에는 반드시 이것이 어떤 형태로든 작품에서 언급돼야 한다는 말이다. 그리고 두 번째 문장은 과잉의 부정적 모습을 적시하고 있는데, 이는 부의 문학적 글쓰기가 갖는 속성을 잘 인식하고 이를 스스로 절제하도록 한 것이다. '스스로 절제'란 오늘날의 용어로 말하자면 자기 검열에 해당한다. 과잉을 조절하는 기준을 여기서는 '실정과 의로움(情義)'에 두고 있지만 이것을 파악하는 수단은 궁극적으로 이치(또는 도)라는 사실을 염두에 두고 있어야 한다. 이것이 당시 부 문학의 기풍이었을 테니, 부 문학이 이치라는 도그마에 얼마나 휘둘리고 스트레스를 받았는지 간접적으로 알 수 있다.

사마상여 역시 이를 잘 간파하고 있었으므로 이 갈등을 주문휼간을 도입해서 타협을 시도하였던 것이다. 그의 타협은 걸출한 필력으로 인해서 작품의 가치가 더욱 높아져서 비난을 모면했을 뿐만 아니라 윤리성이 갖춰진 명작으로 애독되는 결과를 낳았다. 사마상여는 이치를 수용해서 문학적으로 승화시켜 성공한 경우가 되었지만 이후 다른 작가들의 경우는 주문휼간을 남용하는 바람에 오히려 생기가 없는 진부한 장르로 변질되기에 이르렀다. 『한서』「양웅전揚雄傳」의 다음 구절은 이를 잘 설명해 주고 있다.

내 생각으로 부란 에둘러 간언하기 위한 것으로서, 반드시 (직접 말하지 않고) 유추하는 형식으로 말하고, 아름다운 말을 극도로 추구하며, 묘사를 허황되고 과도할 만큼 과장함으로써 다른 사람으로 하여금 더 이상 꾸며 낼 수 없도록 경쟁한다. 이리하여 마지막에는 올바름으로 돌아가게는 하지만, 결국 본 것이라고는 너무 지나친 것들이다. 옛날에 무제께서 신선을 (너무) 좋아하시자 사마상여가 『대인부大人賦』를 지어 올렸는데 이로써 에둘러 간언하기 위한 것이었다. 그러나 황제께서는 도리어 구름을 타고 떠다니는 신선의 의지를 허황되게 가지시게 되었다. 이로써 부는 부추기기만 하고 그치게 하지 않는다는 사실이 확실하다고 말할 수 있다. 또한 광대인 순우곤, 우맹 등의 무리들과 자못 비슷한 면이 있어서 법도가 존재하지도 않고 현인과 군자들이 짓는 시부의 올바름도 아니다. 그래서 나는 부를 접고 다시는 짓지 않기로 했다. 雄以爲賦者, 將以風也. 必推類而言, 極麗靡之辭, 閎侈鉅衍, 競於使人不能加也, 旣乃歸之於正, 然覽者已過矣. 往時武帝好神仙, 相如上大人賦, 欲以風, 帝反縹縹有陵雲之志. 繇是言之, 賦勸而不止, 明矣. 又頗似俳優淳于髡·優孟之徒, 非法度所存, 賢人君子詩賦之正也, 於是輟不復爲.

"부는 부추기기만 하고 그치게 하지 않는다(賦勸而不止)"는 말이 다름 아닌 앞에서 반복 설명한 새로운 주체를 생성시키는 힘의 과잉으로서 다른 말로 하면 욕망이나 의욕을 뜻한다. 정권의 초창기에는 이것이 필요해서 부를 장려했지만 이게 너무 지나치면 개인주의로 발전해서 권력을 위협할 수도 있으므로 권력은 이치를 동원해서 경계하였던 것이다. 양웅이 『역』을 숭상한 나머지 이를 본떠 『태현太玄』을 짓고, 『논어』를 숭상한 나머지 이를 본떠 『법언法言』을 지었으며, 『우잠虞箴』을 숭상한 나머지 이를 본떠 『주잠州箴』을 지었다는 『한서』의 기록은 이치를 중시한 그의 철학을 그대로 보여준다.

이치 또는 도의 보이지 않는 억압으로 인해서 부는 한대 이후로 내리막길로 들어선다. 그렇다고 해서 부의 속성과 장점이 사라지는 게 아니므로 이후 이를 인식한 후대 문호들에 의해서 부는 다시 살아난다. 대표적으로 도잠陶潛의 「귀거래사歸去來辭」와 소식蘇軾의 「적벽부赤壁賦」 등의 작품들이 바로 그 예이다.

제14장

서민의 근심, 한대 악부시(樂府詩) 읽기

앞에서 우리는 한대의 대표적인 사대부 문학인 부 작품을 통해서 당시에 어떤 주체들이 만들어지고, 나아가 이것이 어떻게 체제의 토대를 굳건히 하는 데 기여하게 되었는지를 살펴보았다. 정권 수립 시기의 수요에 의해서 부 문학이 흥성하여서 제국의 기초가 닦이는 계기가 되었지만, 이는 궁극적으로 지배 계층인 사대부의 입장에서 생산되고 유통됐기 때문에 피지배층인 민중의 입장에서 보면 자연히 소외되는 부분이 생길 수밖에 없었다. 소외된 주체는 어떻게든 이를 해소하려 하는데, 가장 손쉬운 것이 노래이다. 그래서 민중의 노래가 이른바 한을 품게 되는 것이다.

정치란 소외된 잉여의 힘들이 세력으로 자라지 않도록 미리 찾아서 해소함으로써 체제가 균형을 유지하게 하는 행위들이다. 따라서 정치는 먼저 세력들 간에 소통이 선행해야 하는데, 소통 시스템이 취약했던 당시에 불균형을 인지할 수 있는 가장 간단한 방도가 노래를 듣는 일이었다. 그래서 한 무제는 악부樂府라는 관서를 세우고 민가를 채집하게 하였다고 『한서』 「예악지禮樂志」는 기록하였다. 이것은 아마 『시경』의 시들이 주로 채시관들에 의해서 채집되었다는 주나라 시기의 이른바 채시관 제도의 전통을 이어받은 것이 아닌가 짐작된다.

노래는 주체가 소외를 토로하고 위로받는 수단이기도 하지만, 주체를 새로 태어나게 하는 수단이기도 하다. 정감 어린 노래는 사람을 풍부한 감성의 소유자로 양성하지만 다듬어지지 않은 노래는 거친 인성을 만들어 낸다는 것은 익히 알려져 있는 사실이다. 그래서 이 악부에서는 노래를 채집만 하는 것이 아니라 노래를 점잖게 편곡, 편집하거나 심지어 작곡까지 하였던 모양이다. 이 작업을 협률協律이라고 불렀으므로 악부의 우두머리를 협률도위協律都尉라 명명하였다.

시문학의 발전에서 민가는 매우 중요한 요소가 된다. 문학이란 본질적으로 새로운 감각의 발견이다. 그래서 시인들은 남들이 발견하지 못한 감각을 찾아내기 위해서 노심초사하는 것이고, 그 결과가 바로 시라는 텍스트이다. 독자는 이 텍스트가 생성하는 존재자에서 다른 존재를 발견하고 이를 기반으로 다시 다른 시를 써내고 또 읽히게 된다. 이런 창작 과정은 시가 읽히는 한 계속되는데 이 연속인 파생 과정을 '텍스트의 이동'이라고 부른다. 오늘날 우리가 읽고 즐기는 모든 작품들을 '창작'이라고 부르기는 하지만, 기실 옛날의 텍스트가 다시 쓰이면서 이동해 내려온 결과인 셈이다. 『구약성서』 「전도서」의 "이미 있던 것이 후에 다시 있겠고 이미 한 일을 후에 다시 할지라. 해 아래에는 새것이 없나니"(1:9)라는 구절은 이를 가리켜 한 말이리라.

이렇게 텍스트가 텍스트를 낳는 과정이 진행되다 보면 시인의 눈이 텍스트의 문자에 고착되는 병폐가 발생한다. 시인은 현실과 텍스트를 넘나들어야 새로운 감각을 찾아낼 수 있는데, 문자에 머물러 버리면 시가 진부해지는 것이다. 이를 해결하려면 문자를 버리고 당연히 현실로 돌아가야 한다. 그런데 문자의 도움을 전혀 받지 않고 현실을 볼 수 있는가? 그 해답을 옛날의 시인들은 민가에서 찾았다. 앞서 말했듯이 민가는 소외된 사람들의 노래이다. 민중이란 체제라는 상징계에서 소외되었기에 이들의 노래만큼 실재에 가까운 것은 없을 것이기 때문이다. 따라서 이들의 노래를 읊을 때 시인들은 문자에 얽매여 잃었던 현실을 해체하고 원原텍스트로 돌아갈 수 있다. 중국의 경우 악부시가 이 역할을 담당하였다. 그래서 중국의 시사詩史에서 시가 침체기에 빠지면 어김없이 시인들은 악부시로 돌아가서 활력을 찾았던 것이다.

　오늘날까지 전해지는 한대 악부시 작품집으로는 송대 곽무천郭茂倩의 『악부시집樂府詩集』 100권이 가장 방대하다. 이 책에서는 지면 관계상 많이 감상해 볼 수는 없고, 민중들이 고난과 공포의 실재를 어떻게 현실로 수용했는지를 잘 드러내 보이는 작품들, 이를테면, 「성의 남쪽에서 싸우다가(戰城南)」, 「까마귀 새끼(烏生)」, 「궁궁이 뜯으러 산에 올라갔다가(上山採蘼蕪)」, 「서문을 나서며 부른 노래(西門行)」, 「동문을 나서며 부른 노래(東門行)」 등 다섯 편을 집중적으로 분석해 보기로 한다.

01 「성의 남쪽에서 싸우다가(戰城南)」
: 죽음을 이기기 위한 노래

성의 남쪽에서 싸우다가 곽의 북쪽에서 죽더라도
시체를 들에 내버려 둔 채 장사 지내지 않으니
까마귀밥이 되기도 한다네.
내 대신 까마귀에게 전해 주오.
잠깐이라도 이 나그네의 혼을 불러 주는 곡(哭)을 해달라고.
들에 버려진 시체라지만 설마 그 정도 장례의식이야 안 해주시려오?
이미 썩은 고깃덩이가 그대들을 피해 달아날 방도가 어디 있겠소?
물은 깊어 맑고, 창포 갈대 어지러이 그림자 진 곳에
용감한 말들은 싸우다 죽었고 이런저런 말들만 떠돌며 울고 있네.

임금님 궁실 짓는답시고
남쪽 가서는 뭐라 하고 사람들 잡아 왔고
북쪽 가서는 뭐라 하고 사람들 끌고 왔을까?
곡식을 수확하지 않으면 임금님은 무얼 드시겠다는 건가?
이러니 충신이 되고자 해도 도저히 방법이 없다네.
저 훌륭한 신하가 그립구나,
훌륭한 신하가 정말로 그립구나.

아침에 공 세우러 나갔다가 저녁에 밤이 되어도 돌아오지 못하게 되다니!

戰城南, 死郭北, 野死不葬烏可食.

爲我謂烏: 且爲客豪, 野死諒不葬, 腐肉安能去子逃.

水深激激, 蒲葦冥冥, 梟騎戰鬪死, 駑馬徘徊鳴.

梁築室, 何以南, 何以北. 禾黍不穫君何食.

願爲忠臣安可得.

思子良臣, 良臣誠可思, 朝行出功, 暮不夜歸.

이 시는 『악부시집』에서 「고취곡사鼓吹曲辭」 중 「한요가漢鐃歌」로 분류돼 있다. '고취鼓吹'는 타악기와 관악기를, '요鐃'는 군대에서 쓰는 징을 각각 가리키므로 이 노래는 오늘날의 밴드, 즉 취주악의 군가임을 알 수 있다. 군가의 가사이므로 이 노래는 형식적으로 정형시에 속한다고 간주된다. 오늘날 군대에서 불리는 군가에도 공식적으로 작곡·작사된 것이 있는 반면에 군인들이 스스로 만들어 부르는 비공식적 노래가 있는 것처럼 고대에도 이런 상황은 있었던 것으로 짐작된다. 이 노래는, 앞으로 자세히 살펴보겠지만, 내용으로 보아 후자인 것으로 판단된다. 즉 오늘날의 비공식적인 군가들이 기존의 유행가를 가져다 편곡해서 만든 것처럼 이 노래도 민간에서 익숙하게 부르는 노래나 일부 구절들을 짜깁기 형태로 제작한 것이어서, 이 안에 3언, 4언, 5언, 7언 등이 뒤섞이게 되었을 가능성이 있다는 말이다. 그래서 비정형이 되기는 했지만 노래 부르기에는 별로 어색하지 않았을 거라는 점에서 정형시라 보는 것이다.

부침개는 왜 찢어 먹어야 맛있을까

　이런 종류의 시와 노래는 형식이 처음부터 끝까지 일관되는 정형시처럼 하나의 초점을 갖는 통일성의 아름다움은 없지만, 초점이 여러 개로 분산돼 있음으로써 각자의 형식이 생성해 내는 갖가지 정서들이 존재론적으로 산재하는 장점을 갖고 있다. 이것은 '열려 있다'는 말로 표현할 수도 있겠는데, 이런 효과를 내기 위해서 엄격한 정형시들도 중간에 변형을 도입하기도 한다. 이렇게 정형에 비정형을 들여오는 것은 시가 생성하는 정서나 감정이 정형의 형식이 주는 미학에 고착되는 것을 방어하기 위한 것이리라.

　좀 더 구체적으로 설명하기 위해서 다음과 같은 비유를 들어 보겠다. 미국이나 유럽 국가의 장병들이 정복을 입은 모습을 보면 우리나라를 비롯한 동아시아의 장병들과 뭔가 다른 이미지를 발견하게 된다. 둘 다 군인답게 단정히 입은 것은 똑같은데도 말이다. 단 한 가지 다른 점은 대부분의 서양 장병들은 모자를 좌측이나 우측으로 약간 삐딱하게 쓰고 있다는 점뿐이다. 그런데 이것이 군인의 이미지를 다르게 만들어 낸다. 정복을 각을 잡아 단정히 입은 모습이 정형이라면 모자를 삐딱하게 쓴 부분은 비정형이라 볼 수 있다. 즉 단정한 정형이 용감하고 명령에 복종하는 군인 본연의 모습이라면 서양이나 동아시아나 동일한 이미지를 연출한다. 그러나 서양의 경우는 이 정형 속에 삐딱한 모자라는 비정형이 살짝 들어와 있는데, 이는 획일성 속에 개성을 존재론적으로 드러낸다. 다시 말해서 군인은 명령에 절대적으로 복종해야 한다. 그렇다면 근본적으로 부당한 명령에도 복종해야 하는가? 이를테면, 총을 거꾸로 잡고 시민들을 향해 겨누라는 명령 같은 것 말이다. 이 부분에서 아무리 명령에 죽고 사는 군인이라 하더라도 그 명령이 합법한지를 판단하고 행동할 수 있는 '개인됨'이 발휘돼야 한다. 바로 이런 이미지가 삐딱한 모자에서 발견된다는 것이다. 이런 점에서 정모의 살짝 삐딱함은 군인의 획일적인 이미지에 고착되지 않고 밖으로 열리게 유도한다.

존재는 원래 무정형인데 이를 인식하기 위해서 어쩔 수 없이 기호라는 정형을 사용한다. 따라서 정형을 통해 드러난 존재는 인식의 한계에 갇히게 된다. 다시 말해서 언어를 통해서 드러낸 이상 그것은 사유의 동일성을 벗어나지 못하고 반복할 수밖에 없다는 말이다. 그러므로 비동일적인 것을 사유하거나 드러내려면 정형을 포기하고 비정형을 끌어들여야 하는 것이다. 이런 방식을 우리는 언어생활에서 부지불식간에 쓰기도 하는데, 이를테면, 자신의 답답한 심정이나 사연을 하소연할 때 처음엔 뭐라고 설명해 놓고는 그것으로는 뭔가 부족했던지 다시 한숨을 쉬며, "하아, 꼭 그렇다기보다는…… 뭐라 할까…… 에휴! 차라리 말을 말자……"라는 식의 넋두리가 그것이다. 즉 앞에서 자신의 심정을 말한 것은 정형의 기호를 쓴 것이지만 이것으로는 사유 밖의 것이 드러나지 않으므로 이를 드러내기 위해서 정형을 포기하고 침묵이라는 비정형을 들여오려 하는 것이다.

우리의 일상에서도 이와 유사한 경험을 종종 한다. 이를테면, 부침개를 먹을 때 칼로 먹기 좋게 잘라서 먹을 때보다 젓가락으로 불규칙한 형태로 쭉쭉 찢어 먹을 때 더 맛이 있음을 느낀다. 특히 라면은 끓인 후 그릇에 담아 먹는 것보다 냄비에서 직접 떠서 냄비뚜껑에 올려놓고 먹으면 더 맛이 난다는 사실은 한국 사람이면 누구도 부정하지 못한다. 스펙이 좋고 해상력이 뛰어난 최신식 앰프와 스피커가 좋은 소리를 낼 것 같지만, 실제로는 스펙이 뒤떨어지고 해상력이 두루뭉술한 진공관 앰프와 펄프로 만든 구식 스피커가 더 아름답고 푸근하게 들린다. 계속 세차게 불어 대는 선풍기 바람보다 창문에서 부정기적으로 불어오는 산들바람이 더 시원하지 않은가. 화려한 레스토랑에서 정장을 차려입고 모여서 우아하게 파티를 할 때와 야외에서 불 피워 놓고 다들 모여 앉아 바비큐 파티를 할 때를 비교하면 어느 쪽이 친밀도가 더 끈끈해지겠는가?

   이러한 현상들은 모두 정형과 비정형의 관계에 의해서 일어난다. 즉, 앞의 예를 다시 들면, 무정형의 부침개를 그냥 통째로 먹기는 힘드니까 먹기에 편하도록 칼로 자르는 것은 정형에 속하는 행위다. 그러나 먹기에는 편할지 모르나 칼로 자른 행위는 인식되지 않은 무정형의 존재가 그와 동시에 사라지고 동일성만 남게 만든다. 따라서 이것을 해치지 않거나 최소한 보존하는 방도는 잘게 자르는 정형의 방법을 쓰되 무정형의 존재를 가능한 한 망가뜨리지 않는 비정형의 찢는 방법을 쓰는 것이다. 이렇게 해야 우리가 감각하지 못하거나 사유하지 못하는 비동일적인 것들이 인식 안으로 들어올 수 있다. 과학은 개념화를 바탕으로 전개하는 과정이므로 근본적으로 동일성을 추구하는 속성을 갖는다. 따라서 비동일적인 것을 찾아내려면 비논리나 불합리와 같은 비정형을 동원해야 건져 올릴 수 있는 것이다.[1]

   이러한 원리에서 악부시가 격률이 제대로 갖춰지지 않은 시임에도 불구하고 시인들의 끊임없는 사랑을 받아 왔던 것이다. 앞서 말한 바대로 악부시는 민간의 노래에서 채집된 것이므로 문인들이 시와는 달리 비정형으로써 정형을 이루고 있다. 다시 말해서 악부시는 운문의 정형을 간간이 허물어서 운문의 밖을 볼 수 있게 해주었다는 말이다. 그러므로 새로운 감각에 목마른 시인들은 서민들만이 즐기던 이 비정형에서 구원을 얻었다고 말해도 절대 과장이 아니다.

그래서 그들은 이 방식을 좀 더 정교하게 다듬어 심지어 정형시에서도 그대로 적용하기도 하였다. 두보의 율시 「등고登高」의 마지막 구절을 예로 들어 보자.

힘들고 어려워도 서리가 하얗게 내려앉은 귀밑털을 심히 서러워하고
늙고 병들어도 탁주잔을 들고 새삼스레 망설이네.
艱難苦恨繁霜鬢
潦倒新停濁酒杯.

이 구절은 매우 평이해 보이면서도 의미를 구체화해 보려면 쉽지 않다. 이렇게 저렇게 해석을 해보아도 해석 없이 읽을 때의 맛이 나질 않는다는 말이다. 이 구절을 정형과 비정형의 관계를 적용해서 해석해 보기로 하자.

'간난艱難'이란 생활이 힘들고 어려운 곤경을 뜻한다. 두보는 오랜 기간의 전란 속에서 생사의 고비를 넘기고 이제 중양절을 맞아 산에 올라와 한숨 돌리고 있는 참이다. 일반적으로 간난을 표현하려고 하면 가장 먼저 떠오르는 게 추위와 배고픔일 터이다. 그리고 이제 곤경을 이기고 여기까지 왔으니 앞으로 기대될 희망을 말할 수 있거나, 아니면 반대로 이제 겨우 여기까지 왔는데 앞으로는 얼마나 더 고생을 해야 하나 하는 걱정과 두려움을 말할 수 있을 것이다. 그런데 두보는 이러한 일반적인

정서를 뒤엎고 서리가 하얗게 내려앉은 귀밑털을 심히 서러워했다. 즉 곤경과 싸우다 보니 세월 가는 줄도 몰랐고 이제 살날도 얼마 남지 않았다는 절망감, 이것은 끼니를 굶는 사람의 정서나 감각이 아니다. 생각이 여기에 미쳤다면 오히려 두려운 마음이 사라지고 어떤 반전이 생길 만도 한데, 그의 생각은 다음과 같은 갈등으로 발전한다.

 '료도潦倒', 즉 '늙고 병든' 노인에게 술을 권하면 그는 어떻게 반응할까? 아마 둘 중의 하나일 것이다. 거의 대부분이 건강을 이유로 거절할 것이고, 아주 드물게 이제 곧 죽을 거 마지막으로 마시고 죽자는 각오로 받는 사람이 있을 것이다. 그런데 여기서 두보는 탁주잔을 '신정新停'했다고 표현하였다. 즉 새삼스럽게 멈췄다는 말인데, 멈춘다는 말은 술잔을 받아들긴 했지만 마시려다가 문득 멈추고는 마실까 말까 망설였다는 말이다. 갑자기 왜 그랬을까? '새삼스럽게'라는 단어는 이전까지는 거절하지 않고 마셔 왔음을 시사하지 않는가. 아마 좀 더 살아야겠다는 생각이 문득 들었던 모양이다. 중양절을 맞아 산에 오르기 전까지는 각박한 현실에서 목숨을 부지하고 사느라 세월이 언제 가는지 잊고 살았기 때문이리라. 힘든 세상을 살면서 오래 살아야겠다는 생각이 들 리 없으니 평소에 누가 주는 술잔을 거절할 필요가 있었을까?

 그러나 「등고」의 앞 구절들에서 그가 묘사했듯이 높은 데 올라와 본 가을의 정경은 비록 쓸쓸하고 적막하기는 했지만 그것은 애절할 정도로 아름다웠다. 「등고」의 묘사는 이런 감동이 없으면 나올 수 없는 것이었다. 이 감동은 곧 주체의 확장이고 삶에의 욕망이다. 게다가 이런 감동을 느낄 수 있는 시간이 얼마 남지 않았다니! 두보가 독한 술도 아닌 탁주잔을 들고 망설였을 마음을 충분히 이해할 수 있을 것이다.

이 시에서 '간난'과 '료도'는 각각 기호의 기능을 수행하는 정형의 역할을 맡은 반면에 그 뒤의 구절들은 앞의 단어를 뒤흔들어 버림으로써 동일화를 벗어던지는 비정형의 역할을 하고 있다. 율시는 중국의 대표적인 정형시로서 그 격률이 엄격하기로 이름나 있다. 흔히 지적하듯이 율시는 그 엄격한 규칙 때문에 표현의 제약을 많이 받음으로 인해서 훌륭한 작품이 나오기 힘든 면이 있다. 두보는 이렇게 비정형을 끌어들이는 수사법을 사용하여 어려운 율시에 활기를 불어넣음으로써 율시의 대가로 이름났던 것이다.

죽음을 이기려면 죽음과 맞서야 한다

이 시는 전체적으로 두 부분으로 나뉜다. 텍스트의 구성상 3·3·7로 이루어진 "戰城南, 死郭北, 野死不葬烏可食"으로 시작하는 부분과 "何以南, 何以北. 禾黍不穫君何食"으로 시작하는 부분으로 나눌 수 있다. 전반은 참혹한 전장의 모습과 아울러 전쟁의 무의미성을 병사의 눈으로 읊었다. 전투 후의 비참한 모습을 통해 죽음을 노래하고 있지만 이것이 오히려 호전성을 부추긴다는 점에서 군인들의 입에서 직접 나온 작품임을 알 수 있다.

이 시는 "성의 남쪽에서 싸우다가 곽의 북쪽에서 죽다"로 시작한다. 고대 중국에서는 성을 지을 때 일반적으로 내성과 외성으로 겹이 되게 했는데, 내성을 '성城', 외성을 '곽郭'이라 각각 부른다. 그리고 곽 바깥 부분에 다시 나지막한 보조 토성을 쌓았는데 이를 '용墉'이라 불렀다. 따라서 성은 기본적으로 삼중의 방어막을 갖는 셈이 된다.

그러니까 성의 남쪽에서 싸우다가 곽의 북쪽에서 죽었다는 말은 성의 외곽에서 치열한 방어 전투를 하다가 전사했다는 뜻이 된다. 단지 성의 남쪽에서 싸웠다는 것은 살아 있을 때의 행위를, 곽의 북쪽에서 죽었다는 것은 죽은 후를 각각 상징하는 말이다. 남쪽은 양지이고 북쪽은 음지이기 때문이다. 치열한 전투 후에 죽은 병사들을 수습하지 않은 채 들에 내버려 두어 까마귀에게 밥이 되기도 한다는 내용은 수사가 참혹한 전장을 핍진하게 묘사했다고 해서 흔히 무책임하게 전쟁을 일삼는 위정자들을 비난함과 아울러 쓸데없는 전쟁을 반대하는 사상을 반영하고 있다고 해석하기도 한다. 그러나 노래가 전쟁의 참혹함을 고발하는 내용이라고 해서 모두 반전사상을 담고 있는 것은 아니다. 실제로 우리나라의 옛 군가 중에 "전우의 시체를 넘고 넘어"라는 가사로 시작하는 곡이 있는데, 표현이 비정하다고 해서 이것을 반전 노래라고 말할 수는 없지 않은가? 군가의 경우 이런 묘사는 오히려 호전성을 선동하는 기능을 수행한다. 왜냐하면 전투 행위는 언제나 죽음과 대면해 있으므로 이를 극복하는 것이 승리의 관건이기 때문이다.

지젝은 변비를 치료하기 위해서는 변비를 유발하는 식품을 먹으라는 역설을 자주 강조한다. 그러면서 금융투기를 통해서 무자비하게 이윤을 추구하면서도 하루 일과의 반을 자신의 투기의 결과들과 싸우는 인도주의적 활동에 투여하는 조지 소로스를 거론한다.[2] 분석가가 강박증자의 요구를 들어 주지 않거나 타자의 욕망과 대면하게 함으로써 자신이 타자에게 의존하고 있다는 사실을 부정할 수 없게 만드는 것[3]과 같은 이치라 하겠다.

따라서 병사들로 하여금 죽음에 대한 두려움을 이기게 하려면 먼저 평소에 죽음을 대면하도록 해야 한다. 피도 눈물도 없는 금융투기자들이 자신들의 이익에 역행하는 자선 활동에 기여하듯이 말이다. 사람이 가장 두려워하는 죽음을 이기려면 주체는 이보다 더 강력한 대응 수단을 가져야 하는데 그것이 바로 대타자이다. 주체에게 대타자로 기능하는 것은 여러 가지가 있을 수 있지만 자신의 삶을 온전히 의지하는 초월적 관념이라는 측면에서 보면, 이를테면, 가족이나 민족 또는 국가를 위해 사는 효심이나 충성심 같은 것이 될 수 있다. 이것을 중국에서는 충효 사상이라고 불렀는데, 이러한 대타자는 죽음을 이김으로써 완성된다. 그래서 중국에서는 옛날부터 죽음으로써 충과 효를 실천한 사람들의 이야기를 신화로 만들어서 가르쳐 왔던 것인데, 이러한 신화가 많으면 많을수록 충효라는 대타자는 완벽하게 관념 속에 자리 잡는다. 그러면 이것은 다시 사람들을 더욱 대타자에 의지하게 만들고, 이를 위해 죽음을 선택할 때 엄청난 향락을 경험하게 된다. 그러므로 군인들이 죽음을 두려워하지 않는 것은 바로 무엇보다 그들이 죽음으로써 선택한 사상으로 무장했을 때이다.

군인들에게 이러한 사상을 심어 주려면, 앞서 말했듯이, 대타자를 완성할 때의 향락을 경험하게 해줘야 한다. 다시 말해서 죽음을 이기는 경험을 말이다. 이러한 경험은 관념을 통해서는 불가능하고 노래를 입으로 부를 때에 느껴진다. 혹독한 군사 훈련을 경험해 본 사람이라면 가장 힘든 훈련 과정에서 부대원들이 악을 쓰며 함께 부른 군가가 얼마나 주체에게 신화적 힘을 주는지를 기억할 것이다. 극한의 상황에서의 군가는 주체로 하여금 죽음을 언제라도 받아들일 수 있도록 준비시켜 준다. 현재 느끼고 있는 존재의 고통스러움이 노래라는 환영으로 전이돼서 그것이 존재자로 기능하였기 때문이다. 우리가 외부의 충격으로 인해서 신체의 고통을 느낄 때 비명을 지르면 인식이 순간적으로 비명으로 전이돼서 덜 아프게 느껴지는 것과 같은 이치라 하겠다.

이때 노래 가사가 죽음의 진실을 현실적으로 묘사해 준다면 더욱 효과적이다. 왜냐하면 향락은 존재하지 않던 쾌락이 잉여적으로 발생하는 것이므로 낙차가 클수록 효과가 크다. 즉 아무도 알아주지 않는 비참한 죽음이지만 '그럼에도 불구하고' 나는 선택했다는 향락 말이다. 대가가 있는 죽음이라면 대타자가 완벽하지 않기 때문에 감동도 그만큼 적어진다. 우리가 사람들에게 칭송 받는 영웅의 무덤 앞에서보다 무명용사들의 사당 앞에서 더 숙연해지는 이유이다.

위 시의 전반 내용은 이런 차원에서 보면 모두 이해된다. 시체를 수습조차 하지 않아 들에 내버려 둔 것만큼 헛된 죽음이 어디 있겠는가. 게다가 자신들의 시체가 까마귀밥이 되기도 한다니 더 이상 끔찍할 수도 없을 것이다. 그런데 여기서 더 끔찍한 묘사로 더 나아간다. 내가 목숨 바쳐 싸웠지만 그들은 나에게 장례조차 치러 주지 않으니까 이제 까마귀에게 먹기 전에 잠깐의 곡이라도 해달라고 호소한다. 까마귀의 울음소리라도 빌려 초혼을 해야 그나마 최소한의 인간의 형식이라도 갖출 수 있지 않을까 하는 하찮은 희망이 여기에 담겨 있다. 시체라서 도망도 못 가는 절망과 무기력에서 까마귀와 같은 미물에게 동정을 바란다는 점에서 이 노래는 마조히즘적이다. 아무리 용감한 병사들이라 하더라도 초월적 관념 하에서는 마소히스트가 될 수밖에 없고, 이 때문에 그들은 슬픔을 기쁨으로 받아들이면서 그들의 대타자에 복종한다.

죽음이 삶보다 나을 수 있는 이유

이와 관련하여 또 하나 주의를 기울여야 할 구절이 "물은 깊어 맑고, 창포 갈대 어지러이 그림자 진 곳에 / 용감한 말들은 싸우다 죽었고 이런저런 말들만 떠돌며 울고 있네"이다. 이 광경은 전장에 버려진 죽은 인마들을 묘사하고 있는데, 자연 속에서 인간들의 욕망이 얼마나 덧없는가를 말하려는 것 같다. 그래서 노장老莊 사상의 풍미를 머금고 있는 듯 보인다. 그러나 군인들이 부르는 군가에 노장은 어울리지 않는다. 왜냐하면 군가는 속성상, 니체의 말을 빌리자면, 아폴론적인 빛의 비전을 지향하고 노장의 디오니소스는 배제돼야 하기 때문이다.

이를 이해하려면 앞의 "시체를 들에 내버려 둔 채 장사 지내지 않으니 / 까마귀밥이 되기도 한다네"로부터 시작해야 한다. '烏可食'은 '까마귀가 먹을 수 있다'는 뜻인데 여기서 '까마귀 오烏' 자는 '없을 무無'와 같은 음으로 읽는다. 그래서 이 구절은 '무에게 먹힐 수 있다'는 이중의 의미로 각인될 수 있는 것이다. '무'란 글자 그대로 '아무것도 없음' 또는 '헛됨'이다. 까마귀밥이 되는 것이 끔찍하고 두려운 것은 이것이 빛이 없는 검은색이기 때문이다. 죽음이란 바로 이 캄캄한 '무'로 돌아가는 것이다. 삶에서는 나(주체)는 나름대로 지향하는 의미를 담고 살았지만 죽은 다음에는 텅 비게 된다. 다시 말해서 삶이란 (대)타자가 나에게 의미를 부여한 'to be'의 존재인 반면 죽음은 모든 의미를 잃어버린 'not to be'의 무이다. 이제 죽은 자의 눈으로 본 '나'는 무의 상태로 "물은 깊어 맑고, 창포 갈대 어지러이 그림자 진 곳(水深激激, 蒲葦冥冥)"에 사물로서 던져져 있다.

그러고 보니 던져진 사물 옆에 또 다른 'to be'의 존재가 보이는데,

그것이 떠돌며 울고 있는 '이런저런 말들'이다. 여기서는 이런저런 평범한 말들이라고 했지만 앞의 "용감한 말들은 싸우다 죽었고"라는 대구로 보아 살아남은 자들에 대한 은유적 표현으로 봄이 타당하다. 그들은 살아서 참으로 다행이라고 생각할지 모르나 'not to be'의 차원에서 보니까 배회하며 슬피 울 뿐이다. 그래서 죽은 말들은 효기梟騎, 즉 용감한 말이라 높여 부르는 반면에 이들은 '노마駑馬', 즉 이런저런 말들이라고 낮춰 불린다. 살아남은 말들은 왜 이런 비하를 감수해야 하는가? 태우고 다녀야 할 주인이 없기 때문이다. 마찬가지로 살아남은 자는 내가 복종하고 죽음으로 지켜야 할 주인인 (대)타자에 충성하지 않았으므로 부끄러운 것이다. 살아남았다고 해서 충실히 싸우지 않은 것은 아니지만, 패배의 책임은 궁극적으로 살아남은 자가 져야 하고 설사 승리했다 하더라도 그 영광을 산 자가 독차지하기에는 떳떳하지 못한 바가 있기 때문이다. 어떤 경우라도 살아남은 자는, 이를테면, 충효와 같은 대타자를 강화하는 일에 있어서 죽은 자를 따라가지 못한다.

　죽은 자들은 비록 '무'로 전락하기는 했지만 산 자들의 버팀목인 대타자에 완전하게 속해졌다. 텅 빈 '나'는 원래 대타자에 의해 가치를 부여받았고 또한 그를 위해 싸우다 무가 됐지만, 이로 인해 대타자는 다시 무한한 가치를 부여받았다. 이렇게 해서 다른 사람들은 이 대타자에 의지해 살아가게 된다. 이것이 그들이 죽음을 이긴 방도이다. 다시 말해서 죽음을 통해 그것이 충효 사상이든 뭐든 대타자에 속할 수 있다면 덧없이 사는 것보다 나을 수 있었다는 말이다. 따라서 이 노래는 생명 자체를 중시하는 노장 사상이 아니라 대타자를 생명처럼 여기는 유가의 사상이 흐르는 작품인 것이다.

이에 비해 거대 담론의 대타자가 사라진 오늘날의 개인들의 삶은 어떻게 가치를 부여 받는가? 우리의 생각을 대부분 지배하고 있는 신자유주의는 근본적으로 개인들을 소비자로 규정한다. 국가도 여기에 주파수를 맞춰서 시민을 납세자로 간주한다. 자본의 도구인 기업과 정부는 소비자가 건강하게 살아 움직여야 소비와 납세를 통한 수입이 보장되는 입장이므로 자연히 생에 대하여 관심도 많고 이와 관련된 상품도 많다. 시민들에게 운전할 때 안전띠를 강제로 착용하게 한다든가, 금연을 법으로 강제하는 등, 복지 정책이라는 미명하에 정부가 개인의 삶에 과도하다 싶을 정도로 개입한다. 텔레비전 방송에서 연일 의료 건강과 생명에 관한 지식을 유포하고 이와 관련된 상품 광고는 홍수를 이룬다. 이러한 사회적 분위기에서 병듦과 죽음은 가장 불행한 재앙이므로 무조건 피해야만 하는 금기라는 관념이 형성된 것이 작금의 현실이다.

그런데 서민들의 실제 삶은 건강을 꼼꼼히 챙기며 살 수 있을 만큼 여유롭지가 않다. 치열한 경쟁 체제 속에 거의 전쟁하듯이 살다 보니 젊은이들은 젊은이들대로, 노인들은 노인들대로 자살자가 속출한다. 심지어 꿈 많은 청소년들마저 성적을 비관해서 자살하는 일까지 아무렇지도 않게 일어나고 있다. 이제 죽음은 불행이고 경쟁에서 낙오한 자들이 후과로 받는 도태의 방식일 뿐이다. 혹자는 요즘 사람들이 옛날처럼 가족이나 국가를 먼저 생각하는 마음이 결여돼 있다고 한탄하는 경우를 종종 본다. 앞서 말했듯이 원래 텅 빈 상태의 개인은 대타자에 의해 규정된다. 오늘날의 대타자인 신자유주의가 개인을 소비자로 규정했으니까 개인이 할 일은 소비에 삶을 바치는 것이 사명이 될 수밖에 없다. 쇼핑이 현대인이 즐기는 쾌락 중의 하나인 이유이다. 이 과제에 충실하지 못하거나 적응하지 못한 자는 응당 도태되어야 하는데, 이들의 불행한 죽음은 앞서 충효 사상의 구조처럼 냉혹한 경쟁 체제라는 대타자를 강화하는 일에 어쩔 수 없이 기여하게 된다. 일벌백계의 효과라고 해야 할까? 이것은 앞서의 경우와 달리 죽음을 이긴 것이 아니라 죽음에 굴복한 것이 된다. 왜냐하면 대타자에 받아들여질 수 없는 낙오자의 의미 없는 죽음이기 때문이다.

의회의 중요성을 일깨워 준 편집의 역설

"임금님 궁실 짓는답시고" 이후는 제2연에 해당하는 후반부에 해당하는데, 내용이 전반부의 군가 느낌과 사뭇 다른 정치적 분위기를 연출한다. 임금의 실정을 완곡하게 비판하는 주문휼간主文譎諫을 비롯한 관료 신하의 정치적 담론이 반영돼 있다. 앞에서도 언급한 바 있듯이, 악부시는 관청에서 민간의 노래를 채집하여 편집한 것이므로 문인의 손을 거칠 수밖에 없다. 따라서 자연스럽게 관료나 문인의 입장이 반영될 수밖에 없고, 이때 민가라는 익명성 높은 텍스트는 전통적인 주문휼간의 방식을 적용하기에 매우 용이했을 것이다. 민심이라는 명분으로 말이다.

전반이 전쟁을 노래의 제재로 삼았다면 후반은 부역賦役에 동원됨에 따라 겪는 백성의 고통을 묘사하고 있다. "곡식을 수확하지 않으면 임금님은 무얼 드시겠다는 선가?"라는 구절은 백성들이 농사에 전념하지 못함으로써 가을 이후에 다가올 세금과 식량난을 걱정하는 말이다. 이 문제를 해결하려면 임금의 마음이 바뀌어야 하는데 이를 할 수 있는 현실적인 방법은 임금과 백성의 중간에 있는 관리, 즉 신하밖에 없으므로, "훌륭한 신하가 그립다"고 노래한 것이다.

그런데 여기서 쉽게 수긍할 수 없는 부분이 있다. 이 시는 근본적으로 노래이다. 노래의 내용이 무엇을 염원하는 것이라면 그런 정서를 대타자에게 호소하는 것일 뿐, 실현의 방법론까지 묘사하지는 않는다. 이를테면, 처녀가 애타게 시집가고 싶으면 "하느님, 제 짝을 찾아주세요"라는 식으로 노래하지 굳이 "좋은 중매쟁이 하나 보내 주세요"라고 하지는 않는다. 상식적으로 전지전능한 신이 정말로 소원을 들어준다면 전자의 노래는 염원이 실현될 가능성이 100퍼센트가 되겠지만, 후자의 것은 어차피 중매쟁이를 통해 실현될 것이므로 시집갈 가능성은 아무래도 낮지 않겠는가? 우리는 탄식을 하거나 위험에 닥쳤을 때 무의식적으로 "하느님 맙소사"나 "엄마야"라고 소리를 지른다. 하느님과 엄마는 우리의 근원적인 대타자이기 때문이다. 그러니까 백성들도 이 해결할 수 없는 어려움을 궁극적인 책임자인 임금에게 직접 호소하지 그의 신하를 찾지 않는다. 이런 상황에서 만일 굳이 신하와 그의 역할을 기대한다면 이는 매우 이성적이고 현실적인 표현이 된다.

작금의 우리 사회는 나라에 큰 근심거리가 있으면 사회의 모든 눈이 대통령에게로 집중된다. 그가 어떻게 처리해 주기를 바라는 것이다. 대통령 중심제 정치 체제에서 당연한 현상이다. 선거 문화도 마찬가지이다. 대선은 모든 시민들이 관심도 많고 투표율도 매우 높다. 반면에 국회의원을 뽑는 총선은 열기가 기실 이와 같지 않다. 시민들에게 총선은 대선보다 덜 중요하다는 의미이다. 대통령만 잘 뽑으면 국회의원은 누가 해도 크게 좌우되지 않는다고 생각하는 것이다.

그런데 아무리 대통령 중심제라 하더라도 민주공화국 체제의 속성을 알면 국회의원을 제대로 뽑는 게 훨씬 중요함을 알 수 있다. 왜냐하면 정부가 국가를 운영하는 것은 궁극적으로 법에 의해서이고 아울러 이를 감시하는 것도 국회이기 때문이다. 민주주의는 속성상 회의로 시작해서 회의로 끝난다고 해도 과언이 아니다. 따라서 민주주의의 성공 여부는 시민들이 각종 회의에 얼마나 참여해서 의견을 반영하느냐가 관건이다. 이것이 의원내각제가 등장하게 된 배경이다. 그런데 이게 귀찮으니까 능력 있는 대통령을 뽑아서 그에게 다 맡겨 버리자는 것이 대통령 중심제하 시민들의 일반적인 정서이다. 따라서 나의 모든 것을 떠맡아 영도하는 지도자를 선출하는 대선은 자연히 이성적이기보다는 감성적이 될 수밖에 없고, 아무리 귀찮아도 나는 회의의 과정인 투표에 몇 번이고 참여하겠다는 내각제하의 총선은 이성적이라 규정할 수 있다.

이상에서 거론한 예가 적절한지는 잘 모르겠지만, 정서를 노래하는 시가 자신의 염원과 원망을 임금에게 향하도록 하지 않고 신하에게로 한다는 것은 뭔가 어색하다는 것이 그 요지이다. 한유韓愈와 같은 냉철한 문장가라면 신하를 들먹였을지 모르지만 말이다.

사마상여의 작품을 다루면서 관료의 속성에 대해 이미 언급한 적이 있지만, 이 시에서 맥락에 어울리지 않게 충신을 찾는 것은 기실 관료주의의 이데올로기를 말하려는 것이라고 볼 수 있다. 군왕이 탐욕에 절어서 전쟁과 부역을 함부로 일으키는 이런 정치적 부조리는 관료들만이 해결할 수 있다는 암시를 군왕과 백성 양쪽에 전하고 있다. 환언하면 자신들의 권력에 대해 이야기하고 있다는 말이다. 충신, 즉 관료가 없으면 백성과 병사들은 "아침에 공 세우러 나갔다가 저녁에 밤이 되어도 돌아오지 못하는" 명분 없는 죽음을 당할 것이니, 이 시를 읽으면 충신이 원망을 듣는 자리인 임금에게는 기댈 언덕이 되고, 모든 고통을 떠안아야 하는 백성에게는 구원자가 될 것이다.

  이 시는 근본적으로 군가이다. 더구나 민가형 군가이기 때문에 여기에 관료주의의 냄새를 풍기는 주문휼간이 개입될 여지는 없었다. 아마 민심을 명분으로 해서 관료의 입장을 개입시켰을 것이라는 짐작이다. 전반과 후반의 확연한 흐름의 차이가 이를 입증한다. 편집한 문인도 이것이 좀 어색했는지 끝을 "아침에 공 세우러 나갔다가 저녁에 밤이 되어도 돌아오지 못하게 되다니!"로 마무리했다. 후반에서 부역 이야기를 하다가 갑자기 전반의 전쟁 묘사로 마무리하는 것은 중간을 편집했다는 심증을 뒷받침해 준다.

  앞서 설명했듯이 원래 악부시는 비정형의 구조다. 그래서 초점이 분산돼 있어서 정서적으로 열려 있는 특성이 있다. 아마 이러한 열려 있는 특성을 이용해서 문인이 자신들의 이야기를 박아 넣음으로써 다초점의 텍스트를 주문휼간이라는 단초점으로 축소하려 했던 것으로 보인다. 그럼에도 이 시는 전반만으로도 이미 목적과 기능을 다한 훌륭한 시라고 평가할 수 있다.

02 「까마귀 새끼(烏生)」
: 서민에게는 각자도생各自圖生만이 답

까마귀 새끼 여덟아홉 마리가
진씨댁 계수나무 가지에 얌전히 앉아 있네.
에구 이걸 어쩨! 진씨댁에 놀기 좋아하는 한량 아들이 하나 있는데
이놈이 휴양산睢陽産 명품 활로 소합산蘇合産 탄환을 잘 쏘기로 유명하다네.
왼손에 활을 쥐고 탄환을 한 번에 두 방씩 쏴대면서
까마귀 근처를 배회하고 있네.
에구 이걸 어쩨! 한 방이 곧바로 날아가 까마귀 몸을 맞히니까
까마귀는 죽어 혼백이 저 하늘로 날아가 버렸다네.
어미가 그 새끼를 낳을 적에는 남산의 바위 틈에서였는데,
에구 이걸 어쩨! 사람들이 까마귀가 어디 사는지 관심도 없고
좁은 오솔길이 꼬불꼬불 깊이 들어가서 어디로 통하는지 알게 뭐람?
흰 사슴은 천자의 정원인 상림원의 서쪽 숲에 살지만
사냥꾼은 늘 흰 사슴 고기를 또 갖고 오곤 한다네.
에구 이걸 어쩨! 큰 고니는 하늘의 천정 위를 미끄러지듯 높이 날지만,
후궁들은 늘 고니를 또 갖고 와서 삶는다네.
잉어는 낙수의 깊은 물에 살지만

낚시 바늘은 언제나 잉어의 입을 꿴다네.
에구 이걸 어째! 사람들의 삶에는 각자의 정해진 수명이 있나니
죽고 사는 일에 앞뒤를 다시 논할 필요가 뭐 있겠는가?

烏生八九子, 端坐秦氏桂樹間.

唶我, 秦氏家有遊遨蕩子,

工用睢陽彊蘇合彈,

左手持彊彈兩丸, 出入烏東西.

唶我, 一丸卽發中烏身, 烏死魂魄飛揚上天.

阿母生烏子時, 乃在南山巖石間.

唶我, 人民安知烏子處, 蹊徑窈窕安從通.

白鹿乃在上林西苑中, 射工尙復得白鹿脯.

唶我, 黃鵠摩天極高飛, 後宮尙復得烹煮之.

鯉魚乃在洛水深淵中, 釣鉤尙得鯉魚口.

唶我, 人民生各各有壽命, 死生何須復道前後.

투케tukhe와 아우토마톤automaton에 관해서는 『한시의 비밀』[4]에서 설명한 바 있지만, 이해를 위해서 거칠게 다시 요약하면 다음과 같다. 태초에 인류는 가공되지 않은 거친 세상에 던져졌다. 이러한 세상은 말 그대로 혼돈(카오스) 상태이기 때문에 거기서 그대로 살 수는 없고, 어떻게든 살기에 적합한 형태로 얼개를 만들어야 한다. 우리가 낯선 산에 가서 야영을 해야 할 때 어떻게 자리를 잡아야 할지를 고민하는 광경을 상상하면 쉽게 이해가 갈 것이다. 그래서 그들은 자신들의 삶에 적합하도록 세상을 다시 표상表象해서 자신들의 세계를 구성해 냈다. 여기

서 표상이란 재현(representation)이란 말과 같은 뜻으로서 세계를 자신들의 상상대로, 또는 뜻대로 다시 현전하게 만든다는 말이다. 재현하는 방도는 말할 것도 없이 언어를 가지고서다. 「요한복음」의 첫 구절인 "태초에 말씀이 계시니라"는 바로 이를 가리킨다. 여기서 말씀이란 고대 그리스적 개념으로서 로고스 또는 이성을 뜻하는데 이는 신의 권위로 선포된 것이기 때문에 불변의 이치와 규범으로 정의할 수 있다. 야영을 할 때 큰 바위나 거목에 의지해서 텐트를 치면 집이 안전해지는 것과 마찬가지로, 불변의 규범(법)과 이치에 의존해서 살면 안전한 삶을 확보할 수 있다. 이 불변의 규범과 이치는 그물과 같은 체제로 구성돼 있으므로 이 안전망 안에 있으면 삶이지만 이를 빠져나가면 죽음을 만나는 것은 필연적이다. 이러한 필연성의 그물들이 바로 아우토마톤이다.

그러나 이런 안전망 안에서 필연성에 복종하며 안전하게 산다 하더라도 길 가는 행인의 머리 위로 예기치 않게 떨어지는 벽돌처럼 우연성을 완전히 배제하면서 살 수는 없다. 라캉은 이것을 투케로 보고 상징계를 침범하는 실재계로 정의하였다.

우연을 필연으로

이 세상에서 생존한다는 것은 주위에 널려 있는 온갖 위험을 극복하면서 먹이 경쟁에서 이겨야 가능하다. 그러려면 환경의 반복성을 잘 터득해야 이를 이용해서 위험을 피하고 먹이를 취할 수 있다. 이 반복성 역시 필연적 원리라는 차원에서 아우토마톤에 속한다. 모든 생명체는 여기에 잘 적응돼 있기 때문에 생존한 것이고 인간은 그 정점에 서 있는 생명체다. 까마귀도 나름 체득한 아우토마톤에 근거해서 새끼를 낳아 키우기는 하는데, 진씨댁 한량 놈까지는 원리 속으로 예측하지 못했으므로 새끼들을 진씨댁 계수나무에 앉힘으로써 투케에 노출시킨 것이다. 까마귀란 놈은 먹이를 취하고 새끼를 돌보는 일에 있어서 본능이라고 일컫는 아우토마톤에는 매우 충실했지만, 그 밖에서 일어나는 투케에 대해서는 어쩔 수 없는 한계가 있었다. 물론 그도 투케에 전혀 무지했던 것은 아니고, 나름 그 존재는 알고 있었기 때문에 경계심이라는 것을 갖고 있긴 하지만 말이다.

백성의 존재가 농노에 지나지 않았던 고대 봉건주의 통치 시대에는 정부가 백성들의 삶을 안전하게 지켜 주기 위해 개설한 제도가 현대에 비해 매우 빈약하기 때문에 당시의 삶을 영위하기 위한 아우토마톤은 극히 엉성했을 뿐 아니라 제한돼 있었고 그나마도 제대로 지켜지지 않아서 백성들의 삶은 위험, 즉 투케에 그대로 노출돼 있는 상태였다. 그러니까 백성들의 처지는 한량의 탄환 앞에 놓인 까마귀 새끼 신세에 지나지 않았다는 말이다. 그 탄환이라는 투케가 언제 날아올지 모르는 것처럼 위험은 언제라도 엉성한 제도와 방만한 운영의 틈새를 뚫고 날아 들어올 것이다. 그래서 백성들은 까마귀 새끼들을 보고 자신들의 처지와 같다는 사실을 깨달았던 것이다.

그런데 실은 백성들의 처지는 까마귀 새끼보다 더한 것이었다. 왜냐하면 새끼들을 지켜 주는 어미 까마귀는 적어도 그들을 착취하거나 해치지는 않기 때문이다. 그와는 달리 백성들의 경우는 삶을 지켜 준다는 명목으로 세워 놓은 군왕과 각종 제도는 오히려 삶을 해치기까지 하는 경우도 있으니 말이다. 세금·병역·부역賦役 같은 것이 그 예이다. 그래서 어떤 사람들은 이 아우토마톤의 그물을 피해 위험한 산속으로 들어가기까지 했다. 저 유명한 "가혹한 세금은 범보다 사납다(苛政猛於虎也)"라는『공자가어孔子家語』의 구절이 그 경우이다. 그래서 까마귀 새끼 신세만도 오히려 못하다고 말한 것이다. 까마귀 새끼에게는 어미 새도 어쩔 수 없는 한량 놈이 문제일 뿐, 어미 새 자신은 새끼들을 철저히 보호해 주기 때문이다.

백성을 위해 아우토마톤을 만든다는 위정자들은 기실 백성의 삶 따위에는 전혀 관심이 없다. "까마귀가 어디 사는지 관심도 없고, 좁은 오솔길이 꼬불꼬불 깊이 들어가서 어디로 통하는지 알게 뭐람?" 이 구절은 한량 놈이 까마귀 새끼들이 어디 사는지, 그리고 어떻게 사는지에 대해서는 아무 관심이 없음을 묘사한 말인데, 바로 위정자들의 현실과 정확히 일치한다. 한량 놈에게는 단지 사냥놀이와 안줏감의 대상에 지나지 않는 것처럼, 그들에게 백성은 닦달하고 갈구는 재미와 더불어 고혈을 착취하는 대상에 지나지 않는다는 말이다.

까마귀 새끼에서 흰 사슴과 고니로 이야기가 넘어가면서 담론의 반전이 이루어진다. 상림원은 천자가 즐기는 정원으로서 여기에는 흰 사슴 같은 희귀한 동물들이 방사돼 있다. 여기서 천자 외에 사냥을 한다는 것은 상상도 할 수 없는 일이므로, 흰 사슴에게 있어서는 안전이 완전히 보장된 아우토마톤의 영역이라 하겠다. 그럼에도 불구하고 밀렵꾼들은 상림원에서만 사는 흰 사슴을 일상으로 잡아다 먹는다는 것이다. 천자의 권력으로 아무리 보호를 해줘도 밀렵꾼이라는 투케는 피할 수 없는 것이 운명임을 상징한다.

화살이 미치지 못하는 높은 하늘을 나는 큰 고니나 낚싯바늘이 미치지 못하는 깊은 물에 사는 잉어도 잡혀서 삶아지거나 입이 꿰이는 놈은 언제나 존재하기 마련이다. 이런 것은 인간이 아무리 아우토마톤을 잘 짜서 투케의 침범에 대비한다 하더라도 막을 수 없는 부분인 것이다. 사람에게 이런 부분이 있는 것은 분명한 사실이다. 세상의 모든 것을 이치 안에 포섭할 수는 없고 언제나 돌발적인 사건은 있기 마련이기 때문이다. 그렇지만 사람들은 이것마저도 어떤 더 큰 원리(아우토마톤) 안에 포섭해 놓아야 그것을 받아들일 수 있다. 왜냐하면 운명이라는 말로 포장하지 않으면 우리는 날것의 현실, 즉 실재계를 받아들일 수 없기 때문이다. 아무리 맛있는 쇠고기 안심(tenderloin)이라도 어떻게든 익혀야 먹을 수 있지 생고기를 날로 먹을 수는 없지 않은가? 그 포장은 반드시 과학적으로 논증될 필요는 없고 설득력만 있으면 된다. 여기서 우리는 운명이라는 환상적인 말을 만들어 냈다. 운명은 증명할 수는 없지만 극히 개별적인, 달리 말하면 우연적인 상황을 가장 보편적인 원리로 설득한다는 의미에서 최상위에 있는 아우토마톤, 즉 종교에 속한다고 볼 수 있다. 종교는 모든 투케를 아우토마톤으로 포섭해서 이를 믿는 사람들에게 안정과 위안을 제공하는 기제가 아니던가?

그래서 고대 중국의 역대 정권들은 투케를 운명으로 포장하면 백성들이 갖가지 고난과 재난이라는 현실을 쉽게 체념하고 받아들이는 속성을 이용해서 자신들이 보장해 줘야 하는 의무를 대부분 직무 유기해 왔다고 해도 과언이 아니다. "사람들의 삶에는 각자의 정해진 수명이 있나니, 죽고 사는 일에 앞뒤를 다시 논할 필요가 뭐 있겠는가?"라는 구절은 종교적으로 포장하고는 있지만 정부의 책임을 회피하기 위한 이데올로기를 숨기고 있음을 직감할 수 있다. 아무리 정부가 잘 지켜 줘도 흰 사슴처럼 잡혀 죽는 놈이 있게 마련이니 이 운명은 정부도 어떻게 해볼 방법이 없는 한계라는 체념을 가르친다는 말이다.

기실 정부의 기능은 백성의 삶에서 투케를 가능한 한 최소화하는 것으로서 이것을 현대에서는 삶의 질을 높이는 정치라고 부른다. 오늘날에는 삶의 질을 최대로 보장해 주는 정당을 선택함으로써 투케의 침범에 대비하지만, 고대 봉건주의 체제에서는 이것이 봉건군주 개인의 의지에 달려 있기 때문에 백성들은 투케에 거의 무방비로 노출돼 있었다. 따라서 이에 대처하는 것은 거의 전적으로 개인에게 달려 있었다 해도 지나친 말이 아니었다. 스스로 알아서 자신과 자신의 가족을 지키는 이른바 각자도생各自圖生이 삶의 기본적 개념이었다는 말이다. 이 무방비 상태의 텅 빈 공간에서 불안해하는 사람들은 어디에라도 의지할 곳을 찾게 마련이고, 이때 이들에게 위안을 주며 다가오게 되는 것이 바로 종교이다. 왜냐하면 앞서 말한 바와 같이 종교의 본질이 투케를 아우토마톤으로 포섭해 주는 것이기 때문이다.

정치인은 성직자의 말을 해서는 안 된다

이 부분을 좀 더 이해하기 쉽도록 새옹지마塞翁之馬를 예로 들어 부연 설명하겠다. 이 성어는 잘 알려져 있다시피 현재의 재앙이 시간이 지나면 오히려 복이 된다는 이른바 전화위복轉禍爲福을 상징하는 전설이다. 말이 달아난 것은 울타리를 넘었다는 의미에서 투케이고 새옹에게는 재앙이다. 다른 사람들 같으면 재앙을 슬퍼하고 울타리를 고치는 등 가능한 한 투케가 발생하지 않도록 아우토마톤을 보완했을 것이다. 그런데 그는 울타리를 고치기보다는 이를 더 큰 아우토마톤으로 포섭해 들여서 이 재앙이 다른 복의 시작이 될 것이라고 믿었다. 정말로 몇 달 뒤에 달아난 말이 다른 말을 데리고 돌아오는 복이 되었다. 그러나 기쁨도 잠시, 새옹의 아들이 새로 얻은 말을 타다가 다리가 부러지는 재앙이 일어난다. 또 다른 투케인 셈이다. 주위 사람들이 새옹을 위로했지만 그는 이로 인해서 또 다른 복이 도래할 것을 믿고 있었고, 과연 얼마 후 전쟁이 일어나 마을의 젊은이들은 거의 다 전사했지만 그의 아들은 장애인인 관계로 살아남을 수 있었다.

이 고사는 이런 식으로 재앙과 복이 끊임없이 번갈아 일어나는 과정을 이야기하고 있다. 일반인들은 재앙을 아우토마톤을 벗어난 투케로, 복이 유지되는 과정을 아우토마톤으로 각각 여기는 반면에, 새옹은 투케인 재앙마저 아우토마톤의 일부, 즉 운명이라고 보았던 것이다. 이것은 말할 것도 없이 실재가 아니고 해석에 기초한 환상이자 믿음이다. 이것이 환상이라고 해서 무시할 수도 없는 것이 이렇게라도 해서 미래를 믿지 않으면 당장의 힘든 현실을 어떻게 버틸 수가 있겠는가? 더구나 아무리 진리이고 진실이라 하더라도 믿지 않는다면 그것이 무슨 의미가 있겠는가?

기실 어떠한 고급한 종교라도 이 원리에 의거하는 것은 사실이다. 「마태복음」에 "참새 두 마리가 한 앗사리온에 팔리지 않느냐 그러나 너희 아버지께서 허락하지 아니하시면 그 하나도 땅에 떨어지지 아니하리라"(10:29)라는 구절이 있는데, 하찮은 미물인 참새 한 마리가 떨어지는 투케도 신의 의지가 개입돼 있다는 믿음을 보여준다. 흔히 말하는 "옷깃만 스쳐도 인연이다"라는 불교적 관용어도 옷깃이 스치는 투케를 인연이라는 아우토마톤으로 믿고 있음을 알 수 있다.

따라서 정부가 백성에게 복지의 삶을 제공해 주지 못하면 종교가 그 빈자리를 차고 들어오게 돼 있다. 얼마 전에 여당 대표라는 정치인이 대학생들이 아르바이트에서 부당한 대우를 받는다는 질문에 대해 "인생에 좋은 경험이라 생각하고 열심히 해야 한다. 방법이 없다", "아르바이트를 구하러 가서 그런 사람(악덕 업주) 아닌지 구분하는 능력을 길러야 한다"고 대답하였다고 한다. 대학생들이 법규를 지키지 않는 악덕 업주를 만나는 것은 투케에 해당한다. 정치인이란 바로 이 투케를 단속할 방법을 찾아서 법규라는 아우토마톤이 지켜지도록 강제하는 사람이다. 그럼에도 불구하고 다른 방법이 없으니 좋은 경험으로 받아들여라, 이런 경험을 하다 보면 악덕 업주를 구분하는 능력도 길러질 것이라고 충고한다면, 이는 청년들로 하여금 전화위복의 운명으로 받아들이라는 말밖에 안 된다. 그렇다면 이는 목사나 승려 같은 종교 지도자의 담론이지 정치인이 대책으로 내놓을 말은 아닐 것이다. 앞서 말했듯이 투케에 대한 정부의 서비스가 기대에 미치지 못할 때 백성들은 정부를 떠나 종교 밑으로 모이기 마련이다. 그래서 정치권력과 종교 사이에는 언제나 갈등이 잠재해 있게 마련인데, 이 사실은 중국의 역사가 증명한다.

이를테면, 백성들에게 가장 불안한 투케 가운데 하나가 언제 병에 걸릴지 모른다는 공포감일 것이다. 정부는 이 공포를 해결하기 위해서 의료 제도라는 아우토마톤을 갖추려 노력했겠지만, 이게 당시의 의료 기술과 조직의 한계 때문에 불안감을 해소하기에는 충분치 못하였을 것이다. 게다가 영민하지 못한 군왕 밑에서의 상황은 더욱 열악하였을 것이리라. 이러한 조건 하에서 정부가 할 수 있는 마지막 대처는 "인명人命

은 재천在天이다(사람의 목숨은 하늘에 달려 있다)"라는 이데올로기적인 위로가 다라고 해도 크게 틀린 말은 아니었을 것이다. 반면에 당시에 민중을 상대로 종교 활동을 하던 도교 계열의 민간 신앙들은 "인명은 재천이다"라고 말하기 전에, 이른바 '쿵푸(工夫)'와 같은 무술 수련을 신도들에게 가르침으로써 건강을 도모했기 때문에 예방과 치료 서비스가 저절로 이루어졌다. 공적 서비스가 하지 못한 것을 사적 서비스가 해냈다면 백성들의 마음이 어디로 향해 있을지는 굳이 묻지 않고도 알 수 있을 것이다. 즉 투케에 대비하는 민간의 종교적 효험이 제도권의 실행 능력을 능가할 때 정권은 흔들리고 민중 봉기와 같은 변란을 맞게 되는 것이다. 중국의 역사적인 민란들이 대부분이 도교 계열의 무술 사단에서 비롯된 것은 바로 이런 배경 때문이다. 이러한 역사적 경험 때문에 오늘날 중국 정부가 이른바 '파룬궁(法輪功)'에 대하여 신경질적으로 반응하고 대처하는 것이다.

이처럼 정치와 종교 사이에는 권력 갈등이 상존하지만, 경우에 따라서는 정치가 종교를 등에 업고 자신의 권력을 강화하기도 한다. 도교와 불교가 모두 여기에 동원된 적이 있지만 이 방면에서의 주류는 무엇보다 유교를 으뜸으로 꼽을 수 있다. 따라서 중국의 경우 정치권력과의 갈등 관계는 유교가 아닌 도교나 불교가 떠맡아 왔던 것이다. 그러고 보면 무협영화의 소재로 자주 쓰이고 있는 소림사少林寺의 쿵푸도 중생들의 투케에 대비하는 건강 의료 서비스가 그 배경에 있었음을 충분히 짐작할 수 있다.

따라서 위의 시는 까마귀 새끼들의 처지를 보고 투케에 무방비한 백성 자신들의 신세를 깨달은 것이다. 진실을 깨달은 사람들의 속성은 침묵하지 않고 행동한다. 이를 모를 리 없는 정권(권력)은 이러한 실재에 어떻게든 코팅을 해야 할 것은 빤한 이치다. 그래서 생각해 낸 것이 허술한 제도가 커버하지 못하는 부분을 운명으로 받아들이게 하는 것이다. 운명은 사람들을 쉽게 체념시킬 것이고, 체념이 일상화되는 곳에서 혁명은 불가능해진다. 따라서 "사람들의 삶에는 각자의 정해진 수명이 있나니, 죽고 사는 일에 앞뒤를 다시 논할 필요가 뭐 있겠는가?"라는 내용은 문인의 손에 의해서 각색됐다는 사실을 짐작할 수 있다.

상림원에서 흰 사슴을 사냥해다 먹고, 높이 나는 고니가 화살에 맞아 떨어지고, 깊은 물의 잉어가 낚시에 꿰인다는 표현은 어쩌면 저들 권력자는 어떤 교활한 수를 써서라도 기어이 백성을 남김없이 착취하고야 만다는 악랄성을 고발한 내용이었을지도 모를 일이다.

03 「궁궁이 뜯으러 산에 올라갔다가(上山採蘼蕪)」

궁궁芎窮이 뜯으러 산에 올라갔다가
내려오는 길에 옛날 남편을 만났네.
무릎을 꿇고 앉아서 이것저것 물었지.
새 부인은 살아 보니 어떻던가요?
새 마누라가 좋다고들 말하지만
예쁘기가 옛 마누라만 못하다오.
얼굴 생김새는 대체로 비슷하지만
손재주는 당신만 못하다오.
새 마누라가 대문으로 들어올 때
옛 마누라는 곁문으로 나갔었지요.
새 마누라는 거친 합사비단을 잘 짜고
옛 마누라는 고운 흰 비단을 잘 짰지요.
합사비단은 하루에 한 필을 짰는데
흰 비단은 한 필 반 가까이나 짰지요.
합사비단을 가져다 흰 비단과 비교해 보니
새 마누라는 옛 마누라만 못합디다.
上山採蘼蕪, 下山逢故夫.

長跪問故夫, 新人復何如.
新人雖言好, 未若故人姝.
顔色類相似, 手爪不相如.
新人從門入, 故人從閤去.
新人工織縑, 故人工織素.
織縑日一匹, 織素五丈餘.
將縑來比素, 新人不如故.

이 시는 이혼을 당한 여인이 어느 날 약초를 채취하러 산에 올라갔다가 옛 남편을 우연히 만나서 그의 반복적인 유감遺憾의 말을 듣는 것을 내용으로 하고 있다. 무슨 이유로 해서 두 사람이 이혼했는지 모르지만, 주위의 강압에 못 이겨 남자가 내키지 않는 이혼을 했던 것으로 짐작된다. 설사 그렇다 하더라도 자신도 마누라가 어딘가 마음에 들지 않는 구석이 있었기에 이혼에 동의했을 것이다. 그리고 새 마누라는 옛 마누라보다 좋을 것이라는 기대감에 새로운 살림을 차렸을 것이다. 그런데 살아 보니 옛 마누라가 더 낫다는 것이다. 미모만 나을 뿐 아니라, 손재주도 좋고, 고급 흰 비단도 잘 짰다. 저급의 합사비단은 새 마누라가 그런대로 잘 짰는데, 그나마도 양으로 따지면 옛 마누라에 훨씬 못 미쳤다. 비단의 질은 비교할 것도 없고…… 등등.

왜 구관이 명관일까

이렇게 옛 마누라를 비교 우위적으로 칭찬한 것은, 물론 우연히 마주친 옛 마누라 보기가 민망해서 립 서비스로 저렇게 대답했는지도 모르지만, 우리의 일상에서도 이른바 "구관이 명관"이라는 속담을 자주 입에 오르내리는 것으로 보아 위의 상황은 반드시 립 서비스만은 아니리라고 짐작할 수 있다. 시의 묘사 구조도 신新과 구舊의 반복적 대비로 구성돼 있다는 사실도 이를 입증한다. 그렇다면 구관이 명관일 가능성은 왜 높을까?

우리는 사물을 직접 보고 거기서 얻은 정보와 자료로부터 스스로 그 본질이나 속성을 파악하는 것처럼 느끼지만 기실 그 정보와 자료라는 것은 이미지라는 매개체에 불과하다는 것을 알아야 한다. 그래서 베르그송Henri Bergson은 "이미지를 주체와 객체 사이에 놓여 있는 것, 다시 말해서 객체 또는 사물보다 덜 존재하는 듯하고, 주체 또는 의식보다 더 존재하는 듯한 중간적 성격"[5]으로 보았다. 이 이미지는 사물이라는 존재에 속하는 것임에 틀림없지만 근본적으로 사물을 완전히 파악할 수 있을 만큼 충분히 포획하거나 제공될 수 없다는 점에서 제한적일 수밖에 없다. 그래서 시야를 넓혀 존재의 이미지를 좀 더 광범위하게 획득하지 않고, 들뢰즈의 말처럼 이미지가 '정박(anchored)'돼 있다면 사물의 다른 면을 보기 힘들고, 따라서 그 세계가 진부하게 느껴질 것이다.

그러므로 사물을 다르게 보거나 신선하게 보려면 이미지를 개선시킬 더 많은 정보와 자료가 필요하고 이를 획득하기 위한 계기가 필요하다. 이를테면, 『맹자』「진심盡心 장구 상」에 보면 맹자가 "공자님이 동산[6]에 올라가셔서는 노나라를 작게 여기셨고, 태산에 올라가셔서는 천하를 작게 여기셨다(孔子登東山而小魯, 登太山而小天下)"라는 구절이 있다. 즉 높은 곳에 올라간다는 것은 같은 사물에 대한 더 많은 정보와 자료를 얻을 수 있는 계기가 되므로 사물을 객체에 더 가까운 이미지로 볼 수 있게 되는 것이다. 그래서 사물이 다르게 보이거나 신선하게 보이는 것이다. 이런 식으로 이미지의 충실도를 높여 가면 주체 쪽에 있었던 이미지는 자연히 객관성이 저하될 것이고, 아울러 객관성이 업데이트된 현재의 이미지 역시 혹 뒤에 어떤 계기가 가져올 이미지 보완을 가정한다면 불완전한 사물로 여전히 남아 있을 수밖에 없다. 그래서 맹자는 위의 말에 바로 이어서 "그러므로 바다에서 물을 본 사람은 물이란 어떤 것이라고 표현하기 어려워하고, 성인의 문하에서 배움을 구해 본 사람은 (도를) 말로 표현하기를 어려워한다(故觀於海者難爲水, 遊於聖人之門者難爲言)"고 보충했던 것이다. 바다야말로 세상의 물이 다 모인 곳이니 여기서 물을 구경한 사람은 물에 대한 정보와 지식이 아직 더 있을지도 모른다는 두려움 때문에 물에 대한 정의를 함부로 못하고 머뭇거리게 된다는 말이다. 『장자』「추수秋水」편의 "여름 벌레는 얼음에 대하여 말할 수 없다(夏蟲不可以語於冰)"는 말도 불완전한 이미지가 갖는 객관성의 한계를 지적한 것이다.

이처럼 정보량에 따라서 사물의 객관성은 달라진다. 구관은 오래 있었으므로 정보량이 많고 신관은 상대적으로 적다. 물론 처음의 적은 이미지는 주체적 부분이 많아서 신비롭게 포장되는 이점이 있긴 하다. 다시 말해서 신관은 주체에게 제공하는 이미지의 정보가 제한적이어서 불투명하기 때문에 오히려 주체에게 함축 의미를 증가시키는 신학적 효과를 발생시킬 수도 있다는 말이다. 그래서 처음엔 신관이 구관보다 유리한 것이다. 특히 남녀 관계에 있어서 신관의 위치에 있는 여성의 경우는 이 현상이 심하다. 잘 알려져 있다시피, 여성은 즉자적인 감성에 민감하고, 화장(cosmetic)이 일상화돼 있다. 그래서 남성의 무의식적 욕망을 잘 파악하고 그에 잘 부응하는 자태와 반응으로 자신을 연출하기 때문에 신관으로 나서는 장면에서는 남성에게 실제 이상의 매력으로 보이기 십상이다. 이러한 여성적 매력이 실제 이상으로 부풀려지기 때문에 신화적이라고 정의했던 것이다.

그러나 이러한 신화적 모습은 실제를 같이 살면서 이미지의 이면들이 드러남과 함께 점점 깨져 간다. 앞서 이미지의 정보량이 많아지면 사물 쪽에 가까워지고 그럼으로써 객관성이 증가된다고 했다. 객관성이 증가한다는 말은 실체에 가깝다는 말이고, 이는 곧 신화성이 사라짐을 의미한다. 시선이 실체에 집중된다면 정보량이 많은 사람이 유리하고, 시간적으로 오래 살아 본 옛 마누라가 훨씬 유리한 입장에 서게 된다.

그런데 실체에 대한 객관성이 더 높다고 해서 선호도가 높아지는 것은 아니다. 왜냐하면 여우와 신포도의 우화처럼 사람은 자신의 선택이 잘못됐다고 판단될 경우 어떻게든 구실을 찾아서라도 합리화를 추구하기 때문이다. 따라서 객관적 우위라는 조건만으로는 "구관이 명관" 원리를 완전하게 설명할 수 없다. 여기서 간과해서는 안 되는 사실이 구관은 가고 못 온다는 제약이 작용한다. 즉 다시 옛날로 돌아갈 수 없다는 현실은 아무리 작은 아름다움이라도 그립게 만들고 이 그리움은 다시 그 아름다움을 더 큰 아름다움으로 확대시키는 반복 작용을 통해서 신화가 된다는 말이다. 일상에서도 이런 현상을 쉽게 경험할 수 있는데, 이를테면, 낚시를 할 때 다 잡아 놓고도 아깝게 놓친 물고기는 시간이 지날수록 자꾸 커져 보이는 경우가 그것이다. 그러니 옛 마누라가 더 좋아 보이는 것은 당연한 일이다.

클로즈업의 효과

　게다가 위의 시는 옛 마누라와 새 마누라를 여러 가지 능력 면에서 1:1로 비교하는 이른바 대우법對偶法이라는 수사 기법을 쓰고 있다. 대우법이란 말 그대로 두 가지 대상을 대립적으로 짝을 지어 묘사하는 수사 방식이다. 두 가지를 대립시킨다면 서로 상대화되어 둘 다 톺아보이게 할 수도 있지만, 그런 경우보다는 둘 중 어느 하나를 희생함으로써 다른 하나를 드러내거나 강조하는 것이 일반적인 도식이다. 위에서도 새 마누라는 저급의 합사비단을 잘 짜는 데 비하여 옛 마누라는 고급의 흰 비단을 잘 짠다는 대비는 후자의 우월성을 자연스럽게 드러내 준다. 이러한 도식이 반복되면서 후자의 의미는 갈수록 확대되고 마침내 신화로 건너뛰게 된다.

　들뢰즈는 영화의 클로즈업의 기능을 설명하면서 벨라 발라즈Bela Balazs의 이론을 가져왔는데, 그에 의하면 "클로즈업이 주위의 배경을 비가시적으로 만들어 버림으로써 정감이 더 강하게 부각"[7]된다는 것이었다. 주위의 배경을 비가시적으로 만든다는 것은 "인물의 행위와 사건을 이해하는 지평을 없애 버리는 것"[8]이므로 관람자의 측면에서 보면 인물이나 사건을 이해할 수 있는 일종의 좌표를 잃은 셈이 된다. 이해의 단서가 되는 좌표를 잃었다면 대상이 갖는 의미는 '비규정성(indeterminacy)'[9]에 빠지게 된다. 우리는 대상 자체만을 갖고서는 대상의 속성을 파악하기 힘들다. 그래서 대상을 참조할 수 있는 주변의 사물을 일종의 지표나 좌표로 관련시키게 되는데, 클로즈업을 통해서 주변을 제거해 버리면 대상의 의미가 모호해지거나 혼란에 빠진다는 것이 바로 '비규정성'이다.

클로즈업의 기능을 글쓰기에서는 대우법이 수행한다. 즉 대상의 존재를 두 개의 대비되는 존재자만을 선택해서 묘사하면 나머지 지평들은 모두 자연스럽게 지워짐으로써 대상이 비규정적이 됨과 아울러 여기서 더 나아가 두 가지 대비 중에서 우월한 것을 대상의 속성이 되게 만든다. 따라서 이 시에서 옛 마누라와 새 마누라의 대비에서 나오는 정감은 전자를 우월한 존재자로 각인시키면서 그에 대한 그리움으로 확대된다. 이것이 "구관이 명관"이라는 신화의 본질이다.

구관이 명관이라면 옛 마누라의 미덕은 곧 여인의 보편적인 미덕으로 남게 된다. 이 시에서 자연스럽게 주입되는 여성의 가장 중요한 미덕은 무엇보다도 역시 높은 생산성이다. 품질 좋은 비단을 새 마누라보다 더 많이 짰다는 내용이 이를 상징한다. 둘째로 남성과 가부장적 체제에 대한 복종을 꼽을 수 있다. 비록 소박을 맞아 쫓겨나더라도 나갈 때는 자신이 나가야 할 길인 곁문으로 군말 없이 겸손하게 나가야 한다. 그리고 길에서 우연히 마주치더라도 옛 남편에 대한 예의를 갖춰야 한다. 이렇게 한다면 옛 남편에게서 동정과 위로의 말이라도 들을 수 있다는 보상과 함께 말이다.

또한 여기서 간과해서는 안 되는 사실이 미모가 여성의 미덕 중에서 배제되었다는 점이다. 물론 시에서는 "예쁘기가 옛 마누라만 못하다오"라고는 했지만, 이는 상대방 귀맛 좋으라고 한 이른바 텅 빈 제스처일 가능성이 크다. 왜냐하면 그 앞에 "새 마누라가 좋다고들 말하지만"이라는 전제가 있기 때문이다. 이 전제는 '남들이 그러더라'라는 타자의 눈으로 본 평가이기 때문에 새 마누라가 더 미인이었을 거라는 객관성을 부정하기 힘들다. 여성의 미모는 생산성의 미덕과 현실적으로 상충

되기는 하지만, 경국지색傾國之色이란 말이 입증하듯이 전통적으로 미모란 남성에게 길들일 수 없는 욕망을 불러일으킴으로써 체제를 불안하게 만드는 요소라고 여겼기 때문에 여기서는 구관에게 긍정적 평가로 간주된다.

이러한 미덕은 신분제의 기초 위에서 유지되는 봉건 체제를 공고히 하는 데에 매우 유리하였기 때문에 한대의 정권은 이 시를 적극적으로 보급했던 것이다. 그래서 이 시가 드러내는 여성의 미덕은 후대에 중국을 포함한 동아시아의 전통적인 여성상을 형성하는 데에 크게 기여했다. 이 여성상은 물론 여성의 타자성을 무시한 도식에 지나지 않는다. 처음부터 이 시가 이런 여성상을 염두에 두고 지어진 것은 당연히 아니다. 오랜만에 만난 옛 마누라와 그간의 말 못할 사정을 이해시키느라고 외교사령으로 말했을 수도 있다. 그들이 얼마를 함께 살았는지는 알 수 없지만 어찌 옛정이나 회포가 없을 수 있겠는가. 아니면, 이 시 자체가 옛 마누라와의 조우라는 불편한 사건을 노래로 읊음으로써 남자의 무능을 희화한 것일 수도 있다. 어떤 경우든 이 시의 편집자가 말하고 싶은 미덕이란 시를 읊을 때 일어나는 감응을 봉건적 윤리관에 입각해서 해석한 것에 지나지 않는다.

여기서 우리는 "의견(doxa)은, 감응으로부터 개념으로 직접 이행하면서 일반화된 주체를 창조하고 하나의 공통된 세계를 가정한다"[10]는 들뢰즈의 말을 끌어오지 않을 수 없다. 이 말을 풀어 말하자면 다음과 같다.

공자는 『시경詩經』을 한마디로 정의해서 '사무사思無邪', 즉 "삐딱함이 없다"고 했다. 감응이란 감정의 질적 강도(intensity)이지 무슨 의미의 색깔이 있는 게 아니라는 뜻이다. 그런데 정치권력은 자신들의 정당성을 지탱해 주는 의견(doxa) 또는 담론 안의 모순을 감추고 이를 정론으로 세우기 위해서 감응에 색깔(邪)을 입히는 작업을 하게 되는데, 이것이 바로 감응을 개념으로 바꾸는 일이고, 중국에서는 이를 훈고학訓詁學이라고 불렀다. 감응이란 주체가 느끼는 것이므로 그것은 근본적으로 특이성(singularity)이자 개성에 속한다. 여기서 개성을 배제하고 보편적인 사회성을 입히려면 감응을 개념으로 변환하여 언어로 해석해야 한다. 다시 말해서 시의 감응은 감각 가능한 것(a sensible)에 속하는데, 이것을 지적으로 이해 가능한 것(an intelligible)으로 변환한 것이니, 지적으로 이해 가능하다면 이것은 이미 어떤 '삐딱한(邪)' 정치적 의도 외에 모든 것이 제거된 의견 또는 담론이 되는 것이다. 물론 현실적으로는 이렇게 해야 일반화된 사회적 주체가 형성되고 아울러 질서라는 규범에 의존하는 공통된 세계의 구성이 가능하지만 말이다. 중국의 봉건 체제는 이렇게 원래는 '무사無邪'의 시였던 것을 정치적 의도가 개입된 '사邪'로 해석하는 훈고학에 기초한 것이다. 따라서 공자가 '사무사'를 통해 의도한 것은 중국의 시가 정치적 의도로 해석되는 것을 경계하고 시 본래의 기능인 감응을 강조하기 위함이었다. 감응이야말로 주체를 새롭게 만드는 가장 훌륭한 방도이기 때문이다.

제5장

쾌락 또는 혁명을 위하여

01 「서문을 나서며 부른 노래(西門行)」
: 쾌락을 다시 생각하다

서문을 나서서
걷다 보니 어떤 생각이 나를 짓누르네.
오늘 즐기는 일을 하지 않으면
어느 때를 기다려야 한단 말인가?
즐기는 일을 쫓아가서 하라고,
즐기는 일을 쫓아가서 하란 말이다!
즐길 수 있는 때를 잡아야지!
어떻게 불안하고 우울한 마음으로 시름겨워하면서
나중에 온다는 그날을 또 기다려야만 한단 말인가?
좋은 술 빚고, 살진 소고기 구워서
마음에 맞는 이들을 오라고 부른다면
이걸로 걱정과 시름 풀어 버릴 수 있으리라.
사람이 살아 봤자 백 년도 못 채우면서도
언제나 천 년의 근심을 품고 있다네.
낮이 짧아서 밤이 길어진 게 한스럽다면
촛불을 들고 놀면 되지 않느냐?
이리저리 놀러 다니기를 구름이 왔다가 걷히듯 하라.

낡은 수레와 야윈 말이라도 다 이러는 날 위해 장만한 것이지.
西門出, 步念之.
今日不作樂, 當待何時?
逮爲樂, 逮爲樂! 當及時.
何能愁怫鬱, 當復待來玆?
釀美酒, 炙肥牛,
請呼心所懽, 可用解憂愁.
人生不滿百, 常懷千歲憂.
晝短苦夜長, 何不秉燭遊?
遊行去去如雲除, 弊車羸馬爲自儲.

「서문행西門行」이란 서문을 나서면서 부른 노래라는 뜻이다. 중국의 옛날 성읍의 구조는 동서남북의 각 방향으로 큰 성문을 하나씩 내서 행인들을 통제했는데, 각 방향은 오행설에 근거하여 각기 형이상학적 의미를 지니고 있었다. 서쪽은 해가 지는 쪽이므로 가을을 상징한다. 그래서 오행의 물질 가운데서는 쇠가, 색깔 가운데서는 백색이 각각 여기에 해당한다. 그러니까 서문을 나서면 언제나 가을, 차가운 금속, 노년의 흰 머리, 그리고 죽음을 상징하고 공동묘지가 있는 북쪽이 가까이 있음 등의 우울한 생각들이 자연히 들게 마련이었다. 이런 생각들은 얼핏 들고 마는 게 아니라, 한번 들면 꼬리에 꼬리를 물면서 심각하게 짓누르는 단계까지 나아가면서 결국은 수연히게까지 만드는 것이 일반적이다. 원문에서 '생각할 념念'을 쓴 것이 바로 이를 뜻한다. '념' 자의 어원은 이와 같은 자음字音을 갖고 있는 '차지할 점占'에서 찾을 수 있는데, 이는 어떤 특정한 생각에 사로잡혀 있는 상태를 말한다.

저물어 감을 상징하는 문을 나서면서 하게 되는 생각이란 어떤 것일까? 아마 모르긴 해도 살날이 얼마나 남았을까 하는 의문이 대부분일 것이다. 그러면 그 남은 날에 좋은 날이 올까? 설사 그날이 온다 하더라도 그때까지 건강할까? 내 고생이 혹시나 엉뚱한 사람 좋은 일만 시키는 것은 아닐까? 그럼 내 인생은 뭐지? 사람들의 인생 경험은 대략 이런 생각에 다다르도록 만들게 마련인데, 이런 생각 옆에는 언제나 허무주의가 자리 잡으면서 쾌락을 부추기게 된다. 이것이 바로 "오늘 즐기는 일을 하지 않으면, 어느 때를 기다려야 한단 말인가?"라는 구절이다.

지난날을 뒤돌아보면 즐거움은 언제나 훗날로 연기만 되었지 실현된 적이 없었다. 그렇다면 여기서 다시 연기해도 이것이 실현될 가능성은 여전히 없을 테니, 지금 당장 즐겨야겠다는 의지가 강박적으로 생길 수밖에 없다. 그래서 "즐길 수 있는 때를 잡아야지!"라고 외친 것인데, 여기서 즐기는 것을 '위락爲樂'이라고 표현하였다. '위락'이란 그냥 즐기는 것이 아니라 뭔가 쾌락을 생성하는 일을 한다는 뜻이다. 즐거움이란 관념적이 아니라 감각적인 것이기 때문에 어떤 행위를 해야 순간적으로 생성되는 것이다. 그렇다면 빨리 뭔가를 해야 하고 어물어물하다간 시간이 지나가 버리므로 도망가는 도둑을 쫓아가 잡듯이 해야 한다. 그것이 바로 '쫓아가 잡을 체逮' 자가 의미하는 바다. 이것도 모자라서 시는 즐길 수 있는 때를 잡으라고 두 번씩이나 반복한다.

자, 이제 쾌락을 쫓아가려면 뭔가를 하면서 놀아야 하는데 무엇을 해야 한단 말인가? 여기서 제안한 첫 번째 즐김의 방법이 "좋은 술 빚고, 살진 소고기 구워서 / 마음에 맞는 이들을 오라고 부르는" 것이다. 앞서도 말했지만 즐기는 일은 감각적인 것이어서 몸의 감각기관에, 정확히는 성감대에 어떤 대상이든지를 접촉시켜서 거기서 기분 좋은 감각이 생성되게 해야 한다. 들뢰즈의 이른바 '욕망하는 기계'를 작동시켜야 한다는 말이다. 이 기계에서 가장 손쉬운 곳이 입인데, 여기에는 구순충동이라는 성감이 있다. 이것을 충족시키려면 맛있는 대상을 가져다가 접촉시켜 줘야 하는데 그것이 바로 술과 고기이다.

고기를 씹고 술을 넘기는 행위를 하는 동안의 접촉 감각은 분명 쾌락에 속한다. 술과 고기가 없다면 그냥 말로만 씹어도 구순충동은 충족된다. 이게 바로 수다의 즐거움이다. 이러한 쾌락은 앞서 말했듯이 대상과의 접촉에서 오는 감각이 본질이다. 그런데 사람의 인식은 언제나 차이에 근거하기 때문에 이분법적 사유를 피할 수 없다. 하나의 감각이 느껴지면 그 감각 자체에 멈추는 게 아니라 언제나 그와 대척되는 지점에 관념을 만들어 낸다. 이것을 대립규정이라고 하는데, 이를테면 차 한 잔 마시면서 상쾌한 기분을 느꼈다면 바로 행복이란 관념을 떠올려 짝을 맞추려 한다. 따라서 이 관념은 기실 아무것도 아닌 빈 결여인 셈이다.

목소리 큰 놈 앞에서 진실은 왜 주눅이 드는가

아무튼 술과 고기는 즐거움을 향유하게 해줌과 아울러 행복감을 안겨 주는 것은 사실이다. 그런데 이것은 근본적으로 속이 없는 결여이기 때문에 이 빈 것을 채우려는 강박에 다시 쫓기게 된다. 왜냐하면 원래 빈 것임에도 이것이 채워지지 않으면 허전함이라는 고통을 다시 겪어야 하기 때문이다. 즐기려고 술과 고기를 먹었는데 허전함으로 귀결된다면 그것은 결코 의도한 즐거움이 아니다. 그렇다면 즐거움을 위한 나의 선택이 잘못된 것인가? 아니, 그럴 리가 없다. 나의 선택이 옳았다는 사실을 나는 인정받아야겠다. 그래야만 내 인생관에 확신이 설 것이다. 그럼 누구에게 인정을 받아야 하는가? 당연히 이웃에게 받아야지. 여기서 타자가 등장하는데, 그 구절이 바로 "마음에 맞는 이들을 오라고 부르자"이다.

이해를 위해 나의 경험을 잠깐 이야기하겠다. 내가 전에 미국에서 연구할 때의 일이다. 한번은 어느 방문교수의 주선으로 한 중산층 미국인 가정에 한국인 방문교수 예닐곱 명이 초청을 받아 갔다. 사실 우리는 초청한 사람이 누군지도 모르고 따라갔는데, 가보니까 그 집 안주인이 한국계 여자였고 그 사람이 우리를 초청한 것이었다. 아무튼 우리는 초청받은 이유도 모른 채 온 가족들의 융숭한 대접을 받으며 즐거운 시간을 보냈다. 당연히 그들 부부는 우리에게 멋진 집의 안팎을 구경시켜 줬고, 귀여운 아이들이 받은 각종 상장들도 보여주면서 자랑하기도 했다. 그러고는 바깥주인이 미군으로 한국에 복무하던 중 두 사람이 만난 사연도 들려주었다. 이 대목에서 나는 우리가 왜 초청을 받게 됐는지를 비로소 알게 되었다.

그들이 결혼할 당시만 해도 국제결혼이 흔한 일이 아니어서 결혼 당사자는 늘 주위의 눈치를 보지 않을 수 없던 시기였다. 그런 상황에서 남편을 따라 미국으로 건너간 선택은 여간 힘든 게 아니었을 것이다. 다행히 남편은 계속 자기를 사랑하고 있으며 아이들도 공부 잘하고 건강하게 자라고 있어서 정말 행복하다는 것이 그녀의 자랑이었다. 과연 그녀의 선택은 옳았다. 선택이 옳았음이 신념이 되려면 타자의 인정을 받아야 한다. 그녀 집 주위의 이웃들의 인정은 여기서 의미가 없다. 그녀의 선택이 어려운 것이었고, 일종의 모험이었다는 사실을 잘 아는 한국인 이웃이어야 인정의 가치가 있다. 그날 나는 당연히 밥값을 제대로 하고 돌아왔다.

복잡한 도시를 떠나서 전원생활을 하는 사람들이 도시에 사는 지인들에게 자꾸 놀러 오라고 조르는 경우를 종종 볼 수 있다. 전원생활이 좋으면 조용히 혼자 즐기면 되련만 굳이 바쁜 사람들을 놀러 오라 하는 것도 같은 이치다. 전원생활이란 실제로 살아 보면 곁에서 보는 것처럼 그렇게 녹록하지가 않다. 무엇보다 가장 힘든 일은 내가 도시를 떠난 것이 과연 잘한 선택인가 하는 회의다. 이 회의는 내 선택이 아무리 옳아도 스스로 신념으로 굳힐 수 없다. 타자의 인정이 반드시 필요하다. 지인들이 와서 부러워하면서 나의 선택을 지지해 줘야 한다. 이때 립 서비스를 잘해 주면 주인이 정성껏 재배한 상추랑 가지랑 호박이랑 잔뜩 얻어 돌아갈 수 있다.

위 시에서 술과 고기를 먹을 때 아무나 부르지 않고 "마음에 맞는 이들(心所懽)"이라고 했다. 원문의 '기쁠 환懽' 자는 '마음 심心'과 '올빼미 관雚'으로 구성돼 있으므로, 자형이 말하는 어원은 "올빼미처럼 눈을 크게 뜨고 기뻐하며 소리치다"이다. 그러므로 그들은 나의 선택과 행위에 대하여 놀라움을 금치 못하면서 옳다고 큰소리로 성원해 주는 사람인 것이다. 그래야 나는 녹록지 않은 전원생활에 가치를 두고 계속 살아갈 수 있다.

논리상으로 진실에 도달했다고 해서 그것을 실천에 바로 옮기는 사람은 별로 많지 않다. 아무리 진실이고 정당하다 하더라도 확신이 없으면 실천은 거의 불가능하다는 사실을 우리는 역사 속에서 얼마든지 찾을 수 있다. 진실임을 깨달았음에도 타자들이 인정해 주지 않으면 확신이 서질 않아서 나서기가 힘들어진다. 아무리 진실이라도 목소리 큰 놈 앞에서는 주눅이 드는 것이 사람의 마음이다. 지구가 돈다는 사실을 여러 가지로 입증할 수 있었지만 목소리 크기로 진리를 결정하는 종교재판에서는 결국 스스로의 주장을 부인한 갈릴레오처럼 말이다. 갈릴레오는 그나마 재판정을 나오면서 "그래도 지구는 돈다"라고 자신의 신념만은 꺾지 않았지만 필부들은 직접 진실을 목격하고도 다중이 아니라고 큰소리로 부정하면 대부분 자신이 잘못 보았나 하고 거기에 회의를 품는다. 남대문을 직접 구경한 사람이 고향에 가서 남대문에는 문턱이 없더라고 말했는데 동네 사람들이 모두 "무슨 소리냐, 문턱 없는 문이 어디 있느냐?"고 거칠게 따지면 결국 자신이 잘못 본 것일 수도 있다는 결론에 도달할 수 있다는 말이다. 이것이 또한 대부분의 사람들이 공의가 무엇인지 알면서도 실제 사회에서는 공의가 강물처럼 흐르지 않는 주요 이유이기도 하다.

 능력 있는 인재가 출세하는 사회라면 이른바 명문대 출신들이 사회의 상층부를 싹쓸이로 점유해야 한다. 그러나 그들이 총명한 머리를 갖고 있음에도 백퍼센트를 점하지 못하는 것은 바로 그들 중에도 신념이 결여된 사람이 있기 때문이다. 그럼에도 불구하고 그들은 상층부를 대부분 차지하고 있는 것도 사실인데, 이는 그들의 이른바 인맥을 통해서 가능해진 것이다. 여기서 인맥이란 다름 아닌 자신들의 이해관계를 자기들끼리 인정해 주는 타자의 기능을 하는 장치다. 자기들끼리의 인정이 확신을 심어 주기 때문에 그들의 기득권은 당연한 듯이 변함없이 유지될 수 있는 것이다.

　마음에 맞는 이들을 불러서 인정을 받으면 빈 결여가 채워지는 것 같은 환상을 갖게 되는데, 이것이 "이걸로 걱정과 시름 풀어 버릴 수 있으리라"라는 구절이다. 그렇다면 걱정과 시름이란 쾌락 자체가 갖고 있는 결여에 대한 불안이라고 말할 수 있다. 걱정과 시름에서 벗어나 즐기려고 먹고 마시는 일을 선택했지만 이것이 맞는 일인지에 대한 불안이 또 다른 걱정거리를 만들어 낸 것이다. 이제 이웃이 와서 함께 즐겨 주니까 나의 선택이 나쁜 게 아니라는 게 확인됐기에 이중의 걱정이 모두 해결되었다는 말이다.

기우杞憂의 즐거움

　쾌락의 결여라고 하는 가장 근본적인 불안을 극복했으니까 이제 쾌락의 명분을 만들어서 신념을 강화하는 일만 남았다. 그래야 즐기는 일이 흔들리지 않고 지속되기 때문이다. 그 합리화의 단서가 "사람이 살아 봤자 백 년도 못 채우면서도 / 언제나 천 년의 근심을 품고 있다네"이다. 다시 말해서 유한한 인간이 무한한 것을 걱정하는 모순을 이야기한 것인데, 이는 매우 그럴 듯해 보이는 수사다. 이런 것을 수사학에서 '자격 박탈'이라고 말한다. 즉 무엇을 비판했을 때 상대방이 "그러는 너는?"이라고 반문하면 대부분의 사람들이 대꾸를 못한다. 상대방이 자신의 말할 자격을 원천적으로 박탈했기 때문이다. 시중에서 유행하는 "너나 잘하세요!"라는 말도 이에 해당한다. 보수적인 언론들이 개혁적인 인사들의 비판을 잠재우기 위해서 그의 개인적인 소소한 일탈을 문제 삼아 떠드는 것도 일종의 자격 박탈이다. 백 년도 못 사는 인간이 천 년의 근심을 품는 것은 장자의 이른바 "여름 벌레가 겨울을 이야기하는 것과 같은" 모순이므로 이에 대해서는 누구도 반론을 제기하기 힘들다. 따라서 골치 아픈 일들을 일거에 떨쳐 버리고 즐길 수 있는 명분이 일거에 세워진다.

그렇다면 문학적인 수사를 떠나서 백 년도 못 사는 인간이 천 년의 근심을 품는 것은 정말로 모순인가? 이런 모순에 쾌락을 느끼고 인생을 거는 사람들이 있는데, 그게 예술가들이고 학자들이다. 대표적인 예로, 수학과 천문학은 무한성을 잡아 보려고 노상 근심하는 학문이다. 예술과 종교도 유한한 존재 주제에 무한성 속에 들어가 보려고 안달한다. 철학은 무한성을 어떻게든 개념이라는 유한성의 그물로 낚아 보려는 노력과 다름없다. 지금 우리가 분석하고 있는 「서문을 나서며 부른 노래」도 천 년의 무한성을 포기하고 유한한 현재의 쾌락에 스스로를 제한하는 것처럼 보이지만 이 쾌락이라는 것 자체가 이미 아주 가까이에서 찾는 무한성의 가치를 역설적으로 말하고 있는 것이다.

이를 달리 말하면, 영원히 풀 수 없는 '천 년의 근심(千歲憂)'이 있기 때문에 '백 년도 채우지 못하는(不滿百)' 유한성의 존재가 천 년을 살 수 있는 것이다. 신경증자의 고통은 전혀 쓸데없는 걱정을 사서 하는 것이다. 이런 걱정을 기우杞憂라고 하는데, 옛날 기杞나라의 어떤 사람이 하늘이 무너지면 어쩌나 하면서 밤잠도 못 자고 걱정했다는 『열자列子』의 고사에서 나온 말이다. 기우가 쓸데없는 걱정이라는 것을 신경증자 스스로가 모르는 게 아니다. 의식은 분명히 알고 있지만 무의식은 이 걱정을 계속해야 스스로가 살아 있다는 것을 확인할 수 있기 때문에 끊을 수 없는 것이다. '불만백'이 '천세우'를 근심해야 영원히 살 수 있는 것과 같은 구조이다. 앞서 말했듯이 '생각(忄)'이 무언가에 '점령(占)' 당해서 거기에 골똘해야 유기체인 몸도 오히려 어디에 지배 받지 않고 생체적 원리에 따라 저절로 잘 돌아갈 수 있다. 실제로 우리 주위에서 종교든 취미든 어디엔가 단단히 미쳐 있는 사람들이 건강하게 살아가는 것을 흔히 볼 수 있다. 비록 주변 사람들에게 폐를 끼치고 손가락질은 당할 수 있지만 말이다.

이렇게 보면, 위 시의 "어떻게 불안하고 우울한 마음으로 시름겨워하면서 / 나중에 온다는 그날을 또 기다려야만 한단 말인가?"라는 한탄은 기실 근심하는 마음으로 내일을 기다리는 일이 곧 즐기는 일이라는 뜻이 된다. 모든 게 만족스러워서 굳이 내일을 기다릴 필요가 없는 사람들에게는 오로지 퇴폐주의만 남는다는 사실을 우리는 부잣집 자제들에게서 흔히 목격할 수 있다. 또한 젊을 때 고생해서 자수성가한 사람들이 현재의 풍요보다는 옛날 고생했던 때를 자주 그리워하곤 하는데, 이는 기실 기다릴 만한 내일이 있었던 시절을 그리워하는 것이다. 노인들에게서 가장 큰 근심은 다름 아닌 내일이 없다는 현실이다. 그들에게 내일이라는 환상은 없고 죽음이라는 실재계만 남아 있으므로 삶에 집착하는 것이다. 따라서 "나중에 온다는 그날을 또 기다려야만 한단 말인가?"라고 한탄했다지만 그날이 정말로 당장에 온다면 그에게는 오히려 피하고 싶은 큰일이 될 것이다.

그럼에도 사람들은 의식적인 즐거움을 찾아 나선다. 의식적인 즐거움을 얻으려면 어떤 대상이 반드시 필요하다. 이를테면, 야구라는 스포츠를 즐기려면 먼저 공과 글러브와 배트라는 최소한의 장비를 갖춰야 한다. 이들 장비를 활용해서 몸을 움직일 때 우리는 즐거움을 느낀다. 공이 손을 떠날 때, 빈 글러브에 공이 들어올 때, 배트의 중간에 공이 맞을 때에 우리 몸의 일부분에 짜릿한 즐거움이 안기는 것이다. 라캉은 이것을 부분충동이라 하였고, 야구는 장비라는 대상을 이용해서 부분충동을 충족시키는 운동이다. 이 부분충동이 충족되는 원리는 상실과 복원의 반복에 근거한다. 즉 던진 공이 빗나가는 순간은 상실이지만 제대로 목표에 들어가는 순간은 복원이다. 배트를 헛치는 순간은 상실이지만 중앙에 정통으로 맞히는 순간은 복원이다. 복원의 순간이 즐거운 것은 상실의 과정이 먼저 있었기 때문이다. 집을 나갔던 탕자가 재산을 탕진하고 집으로 돌아오자 아버지는 오히려 너무 기쁜 나머지 그에게 좋은 옷을 입히고 잔치를 벌였다는 예수의 비유(「누가복음」 제15장)를 상기하면 이를 쉽게 이해할 수 있다.

  희비가 전혀 없이 평정한 마음의 상태를 영(零)이라 한다면, 즐거움은 주체가 확장된 플러스(+)의 상태, 슬픔은 반대로 축소된 마이너스(-)의 상태라고 각각 말할 수 있을 것이다. 즐거움을 맛보려면 주체를 확장시켜야 하므로 사회적으로든 경제적으로든 외부에서 힘을 끌어다 보태서 플러스 상태로 만들어야 한다. 다른 사람들에게 칭찬을 듣기 위해 노력을 한다든가, 아니면 상품처럼 쾌락을 사는 것 등이 이에 해당한다. 그런데 이런 외부의 힘을 끌어들이지 않고도 즐거울 수 있는 길이 있는데, 그것이 바로 영의 상태에서 인위적으로 마이너스 상태로 상실을 만들었다가 이를 해제하여 다시 영의 상태로 복원하는 방법이다. 그러면 단순한 계산상으로 상실시켰다가 복원시켰으니까 영이 돼야 마땅한데도 희한하게도 플러스 상태로 튀어 오른다. 마치 뒤로 당겼던 활시위를 놓으면 시위가 앞쪽으로 더 튕겨져 나가듯이 말이다. 이 플러스 상태를 우리는 즐거움으로 느끼는데, 이는 원래 없던 것이 순간적으로 생겨난 것이므로 '잉여향락'이라고 부른다. 스포츠의 본질은 바로 이 잉여향락의 추구에서 찾을 수 있다. 앞에서 스포츠가 찾아서 즐기는 쾌락이라는 의미에서 의식적인 즐거움이라고 말은 했지만 기실 잉여향락은 무의식적 즐거움에 해당한다.

이런 즐거움은 앞서 말했듯이 잃고 다시 찾아야 할 대상이 있어야 한다. 이 대상을 갖고 실컷 즐기려면 시간이 모자라는 게 현실이다. 게임에 중독된 사람들이 끼니를 거르거나 심지어 아이를 돌보지 않는 등 사회적 문제를 일으키는 것은 이 때문이다. 이 모자라는 시간을 해결하려면 활동할 수 있는 낮 시간을 연장해야 하는데, 그러려면 불을 써야 한다. "낮이 짧아서 밤이 길어진 게 한스럽다면 / 촛불을 들고 놀면 되지 않느냐?"라는 구절이 뜻하는 바다. 불 써가며 밤새 노는 것은 예나 지금이나 놀기 좋아하는 사람들의 상징이다. '나이트클럽'이니 '불야성'이니 하는 말은 이를 가리키는 아이콘이 아니던가? 『춘야연도리원서春夜宴桃李園序』에서 이백李白이 "옛사람이 촛불을 들고 밤에 놀았던 것은 과연 그만한 까닭이 있었다(古人秉燭夜遊 良有以也)"라고 묘사한 것으로 보아 '불을 쓰고 노는 것'은 옛날에도 즐김의 상징이었던 것 같다.

잠, 진정한 쾌락의 대안

그러나 인생은 백 년도 못 채울 정도로 짧아서 즐기기에도 모자란 시간이므로 밤에도 불을 쓰고 놀아야 한다는 절박한 생각은 누군가의 긴

급한 명령에 쫓기는 강박 관념에 속한다고 앞서 말한 바 있다. 그렇다면 누가 그렇게 명령하는가? 명령에 따르더라도 나는 주저하는 갈등을 겪는 게 사실인데 누구와 갈등한단 말인가? 그건 분명히 남이 아닌 나 자신이다. 이처럼 내게 갈등을 일으키는 분열된 또 하나의 나, 이것을 초자아라고 한다. 앞서 말했듯이 주체의 이분법적 사유 방식은 언제나 하나의 관념이 생기면 그 대척점에 거울에 상이 비치는 것처럼 또 다른 관념이 저절로 생겨난다. 세상을 적극적으로 살도록 교육된 자아가 열심히 일하려고 앞으로 달려 나가려 하면 꼭 "열심히 일하면 뭐가 남는데? 그거 다 네 고혈을 착취하려는 수작에 놀아나는 거야. 돈 벌어서 죽을 때 가져갈 거야? 적당히 하거나 아니면 그냥 놀아!"라는 초자아의 유혹에 발목을 잡힌다. 이것은 인간의 사유가 이분법적 방식에 의해서 작동되기 때문에 발생하는 어쩔 수 없는 대립규정적인 명령이다.

  이 대립규정에 의한 명령 때문에 주체는 아무리 모든 것을 잊고 즐기려 해도 언제나 초자아에 의한 감시를 의식하게 되는 간극을 피할 수 없다. 이를테면, 술을 마시고 취하는 순간에도 "오늘 술값은 누가 내지?", "이 술자리 언제쯤 끝날까? 끝나고 나가면 택시가 있으려나?", "오늘 너무 오버해서 상사에게 찍히는 거 아냐?" 등등의 감시가 취하고 즐기는 것을 끊임없이 방해한다. 이런 대립규정적인 명령과의 끊임없는 갈등이 앞서 즐기는 일이 결여라고 말한 바의 본질이다. 그래서 주체는 이러한 초자아의 감시를 벗어나 간극 없는 즐거움에 도달하려 노력한다. 그러려면 나를 감시하는 초자아를 무시해야 하는데, 그것이 바로 "이리저리 놀러 다니기를 구름이 왔다가 걷히듯 하라"이다. 구름이 바람 따라 흘러왔다가 무심히 사라지는 것처럼 어느 무엇의 감시와 시선도 의식하지 않고 즐거움 자체에만 탐닉하자는 것이다.

누구나 바람처럼 훌쩍 어디로든 떠나고 싶었지만 현실 때문에 어쩔 수 없이 참거나 연기했던 기억이 있을 것이다. 여기서 현실이란 다름 아닌 감시와 명령이다. 내가 즐기려 해도 이를 피할 수 없으니 차라리 이곳을 떠나서 구름처럼 바람 따라 돌아다니자는 욕망이 생기게 마련이다. 뿐만 아니라 겉모습을 꾸미고 치장하는 것 역시 남의 눈을 의식하는 행위이니까 이런 것도 버리자. "낡은 수레와 야윈 말"이면 어떠리? 그냥 이 감시와 명령의 환경을 떠날 수만 있으면 되지. 오늘날 경제가 어려워도 여행 상품이 잘 팔리는 것의 근저에는 이런 무의식이 작동하고 있기 때문이다.

그러나 이런 즐거움은 다시 앞서의 인정을 위한 타자의 결여라는 한계에 부닥치게 돼 있다. 또한 감시자의 시선을 완전히 무시하거나 폐쇄해 버린 경우를 우리는 흔히 무아의 경지라고 하는데, 정말로 무아의 경지에서 즐기게 된다면 일탈을 막아 줄 초자아의 명령이 사라진 상태이기 때문에 변태적인 쾌락으로 빠지는 것을 피할 수 없다. 해외 휴양지에서 일부 관광객들의 변태적인 일탈 사건이 벌어지는 근본 이유이기도 하다.

그렇다면 진정으로 즐기려면 초자아가 기능하면서도 그 명령에 휘둘리지 않아야 하는 딜레마를 이겨야 한다는 결론이 나온다. 이 딜레마를 극복하는 방법이 있을까? 아마 있다 해도 이를 실천하는 것 자체가 즐거움이 아니라 고통일지도 모른다. 차라리 이런 딜레마가 없는 영역을 찾아보는 것이 어떨까?

앞에서 우리는 대립적으로 규정되는 관념에 대하여 알아봤다. 그런데 이 사유 방식은 대척점에 하나의 관념만 만드는 게 아니라 적극적인 것과 소극적인 것 두 개를 형성시킨다. 이를테면, '일하다'라는 개념은 대척점에 적극적 반대 개념인 '놀다'를 형성시키면서 동시에 '일하지 않다'라는 소극적 반대 개념을 생성시킨다. 마찬가지로 '놀다'의 대척점에는 적극적 반대 개념인 '일하다'와 더불어 소극적 반대 개념인 '놀지 않다'를 만들어 낸다. 이렇게 해서 우리의 사유는 하나의 개념(또는 관념)을 세우면 자동적으로 네 개의 개념이 만들어진다. 이 네 개의 개념을 꼭짓점으로 하면 사각형이 그려지므로 이것을 '그레마스Greimas의 사변형'이라고 부른다.

여기서 그레마스의 사변형을 왜 언급하느냐 하면 앞서 말한바 딜레마가 없는 새로운 영역을 찾아내기 위해서이다. 즉 일만 하는 인생이 허무해서 놀며 즐기고자 했지만 노는 것 역시 초자아와의 갈등 때문에 즐겁지가 않다. 앞의 예에서 보았듯이, '일하다'의 적극적 반대인 '놀다'가 해결 방안이 아니라면, 소극적 반대인 '일하지 않다'에서 대안을 찾아보자는 것이다. 일하지 않는 영역에서 대표적인 예를 꼽으라면 '잠자다'가 있을 것이다. 기실 잠자는 것만큼 즐거운 일이 세상에 또 있을까? 여기서 잠깐 시인의 눈을 통해서 잠의 즐거움을 음미해 보자.

봄잠에 날 밝은 줄 몰랐는데
곳곳에 새 지저귀는 소리 들리는구나.
간밤에 비바람 소리 들렸었거니
꽃잎이 꽤나 떨어졌겠네.
春眠不覺曉, 處處聞啼鳥.

夜來風雨聲, 花落知多少.

당나라 시인 맹호연孟浩然의 「봄날의 아침(春曉)」이란 시다. 봄에는 몸이 나른해서 잠도 잘 올 뿐 아니라 잠이 들면 잘 깨이지가 않아서 늦잠을 자기 일쑤다. 시인도 늦잠을 자다가 새들 지저귀는 소리에 깨어났던 모양이다. 누구나 이런 경험을 해봐서 알겠지만 봄날 아침에 새소리에 깨어났을 때의 그 달콤함과 신선함이 어떤 것인지는 충분히 짐작할 수 있으리라. 게다가 언뜻 기억나는 게 지난밤에 비바람이 몹시도 불었던 일이다. 밤중에 부는 비바람은 두려운 감정을 불러일으키기는 하지만 이내 든든한 집과 따뜻한 이불이 나를 지켜 준다는 생각에 오히려 더 아늑해지면서 더 깊은 잠에 빠지는 경험이 누구에게나 있을 것이다. 비바람에 꽃잎이 꽤나 많이 떨어졌을 거라 짐작은 가지만 굳이 일어나 나가서 그 광경을 구경하지 않는다. 왜냐하면 그냥 이불 속에서 꼼지락거리며 지난밤의 달콤한 잠의 여운을 즐기는 게 더 행복하기 때문이다. "꽃잎이 꽤나 떨어졌겠네"라는 구절에서 느껴지는 아쉬움은 바로 이제 봄날이 가져다주는 잠의 행복감이 시나브로 사라지려는 데서 오는 것으로 해석해도 무방하리라.

이처럼 잠이란 아무런 대상이 없어도 즐길 수 있고, 초자아의 감시와 명령 때문에 또한 소외되지도 않는다. 물론 자면서 꿈을 꾼다면 꿈속에서는 그의 간섭을 받을 수 있을지도 모르기는 하지만 말이다. 잠을 잔다는 게 일상적인 일이다 보니 그게 무슨 인생의 즐거움이냐고 반문할지도 모르지만 한번 불면증에 며칠 시달려 보라. 혹자는 잠은 의식이 없기 때문에 대상(또는 대상 a)에서 오는 과잉이 결여돼 있다고 우길지도 모르겠다. 앞서 인용한 시에서 새 지저귀는 소리에 잠에서 깨어나 느끼는 행복감도 궁극적으로 숙면의 즐거움이 가져다주는 과잉의 결과다.

『논어』「위정爲政」편에 "일흔에는 마음이 하고자 하는 대로 따라가도 규범을 벗어나지 않았다(七十而從心所欲, 不踰矩)"라는 공자의 말이 있다. 즉 직설적으로 풀이하면 하고 싶은 대로 하고 살아도 규범이 의식되지 않았다는 말인데, 이러한 경지는 과잉 없이도 즐겁게 살 수 있는 게 가능하다는 말이 된다. 행복이란 과잉이 본질인데 여기에는 언제나 규범이라는 초자아가 작동한다. 그런데 일흔 살의 경지에서는 기력이 없어서인지는 몰라도 과잉이 없이도 행복할 수 있으니 감시와 명령이 필요 없었던 것이다. 이렇게 사는 게 무슨 행복이냐고 물을지도 모르지만 해방의 기쁨은 어떤 형태로든 감시와 구속에서 시달리다가 벗어나 보지 못한 사람은 이해하지 못한다. 물리적인 감시는 그 눈만 피하면 되지만 초자아에 의한 자신의 감시는 언제나 끊임없이 따라다니기 때문에 그 스트레스는 무엇보다 강력하다. 이것을 흔히 죄의식이라고 부르는데, 이 때문에 병까지 걸리는 게 아니던가? 그렇다면 살아 있는 것 자체가 즐거운 일일 터이니, 「서문을 나서며 부른 노래」의 시인처럼 인생 지나가기 전에 빨리 즐기자고 재촉할 필요가 없다는 말이다.

02 「동문을 나서며 부른 노래(東門行)」
: 후회는 너무 늦게 온다

이제 동문을 나서면
돌아올 일은 생각지도 않겠다면서
집으로 와 문을 들어서는데
마음이 아픈 나머지 비장해지려 하네.
쌀독에는 쌀 한 됫박 남아 있지 않은 데다가
옷걸이를 둘러봐도 옷 한 벌 걸려 있지 않네.
칼을 뽑아 동문으로 가려니까
집안의 아이들과 어미가 옷자락을 잡아당기며 엉엉 울부짖네.
"다른 사람들은 부귀하기만을 바라지만
저는 당신과 더불어 죽이라도 함께 먹으면 돼요.
위로는 푸른 하늘이 정한 일이 있고
아래로는 어린 자식들 때문이잖아요.
지금 이러시는 건 아니어요."
어허! 가야 돼요! 내가 가는 게 늦겠어요!
흰 머리칼은 때가 되면 떨어지는 법,
(어차피) 이대로 오래 버틸 수는 없소.
出東門, 不顧歸, 來入門, 悵欲悲.

盎中無斗米儲, 還視架上無懸衣.
拔劍東門去, 舍中兒母牽衣啼.
他家但願富貴, 賤妾與君共餔糜.
上用倉浪天故, 下爲黃口小兒.
今非. 咄. 行. 吾去爲遲.
白髮時下難久居.

동문이란 성곽의 동쪽 문을 말한다. 청나라 왕명성王鳴盛의 고증에 의하면 한당漢唐 시기에는 수도를 서쪽의 장안長安에 두었으므로 자연히 지방의 여러 주州와 군郡들은 대부분이 동쪽에 있게 되었다. 따라서 장안에 와서 벼슬살이 하는 사람들은 동문 부근에 자리 잡게 되었고, 아울러 동문을 이용해서 성을 드나들었다고 한다. 말하자면 동문은 주로 관리들이 사는 부유한 동네의 대명사쯤 되는 것으로 보인다.

따라서 동문을 나서면 돌아올 생각을 아예 하지 않겠다는 말은 죽을 각오를 하고 부잣집을 털든가, 아니면 반란 무리에 가담해서 부자들을 약탈하겠다는 등, 매우 위중한 범법 행위를 저지르겠다는 강력한 의지로 읽힌다. '강력한 의지'라고는 말했지만, 뒤에 "쌀독에는 쌀 한 됫박 남아 있지 않은 데다가 / 옷걸이를 둘러봐도 옷 한 벌 걸려 있지 않네"라는 구절을 볼 때 이는 지독한 가난으로 인한 심한 갈등 가운데서 떠밀려 선택한 벼랑으로의 투신이라고 보는 게 옳을 것이다.

'필사즉생必死則生'의 원리

 기실 사람이 가난이라는 고통을 어느 정도까지는, 아니 상당 정도까지도 잘 참는다. "사흘 굶어 남의 집 담장 안 넘을 사람이 없다"는 속담이 있긴 하지만 그렇다고 굶은 사람들이 다 담장을 넘는 것도 아니다. '안빈낙도安貧樂道', 즉 '가난함을 편히 여기는 가운데 도를 즐기는' 사람도 있고, 슈베르트처럼 가난한 가운데서도 아름다운 작품을 생산해 내는 사람도 있다. 사실 영적인 감성은 가난의 고통을 겪고 이겨내는 데서 나온다고 해도 과언이 아니다. 「마태복음」에 보면, "낙타가 바늘귀로 들어가는 것이 부자가 하느님의 나라로 들어가는 것보다 쉬우니라"(19:24)라는 구절이 있는데, 이는 곧 부유하고 풍족한 상태에서는 영감을 경험하는 일이 쉽지 않다는 사실을 말한 것이다. 배고픈 맹수라야 사냥을 하듯, 사람도 배가 고파야 모든 인식 기관이 최대한 긴장하면서 평소에는 안 보이던 것들이 보이게 되는 이치이다.

 이는 부자를 차별해서 하는 말이 아니라 사실이 그러하다. 영감이라는 관념이 어딘가에 따로 존재하는 게 아니라 몸이 감각하는 물리적 자극과 이에 반응하는 몸의 대응 방식의 반복에 의해서 형성되는 일종의 환영적인 부산물이지 않은가? 흔히 기도가 사람을 영적으로 변화시킨다고 한다. 맞는 말이다. 이 역시 육체가 느끼는 고통에 근거하고 있기 때문이다. 각 종교에서 실시하는 각종 기도의 형식 중에 하나도 쉬운 게 없다는 사실이 이를 입증한다. 이 육체적 고통을 이기는 가운데 관념적인 과잉의 힘, 즉 영적 힘이 길러지는 것이다. 주체가 이 고통을 떠나거나 제거할 때 당연히 영적 감성도 서서히 사라진다. 물론 역사적으로 볼 때 부자가 명작을 생산한 적이 없는 것은 아니지만, 아마 그에게는 정신적 고통이나 갈등 같은 우리가 모르는 자신만의 모순을 안고 있었기 때문일 것이다.

아무튼 단순하게 가난하다고 해서 사람들이 벼랑으로 내몰리는 것은 아니다. 앞서 보았듯이 사람들은 가난을 참는 법, 나아가 가난을 즐기는 법까지 알고 있다. 그러나 가난이 구조화되어 모든 사람이 가난한 게 아니라 다른 어딘가에 전혀 그렇지 않은 사람들도 존재한다는 것을 알고 난 다음에는 이른바 불평등이라는 소외감이 등장한다. 불평등의 소외가 발생하면 가난은 그 속성이 바뀐다. 더구나 이 지긋지긋한 곳을 벗어나 저곳으로 건너가는 것이 불가능하다는 결론에라도 이르면, 남의 집 담장을 넘거나 위의 시에서처럼 흉기를 들고 동문을 나서게 된다.

단순한 가난은 일반적으로 그 탓을 가난한 자기 자신에서 찾는 경향이 있고, 조금 더 나아간다면 이로부터 벗어나려는 의지와 희망을 갖기도 한다. 『논어』「이인里仁」편에서 공자는 다음과 같이 말한다.

부유해지는 것과 신분이 높아지는 것은 사람들이 하고자 하는 바이지만, 정당한 도리로써 그렇게 되는 것이 아니라면 거기에 머물지 않겠다. 가난해지고 신분이 낮아지는 것은 사람들이 싫어하는 바이지만, (빈천하게 될 수밖에 없는) 당연한 이유로 인해서 그렇게 된 것이 아니라면 그것을 피하지 않겠다. 군자가 인을 떠나서 어떻게 명분을 세울 수 있겠는가?
富與貴, 是人之所欲也, 不以其道得之, 不處也. 貧與賤, 是人之所惡也, 不以其道得之, 不去也. 君子去仁, 惡乎成名.

이 구절은 참으로 해석하기 어려운 구절 중의 하나다. '정당한 도리(其道)'로써 부귀를 누리게 된 것이 아니라면 거기에 머물지 않겠다는 말은 쉽게 이해가 되는데, 정당한 도리로써 가난하게 된 게 아니라면 이를 피하지 않겠다는 말은 납득이 잘 되지 않는다. 이 말을 뒤집으면 정당한 도리로써 가난하게 되었다면 이를 벗어나겠다는 말인데, 가난하게 되는 데에도 도리가 있다는 말인가?

여기서 도리란 사람이 지켜야 할 윤리도덕적인 원칙으로서 당시의 기준으로 말하자면 예와 그 실천을 가리킨다. 우리가 관념적으로 일컫는 유가의 인仁을 분석적으로 말하자면 예의 실천에서 생성되는 존재자가 그 본질이다.[1] 예를 실천함으로써 여기에 참여한 사람들이 함께 인을 느낄 때 모순과 갈등은 물론 물질세계까지도 초월할 수 있는 힘이 발생한다. 이것을 전통적으로 명名 또는 명분이라고 부른다.

그러니까 부귀하게 되더라도 예를 통해서 이루어져야 떳떳하게 누릴 수가 있고, 설사 빈천하게 됐더라도 예를 정당하게 지켰다면 비천한 게 부끄러울 것도 고통스러울 것도 없는 것이다. 자신의 인을 지켜 주는 예가 더 중요한 가치를 부여해 주고 있으므로 빈천하다고 해서 굳이 이를 피할 필요가 없다는 말이다. 만일에 내가 예를 실천하지 않음으로써 인이 없어진다면 나에겐 사람들이 따라올 어떠한 명분도 내세울 게 없으므로 설사 부귀하다 하더라도 존경의 대상도 안 되고 자랑거리도 안 된다.

이처럼 옛날에는 그나마 명분이란 게 있어서 가난해도 의연하게 살 수 있었다. 그런데 시대를 막론하고 불평등이 심화되어 구조화되기에 이르면 이른바 빈익빈부익부 현상이 생기면서 가난한 사람들에게는 희망이 사라질 뿐 아니라, 보통 사람들에게도 가치의 근거가 돼 왔던 명분이 힘을 잃는다. 이때가 곧 "마음이 아픈 나머지 비장해지려 하네"의 원문인 '창욕비愴欲悲'의 '슬퍼할 창愴' 자가 가리키는 상태이다. '창' 자의 우측 방인 '창倉'은 '벨 창創' 자에서 따온 것으로서 '칼날 인刃' 자와 같다. 따라서 '창愴' 자의 본의는 "칼날에 베인 것처럼 마음이 아프다", 즉 '슬프다'가 된다. 사람의 마음은 절망스런 슬픔이 극에 달하면 그로부터 어떤 욕동의 움직임을 느끼게 되는데, 이것은 시의 '하고자 할 욕欲' 자가 상징적으로 나타내고 있다.

그렇다면 그 욕동이란 무엇을 하고자 한단 말인가? 이것을 시에서는 '슬플 비悲' 자로 쓰고 있다. '비悲' 자는 '마음 심心'과 '아닐 비非'로 구성돼 있다. '비非' 자의 자형은 본래 새의 두 날개를 그린 모양인데, 이 둘은 서로 대척을 이루고 있으므로 '어긋나다(違)'라는 의미가 파생되어 '아니다'라는 부정사로 쓰이고 있다. 잘 알려져 있다시피 새의 날개가 서로 반대쪽으로 어긋난 모양을 이루게 된 것은 반대편 날개에 딴죽을 걸기 위한 것이 아니라 좌우의 균형을 맞춰서 앞으로 순조롭게 나아가기 위한 것이다. 그러니까 '비非'로써 부정하는 것은 궁극적으로 힘이나 무게가 한쪽으로 쏠리지 않도록 반대편에 힘을 실으려는 평형 유지 행위라고 보아도 무방하다. 비판批判의 속성도 따지고 보면 균형을 유지하기 위한 행위이므로 '비非'의 행위라고 말할 수 있다.

세상의 권력이란 근본적으로 가진 자들의 소유다. 그러므로 그들은 자신들이 유리한 대로 권력을 전횡하려 한다. 이때 권력의 쏠림을 제한하고 균형을 유지해야 하는데 이것이 곧 정치다. 따라서 정치의 속성은 비판이어야 하고 '비非'의 범주에 속해야 한다. 세속에서 보더라도 비주류는 언제나 주류에게 양보와 희생을 강요당하는 위치에 있는 게 현실이다. 비주류란 주류가 아닌 다른 모든 것의 총화이므로 주류의 힘에 맞서서 균형을 유지하려면 무엇보다 먼저 비주류에 속한 모든 구성들이 연대해야 한다. 그리고 힘을 키워야 하는데 이는 당연히 지식에서 나와야 한다. 아는 게 힘이고, 알아야 비판할 수 있기 때문이다. 그래서 지식인들이 비주류에 속한 사회가 건강한 것이다. 신자유주의가 범람하는 오늘날 노예적인 삶에 지친 민중들이 아우성을 쳐도 양극화 현상이 전혀 개선되지 않는 것은 지식인들이 그들의 편에 서서 힘을 실어 주지 않고 있는 것이 가장 큰 이유이다.

이제 "쌀독에 쌀 한 됫박 남아 있지 않고, 옷걸이에 옷 한 벌 걸려 있지 않은" 상태가 되면 앉아서 굶어 죽든가, 아니면 흉기를 들고 남의 집 담장을 넘든가를 갈등할 수밖에 없다. 이것은 분명 극도로 '슬픈(悲)' 상태로서 글자 그대로 비非의 범주에 속한다. 이 범주에서 남아 있는 선택은 앞서의 굶어 죽느냐와 남의 집 담장을 넘느냐의 여지밖에 없다. 아니면 앞서 설명한 대로 비주류에 속하는 모든 구성들이 연대하듯이, 죽음과 남의 담장 넘기가 한데 어우러져서 죽기를 각오하고 담장을 넘는 방법이 있을 수 있다. 이 방법은 죽음의 문턱에서 기댈 수 있는 마지막 희망이기도 하다. 『오자吳子』「치병治兵」편의 저 유명한 "필사즉생, 행생즉사 必死則生, 幸生則死", 즉 "기필코 죽겠다고 각오하면 살 것이지만, 요행히 살아남기를 바란다면 죽을 것이다"라는 경구도 여기에 근거한다. 이것을 마지막 희망이라고 말은 하지만 기실은 앞서 말한바 '비悲'로의 욕동(欲)에서 생겨난 욕망이다. 죽음을 각오한 '필사즉생'의 욕망이라면 사死와 생生, 즉 죽음과 삶이 겹쳐져 있는 비장悲壯함이 될 수밖에 없는 것이다.

여기서 우리는 프로이트가 말한바 '타나토스thanatos', 곧 죽음에의 욕동을 상기하게 된다. 삶은 번식의 욕동인 에로스와 타나토스라는 두 개의 상호 어긋난 힘으로 유지한다. 버마재비처럼 죽는 길인 줄 알면서 암컷에게 달려드는 게 번식에의 욕동이고, 실연의 고통을 못 이겨 "다시는 사랑하지 않으리(I'll never fall in love again)"를 노래하면서도 막상 다른 여인이 나타나면 그 맹세를 잊어버리는 게 에로스다. 따라서 타나토스와 에로스는 '비非'처럼 겹쳐져서 비장한 각오로 삶을 살게 만든다. '창愴'이 '비悲'를 '욕동(欲)'하게 하는 힘, 이것이 역사를 이끌고 바꿔 온 원동력이다.

부자들의 호사스러움에서 작동되는 이데올로기적 기능

이제 비장한 마음으로 칼을 들고 동문을 나서려 하지만 그 의지는 여기서 바로 실현되는 게 아니다. 내적 갈등 후에 내린 최종 결심은 실현에 앞서 다시 한 차례의 외적 갈등을 겪는다. 그건 다름 아닌 가족과의 모순인데, 여기서는 마누라가 어린 자식들을 들먹여가며 울며불며 발목을 잡는 상황이다.

여성은 상징계 밖의 실재계, 다른 식으로 말한다면 원칙이 수렴하지 못하는 영역을 감지하는 일에 익숙하기 때문에 대개의 경우 아내들은 현실적인 안목을 갖고 생활한다. 여기서도 마누라는 갈등의 원인을 먹을 것의 해결이라는 현실적 문제로부터 풀려 한다.

"다른 사람들은 부귀하기만을 바라지만 / 저는 당신과 더불어 죽이라도 함께 먹으면 돼요"라는 마누라의 말로 미루어 보건대, 당시에도 빈부의 양극화로 인해서 서민 백성은 먹고살기도 힘들었지만 고관들과 부자들은 엄청 사치했던 것으로 보인다. 그들의 호사스런 생활은 당연히 사람들의 부러움을 샀을 것이므로 사람들은 그들처럼 살기 위하여 수단과 방법을 가리지 않고 돈을 벌거나 고위 관직에 오르려고 발버둥을 쳤던 모양이다. "다른 사람들은 부귀하기만을 바라지만"이란 구절이 당시 대중들의 가치관을 그대로 말해 준다.

부자들의 호사, 즉 호화로움과 사치는 사회적인 측면에서 보자면 두 가지 중요한 기능이 있다. 첫째가 구별 짓기이고 둘째가 노동에의 자발적 참여와 독려다. 구별 짓기란 글자 그대로 호화롭고 사치스럽게 의식주에 관련된 사물들은 물론 주변 사물들까지 건설하고 치장함으로써 신비스러운 아갈마agalma를 형성하는 것이다. 그러면 그것을 소유하지 못한 사람들과 구별이 됨은 물론 특별한 권력이 그들에게 부여된다. 고대 봉건제도의 한쪽 기둥이었던 신분제도는 이러한 아갈마에 의해 천부적이고 숙명적인 것으로 받아들여져 왔다. 민주주의가 보편화된 오늘날에도 명품에 목을 매는 사람들이 많은 것은 이 구별 짓기의 기능에 힘입어 귀족이 되고자 하는 욕망에 사로잡힌 결과라고 볼 수 있다. 실제로 상품 광고의 대부분이 귀족 콘셉트로 소비자를 유혹하지 않는가?

두 번째 기능은 기실 잘 드러나지 않으면서도 중요한 작용을 수행한다. 즉 부자들의 호사스러운 모습은 일반인들에게 욕망을 일으키는 대상으로 기능한다는 것이다. 그래서 이들이 욕망의 대상이 되면 이로부터 신화적 과잉이 발생하고 이 과잉적 힘이 나도 저들처럼 잘살아 보겠다는 강력한 의욕으로 전이돼서 일단 자신의 일에 적극적으로 참여하는 효과를 발휘한다. 물론 자신이 하는 일이 아무리 열심히 해도 부자가 되는 길에서 멀다고 여기면 일확천금을 노리는 길로 전환하는 부작용이 있기는 하지만 말이다. 오늘날 돈 많은 기업인은 말할 것도 없고, 잘난 얼굴과 몸매, 또는 연기 하나로 수십억 원을 버는 스타 연예인이나 운동 기량 하나로 떼돈을 버는 스포츠 스타들이 호화스런 생활을 하면서 돈을 펑펑 써대는 행위를 신문방송에서 영웅처럼 소개하고 알리는 것은 바로 이런 기능을 극대화하기 위한 것이다.

요즈음 한류 중에서도 텔레비전 드라마가 인기인 모양이다. 인기 드라마는 대개가 재벌급 부자들의 아들(주로 본부장으로 나옴)과 평사원 여인 간의 사랑과 같은 신데렐라 모형이나, 출생의 비밀로 인해서 신분이 뒤바뀐 거지 왕자 모델 등이 이야기의 주류를 이룬다. 이야기의 전개나 결말은 이미 정형화돼 있기 때문에 굳이 끝까지 보지 않아도 누구나 아는 게 사실이다. 그런데 사람들은 왜 굳이 중요한 약속도 다 미루고 이런 드라마를 끝까지 보려 하는 것일까? 결론부터 말하면 가장 중요한 이유는 볼거리 때문이다. 현실보다 더 현실답게 재현하는 HD TV가 보여주는 미남미녀 출연자들의 화려한 외모와 명품 패션, 그리고 배경으로 등장하는 호화 주택과 이에 따라 나오는 인테리어와 가구, 고급 승용차 등은 그냥 구경하는 것만으로도 즐겁다. 이런 걸 보다 보면 자연스럽게 부자들의 문화 트렌드도 읽을 수 있어서 어디 가서 '쌩뚱맞은' 말이나 짓을 하지 않게 되는 이점도 있다.

이들 드라마의 공통된 특징은 부자들은 모두 선하다는 사실이다. 따라서 이런 유의 드라마를 시청하다 보면 다음과 같은 관념이 형성된다. 즉 호사스런 배경 속에서 갈등하는 저들은 선을 지키기 위해서 고뇌한다. 나도 저들처럼 선하고 싶다. 선하기 위해서는 저들과 같은 물질적 배경이 필요하다. 그러려면 나는 열심히 일해야 한다. 그러니까 이들 드라마의 이데올로기적 목적은 앞서 말했듯이 욕망을 일으킴으로써 각자의 일에 적극적으로 참여하도록 유도하는 것이다. 뿐만 아니라 부자들의 소비 이미지가 무의식적으로 시청자들을 자극해서 유사한 소비 형태를 재현해 내는데, 이로부터 유행이 만들어지고 소비를 진작시키는 효과를 발생시킨다. 그러니까 앞서의 유명 연예인이나 스포츠 스타들은 유효수요를 창출시켜 자본주의 체제를 유지, 보호하는 소비 영웅인 셈이다.

여기까지는 드라마가 순기능적으로 작용한 부분이다. 모든 일이 그렇듯 여기에도 부수적인 작용들이 발생하는데, 그중 하나가 소비에 대한 기대감이 높아짐으로써 물가가 인상되고, 이에 따라 임금 인상 요구도 증가한다. 여기서부터 사회적 갈등이 생긴다. 삶의 질은 드라마에서 보여준 것만큼은 아니라 하더라도 가끔은 가족과 함께 그럴싸한 레스토랑에서 식사를 나누고, 음악, 미술, 연극 감상 등 문화생활은 할 수 있을 정도는 보장돼야 하지 않겠는가? 이것이 서민들의 소박한 요구다. 그러면 부자 축에 끼는 사람들은 이렇게 반박한다. 옛날 60~70년대에 비하면 이제 잘 먹고 잘살지 않는가? 전국 어디를 가봐도 고층 건물이 즐비하고, 시골 구석구석까지 최신 문화시설 안 되어 있는 곳이 없다. 이 정도면 이미 선진국이 아니냐? 아무리 선진국이라 하더라도 전 국민이 드라마처럼 살 수는 없는 거 아니냐? 너희들도 돈 벌어 잘살면 되지 왜 그렇게 부자들이 뭘 좀 하면 비난을 못해 안달이냐? 복지를 너무 잘해 주니까 공짜를 너무 좋아한다. 이주노동자들을 봐라. 저임금에도 열심히 일해서 가족들에게 송금도 하며 살지 않느냐? 우리도 옛날엔 저렇게 열심히 살아서 오늘날 이나마도 살게 된 것이다.

결국 드라마가 원죄인 셈이다. 부자들의 반박대로 사람들이 생각하게 하려면 가장 손쉬운 방법은 한국에서 드라마를 없애면 된다. 대신 내핍 생활과 근검절약 정신을 불어넣던 60~70년대 재건 드라마를 적극 보급하고 유행시키면 간단히 해결될 것이라 본다. 내핍을 생활화하면 소비가 줄어 기업이 어려워지긴 하겠지만 말이다.

"개같이 벌어서 정승같이 쓰라"는 속담이 있다. 뒤집어 말하면 정승처럼 돈을 쓰려면 돈을 벌 때 당하는 모욕과 고통을 개처럼 감내하란 뜻이다. 지금의 '개 같은' 처지를 그냥 참으라면 참기 힘들겠지만 언젠가 이루어질 '정승처럼'의 경지를 위해서라면 아무리 힘들고 더러워도 참을 수 있다. 이것이 바로 신화적인 힘으로서 처음에는 긍정적으로 작용하지만, 그 '언젠가'의 신화는 실현되지 않고 인내심만 길러지다 보면 정말로 '개처럼' 된다. 이렇게 되면 부당한 대우에 대하여 저항은커녕 분노도 잘 일어나지 않는 진짜 노예로 전락하는 것이다. 2011년에 일어난 "월가를 점령하라(Occupy Wall Street, OWS)"는 미국으로서는 전대미문의 시위가 일어났음에도 전 세계는커녕 미국 내에서조차 별반 호응이 없이 싱겁게 끝난 것은 우리 시대가 이미 이런 단계에 접어들었음을 증명해 준다. 오늘날 직장 내에서의 부당한 노동과 대우, 그리고 해고 등이 자행되고 있음에도 기업들이 별 탈 없이 유지되는 것은 근본적으로 이 때문이다.

이런 이유 때문에 시에서 남자가 비장하게 칼을 들고 나서는 까닭이 단순한 가난은 아닐지도 모른다는 의혹을 일으키는 것이다. 게다가 마누라가 "당신과 더불어 죽이라도 함께 먹으면 돼요"라고 한 말은 절대 빈곤 때문이 아닐지도 모른다는 의혹을 더욱 부추긴다. 죽이라도 먹고 살 수 있는 최후의 여유가 있으니까 말이다. 물론 앞에서 "쌀독에는 쌀

한 됫박 남아 있지 않았다"고 했으니까 상황 파악이 안 되는 '사중死中', 즉 집 안에만 박혀 사는 철모르는 마누라의 말일 수도 있다.

기실 칼을 들고 나서는 것은 먹을 것을 빼앗아 오기 위한 행위라기보다는 파괴 행위로 봐야 한다. 단지 굶주림을 해결하기 위해서라면 구걸이나 절도와 같은 비교적 소극적인 방법을 선택할 수도 있기 때문이다. 파괴 행위는 분노의 결과이고 분노는 책임을 물어야 할 대상을 향한다. 남자는 처자식을 남부럽지 않게 먹여 살리기 위해서 누구보다 열심히 일했을 터인데, 그럼에도 이것이 이루어지지 않았을 뿐만 아니라 갈수록 더 어려워지기만 했다면 남자는 극복할 수 없는 불평등의 구조에 부닥쳤다는 사실을 감지했을 것이다. 그렇다면 희망이 사라져 버린 이 마당에 이제 남은 것은 분노와 함께 마지막으로 저 구조의 한구석이라도 무너뜨려서 처자식을 한번 호강시켜 보거나 아니면 죽어 버리자는 파괴 본능뿐일 것이다.

개똥밭에 굴러도 이승이 낫다?

이에 대비되는 마누라의 입장을 분석해 보자. 남편의 과격한 결단을 극구 말리는 입장에서 보자면 죽으로 근근이 연명하더라도 가족이 모두 살아 있기만 하다면 그것으로 이미 살 만한 가치가 있다는 것인데, 그 근거는 두 가지로 요약된다.

하나는 "위로는 푸른 하늘이 정한 일이 있다"고 말한 것처럼 하늘을 거론한 종교적인 이유다. 하늘을 원문에서는 '창랑천倉浪天'이라 했는데, '창倉' 자는 곳집, 즉 창고란 뜻으로서 추수한 곡식을 창고에 갈무리할 때는 완전히 노랗게 익은 상태로 넣는 것이 아니라 아직 푸른색이 약간 남아 있는 상태에서 넣는 것이라는 의미에서 '푸르다'는 뜻이 파생된 것이다. '물결 랑浪' 자는 푸른 바다처럼 넓다는 의미를 지시하고 있지만 동시에 물결처럼 변함없는 원리와 원칙을 주재하는 하늘을 암시한다.

『주역』에서 "하늘은 검고 땅은 누렇다(天玄而地黃)"고 묘사하였듯이, 고대 중국에서는 원래 하늘은 검은색으로 인지하였다. 이것은 그 끝을 알 수 없는 신비한 대상이라는 의미에서 관념적인 현허玄虛한 하늘을 의미하는 것이기도 하다. 이에 비하여 '창蒼'은 사람들의 눈에 직접적으로 보이는 구체적 하늘을 가리킨다. 이것을 다시 '창랑'이라고 표현했다면 힘없는 백성들이 궁극적으로 의지할 공명정대公明正大한 하늘을 뜻한다. 왜냐하면 '창' 자는 밝음을, '랑' 자는 변함없는 원리와 원칙을 각각 상징하므로 공명과 정대의 근거가 되기에 충분하기 때문이다.

여기서 또 하나 눈여겨볼 점은 푸른색이 주는 의미다. 앞서 말했듯이 추상적인 하늘의 색은 검은색이다. 따라서 푸른색은 실제의 하늘, 즉 겉으로 드러난 현상으로서의 하늘이 된다. 보편적인 현상이기는 하지만 고대 중국인들도 하늘과 같은 현상적인 사물에 대하여 형이상학적 의미를 부여하여 세계를 구성하고 움직이는 최종 근거로서의 대타자로 삼았다. 우리가 억울하거나 분노할 때 무심코 하는 말들, 즉 "하늘이 무섭지 않으냐?"라든가, "하늘도 무심하시지!" 등은 모두 이에 근거한 것이다.

우리의 속마음은 아무리 감추려 해도 그 감정과 의지가 얼굴 표정에 아주 미약하게나마 나타나므로 다른 사람들이 이른바 눈치를 챈다. 마찬가지로 운명의 최종 주재자인 하늘의 의지를 알고 싶으면 미약하게 드러나는 기미를 알아차리면 된다고 믿었다. 이것을 조짐이라고 하는데, 이는 관념적으로 아는 게 아니라 하늘의 현상을 관찰함으로써 눈치챘다. 따라서 푸른 하늘을 잘 관찰해서 조짐을 읽어 내면 하늘이 의도하는 형이상학적 원리가 보인다는 믿음이다. 앞서 '창倉' 자의 자해에서 곡식이 푸른색 기운이 약간 남아 있는 상태로 갈무리한다고 했으므로, 하늘의 푸른색은 하늘의 알 수 없는 신비한 검은색으로부터 조짐을 알아내는 방도가 되는 셈이다.

하늘이 원리를 보여주는 방법은 사건을 통해서이다. 왜냐하면 하늘의 모든 주재가 그저 단순하게 순환적으로 반복만 한다면 하늘의 원리를 알 수 없기 때문이다. 원리라는 것은 무작위적인 변화를 반복 주기로 추상화한 것과 다름없다. 추상화하려면 공통적인 부분을 찾아내야 하고, 그러려면 개념화해야 한다. 개념은 차이를 찾는 일부터 시작해야 하는데, 차이는 사건으로 드러난다. 흔히 하는 말로 개가 사람을 물면 늘 있는 일이므로 변화라고 볼 수 없지만, 사람이 개를 물면 드물게 보이는 변화에 속하므로 이는 사건이 되고 사람들은 여기에 주목하면서 의미를 부여하려 한다. 이것이 바로 원문 '창랑천고倉浪天故'의 '고故'이다. '고故' 자는 '두드릴 복攴'과 '옛 고古'로 이루어졌으므로, 자형이 가리키는 의미는 "속히 변화가 일어나라고 두드리다"가 된다. 이 변화가 곧 사건이므로 '고' 자를 '일 사事' 자와 같은 글자로 보고, 두 글자를 합쳐서 '사고事故'라고도 말하는 것이다.

그러니까 '창랑천고'란 사건을 생성해서 운명을 반전시키는 대원리의 대주재를 가리킨다. 이것을 기다리는 일은 확률상 매우 낮은 요행에 가깝다고 볼 수 있지만, 기실 이게 희망希望의 본질이다. '희希' 자는 '드물 희稀'의 본래 글자로서 가능성이 매우 희박한 것을 기다리는 게 희망이기 때문이다. 즉 아주 작더라도 그것이 욕망의 대상이 되는 순간 엄청난 신화적 힘을 발휘한다는 말이다. 그리고 어차피 인생 자체가 영원히 오지 않을 미래의 환상에 의지해서 사는 게 아니던가? 앞에서 이미 언급한 바 있지만, 그레이하운드 개 경주를 보면 개들이 힘껏 달리게 하기 위해서 개의 전면에 뼈다귀를 하나 매달아 놓은 것을 볼 수 있는데, 개는 이 뼈다귀를 따먹기 위해서 전력으로 달려가지만 아무리 빨리 달려도 뼈 역시 같은 속도로 달아나기 때문에 경주가 끝나도록 그것을 입에 넣지 못한다. 그렇지만 이 입에 넣지도 못할 환상의 뼈 때문에 경주는 완주할 수 있었다. 마찬가지로 인생을 살아가게 하는 것은 이 희망이라는 환상 때문이었던 것이다.

그래서 마누라는 이러한 하늘을 믿고 죽기 아니면 살기로 위험한 모험에 나서는 남자를 부여잡고 말리는 것이다. 여기서 우리는 마누라에게 이입된 이데올로기를 엿볼 수 있는데, 이는 "개똥밭에 굴러도 이승이 낫다"는 속담으로 요약할 수 있다. 이러한 언설이 등장하게 된 데에는 비천한 삶을 비관하고 목숨을 가벼이 여기는 사람들이 있기 때문이었을 것이다. 이런 사람들을 설득하기 위해서 생각해 낸 논법이므로 여기에는 생명 자체를 중시해야 한다는 이데올로기가 들어 있다. 생명을 중시하자는 게 나쁜 일이 아닐 텐데 이를 굳이 이데올로기라는 말로 규정하는 것은 무엇 때문인가?

사실 정권을 장악한 권력자들은 두려울 게 없지만 유일하게 두려운 것이 있다면 그것은 죽기를 각오한 민중들의 반란일 것이다. 그래서 모든 정권들은 생명을 중시하자는 이데올로기를 만들어 낸다. 백성의 복지를 생각해서가 아니라 목숨이 아까운 줄 알아야 반란에 소극적일 것이기 때문이다. 중국도 각 정권마다 인정仁政, 즉 어진 정치를 강조해 왔는데, 유가의 인은 사람의 삶을 중심에 놓았기 때문이다.『논어』「향당鄕黨」편에 다음과 같은 공자의 언행이 있다.

> 마구간에 불이 났다. 선생님이 퇴청하셔서 "사람이 다쳤느냐?"고 물으시고는 말에 대해서는 묻지 않으셨다.
> 廐焚. 子退朝曰, "傷人乎?" 不問馬.

공자의 이 말은 다른 무엇보다 사람의 생명이 인의 중심에 있음을 단적으로 말해 준다.

노장 사상은 유가보다 더욱 생명을 중시한다. 가장 대표적인 고사가 『장자』「추수秋水」편에 나오는 다음의 고사이다.

> 장자가 복수濮水에서 낚시를 하고 있는데, 초나라 임금이 대부 두 사람을 보내서 그에게 뜻을 전달하게 하였다. "원컨대 우리나라의 정사로써 선생님께 누를 끼치고자 합니다." 장자가 낚싯대를 쥔 채 뒤도 돌아보지 않고 대답한다. "제가 듣기로 초나라에는 신비한 거북이 있는데, 그게 죽은 지 3천 년이나 됐다던데요. 임금님께서 그것을 천으로 싸고 상자에 넣어서 종묘의 맨 윗자리에 잘 모셔 두고 있다지요. 이 거북은 죽어 뼈를 남겨서 존귀하게 여김을 받는 게 나을까요, 아니면 살아서 진흙 속에서 꼬리를 끌고 다니는 게 나을까요?" 두 대부가 대답하였다. "그야 살아서 진흙 속에서 꼬리를 끌고 다니는 게 낫지요." 장자가

제5장 | 쾌락 또는 혁명을 위하여

대답하였다. "어서 가시지요. 저는 장차 진흙 속에서 꼬리를 끌고 다닐 겁니다."

莊子釣於濮水, 楚王使大夫二人往先焉, 曰: 願以境內累矣. 莊子持竿不顧, 曰: 吾聞楚有神龜, 死已三千歲矣, 王巾笥而藏之廟堂之上. 此龜者, 寧其死爲留骨而貴乎, 寧其生而曳尾於塗中乎. 二大夫曰: 寧生而曳尾塗中. 莊子曰: 往矣. 吾將曳尾於塗中.

장자는 초나라 임금이 재상의 자리를 준다 해도 그것을 귀중한 생명과 바꿀 수 없다는 생각이었다. 당시의 초나라라면 강대국이었는데, 이런 나라의 재상이라면 천하를 실질적으로 호령하는 권세와 영예를 한 몸에 누릴 수 있었지만, 그래 봤자 그것은 일시적인 환영에 지나지 않으므로 하찮게 살아가는 진흙 속 거북의 생명만도 못하다는 것이다.

앞서 보았듯이 인을 중심 사상으로 하는 유가도 생명을 중시하기는 하지만 『천자문』의 구절, '충즉진명忠則盡命', 즉 "충성함에 있어서는 목숨을 다해야 한다"처럼 목숨을 지푸라기처럼 버릴 것을 요구하는 경우도 있다. 그러나 노장 사상의 경우는 "임금의 명령을 바꾸려 하지 말고, 공을 이룩하라고 권하지 말라. 도를 넘는 것은 군더더기이다(無遷令, 無勸成, 過度益也)"[2]라는 구절에서도 알 수 있듯이 아무리 충성이라 하더라도 목숨을 걸고 모험하는 것을 경계한다. 그래서 중국의 모든 정권은 현실 이데올로기로서의 기능에 적합한 유가 사상을 이념적 도그마로 채택은 하지만, 노장 사상을 완전히 배제하지 못하는 것이다. 이것이 노장 사상이 비주류임에도 불구하고 중국 사상의 양대 산맥으로 유지돼 온 이유이다. 물론 이러한 사상은 노장의 사상가들이 백성들의 안위와 복지에 관심을 가져야 한다는 정치적 담론에서 출발한 것이지만 각 정권 권력자들은 권력의 유지라는 통치 방법으로 이용한 것이다.

이러한 경향은 신자유주의가 팽배해진 결과 자본이 세계 권력의 중심에 선 오늘날의 경우는 더욱 심해졌다. "1퍼센트와 99퍼센트의 세상"이라는 말이 보편적 공감을 얻을 정도로 사회적 불평등이 심화돼서 옛날 같으면 폭동이 일어나도 몇 번이나 일어났어야 할 것 같은데도 이 불안한 현상이 그럭저럭 유지되는 것은 생명을 극도로 중시하는 가치관의 유포 때문인 것으로 짐작된다. 그래서 오늘날의 모든 정치도 여기에 집중되는데, 대선이나 국회의원 선거에서의 정책들이 삶의 질 향상에 초점이 맞춰져 있으며, 모든 정치인들이 자기 선거구 안에 공원이나 체육시설 및 헬스 케어 시설을 짓는 일에 엄청난 예산을 퍼부으려고 하는 것만 봐도 쉽게 알 수 있다.

또한 각 텔레비전 방송사들이 건강 관련 프로들을 갖가지 형태로 제공해 주는 덕분에 요즘 시청자들은 대부분이 거의 의사 수준에 달하는 의학 지식을 갖고 있다. 그런 만큼 생명과 장수에 대한 애착이 강해지기 마련이므로 자연히 건강을 질적으로 잘 관리해 주는 의료 서비스와 상품에 대한 관심이 많아졌으니, 근자에 뜨거운 논쟁이 되고 있는 의료 민영화는 이런 배경에서 나온 것이다.

이것이 바로 오늘날의 정치적 경향인 생生정치(bio-politics)로서 고대 중국의 양생養生 사상이 정치적으로 재현된 것이라고 볼 수 있다. 양생이란 근본적으로 정치에 대해서는 관심을 버리고 오로지 자신의 삶에만 전념하자는 극단적인 이기주의로서 일종의 정치적 허무주의이다. 이러한 생정치는 인간은 물론 애완동물 및 가축의 삶과 복지에까지 영향을 미치고 있는 중이다. 오늘날의 이런 관점에서 보자면 앞서 사람의 피해 상황만 물어보고 말에 관해서는 물어보지 않았다는 공자의 태도는 유가의 인 사상을 근본부터 회의하게 할지도 모르겠다.

하늘의 정해진 이치가 정말로 실현될지도 모르는 불확실성 속에서 그래도 하늘을 믿고 살기만 하면 되는 것인가라는 회의는 오늘날 생정치의 한계와 그대로 맞닿아 있다. 그냥 살기만 해도 가치가 있다면 죽음은 무가치한 것인가? 그렇다면 사람은 결국 가치에서 무가치로 갈 수밖에 없다는 허무주의에서 헤어날 수 없다. 세상을 살 만하게 만들어 놓은 것은 궁극적으로 앞사람들의 죽음이 밑거름이 되었기 때문이다. "선하게만 살지 말고, 좋은 세상을 만들어 줘라"라는 『도살장의 성聖 요한나』(브레히트Bertolt Brecht 작) 중의 구절은 칼을 들고 나가는 남자의 행위가 여자에 의해서 반드시 저지돼야 할 일은 아님을 일깨워 준다.

'가족의 가치(the value of family)'의 허와 실

마누라가 남자를 부여잡고 말리는 두 번째 명분은 자식들이다. 이것은 정말 누구도 버텨 내기 힘든 구실이다. "아래로는 어린 자식들 때문이잖아요(下當用此黃口兒)"라는 구절에서도 '당當' 자를 쓰고 있는데, 이 글자는 '이 앞에 당장'이라는 절박성과 함께 '마땅히'라는 당위성을 호소한다. 자식을 돌보거나 고려해야 하는 윤리를 어기면 어떠한 명분이라도 인정은커녕 동정조차 받지 못한다. 그래서 과격한 결정이나 행위를 저지할 때는 언제나 자식이나 부모를 들먹임으로써 망설이게 만든다. 70~80년대 학생들이 반정부 시위를 하면 각 대학의 학생처장들은 부모들을 불러서 자식들을 설득해 내오라고 종용하곤 했던 기억이 있다. 건설 현장이나 운수 회사에서는 사원들이 사고가 나지 않도록 조심시키기 위하여 "아빠, 안전제일!" 등등의 아이들 당부로 표현한 포스터를 곳곳에 붙여 놓기도 한다.

또한 직장인들은 자신의 책상 모퉁이에 아이들이나 가족사진을 올려놓기도 한다. 직장생활에서 힘들 때 가족을 보면서 힘을 내자는 뜻이겠다. 기실 직장에서 가장 힘든 일이 있다면 그것은 자존심이 상하는 일을 당해도 꾹 참고 견디는 일이 아니겠는가? 이때 인내심을 강하게 해 주는 계기가 자식들이다.

1997년도에 닥친 IMF 시기에 〈아빠 힘내세요〉라는 동요가 유행한 적이 있었다. 이 노래는 "아빠, 힘내세요. 우리가 있잖아요"라는 노랫말이 되풀이되는데, 학교 학예회 같은 데서 이를 들은 아빠들은 감동의 눈물을 흘리며 다시 일어설 용기를 얻었다는 고백을 쉽게 들을 수 있었다. 저자에 떠도는 자조적인 우스개 중에 "자식은 전생의 빚쟁이"라는 말이 있다. 누군가가 자식처럼 앉아서 나에게 일을 시키고 착취한다면 묵묵히 당할 사람이 있을까? 세상에 자식만큼 강력한 현실 이데올로기는 없을 것이다.

이러한 이데올로기가 정치적 구호로 등장한 것이 바로 '가족의 가치'이다. 가족은 숭고하기 때문에 정치적 이데올로기가 숨어 있으리라고는 상상하지 못한다. 부모가 자식을, 자식이 부모를, 형제가 자매를 각각 사랑하는 데에 정치적 의미를 부여한다는 게 말이 안 되기 때문이다. '가족의 가치(the value of family)'라는 말은 흔히 '아버지 부시'라고 불리는 조지 부시 대통령이 선거 슬로건으로 처음 들고 나온 걸로 기억한다. 그의 대가족 사진과 함께 말이다. 이후로 할리우드에서 감동적인 가족영화가 많이 제작돼 나온 것은 우연은 아니리라.

그렇다면 그들은 왜 가족의 가치를 강조하고 나온 것일까? 이데올로기적인 측면에서 보자면 대략 두 가지 목적을 의심할 수 있다.

첫째가 정부의 복지 예산 축소를 꼽을 만하다. 당시는 레이건 전임 대통령이 보수주의 정책을 꾸준히 펴오던 터여서 부자들의 감세가 언제나 논쟁의 대상이었다. 부자들에게 감세를 해주려면 예산을 줄여야 하는데 가장 크게 줄일 수 있는 부분이 복지 예산이었다. 과도한 복지는 사람들을 게으르게 만든다는 부자들의 불평을 동기로 해서 내 가족은 내가 책임진다는 책임의식을 불어넣어 준다면 정부로서는 사회도 건전해지고 예산을 크게 줄일 수 있다는 계산이 나올 수 있는 것이다. 충효사상의 미국 버전이라고 말할 수도 있겠다.

둘째가, 이것이 중요한데, 사회적 연대의식을 약화시키는 효과가 발생한다. 정권이란 민중으로부터 위임 받은 것이지만 시간이 지나면 애초의 위임이란 의미는 사라지고 오히려 민중을 기만하고 억압함으로써 스스로를 지켜 나가려는 속성이 있다는 사실은 동서고금의 역사가 이미 증명하였다. 따라서 나쁜 정권을 축출하고 권력을 되찾아 오려면 민중이 연대해서 힘을 합쳐야 한다. 힘을 합치기 위해서는 민중에게는 저항의 당위성을 담보하기 위한 이념이 필요하고 정권에게는 이를 무력화하고 기득권을 유지하기 위한 이데올로기가 필요하였으니, 이 둘 사이의 갈등의 과정이 곧 역사인 셈이다.

민중이 연대하기 위해서 고안해 낸 울타리 개념이 민족이니, 사회니, 계급(인민)이니 하는 범주들이고, 이런 울타리들을 분열시키고 해체하기 위해서 정권들이 내세운 개념 중에 대표적인 것이 개인과 자유다. 이 개인과 자유는 울타리를 해체하는 데는 효율적이긴 한데 이를 너무 강조할 수도 없는 것이 이를 너무 많이 허용하면 구성원들의 힘을 집중하는 데는 불리하기 때문이다. 뿐만 아니라 개인의 자유를 누리게 하면 사람들이 행복해 할 것 같지만 실상은 그렇지 않다는 것이다. 기실 자유를 누리는 것만큼 힘든 게 없기 때문이다. 사람은 어떤 틀이나 규범 속에 넣거나 소속시켜서 거기에 충실하도록 길들여 놓아야 행복감을 느끼는 역설적인 동물이다. 이런 틀 중에서 가장 효과적인 것이 가족이라는 혈연 조직이다.

앞서 사람은 규범이나 틀 속에 소속돼야 한다는 전제처럼 사람은 상징적인 동물이다. 보이지 않는 상징체계 속에서 이를 집(shelter)처럼 의지하고 살아야 한다는 말이다. 집도 든든하게 지은 집이 안전하듯이 상징도 굳건해야 그에 의지하는 주체도 안정감을 느낀다. 공정한 법질서 안에 사는 사람과 흔히 '유전무죄, 무전유죄'로 불리는 고무줄 법 아래 사는 사람을 비교해 보면 금세 알 수 있다.

그렇다면 세상에서 가장 안전한 상징체계는 무엇인가? 그건 바로 혈연을 기초로 한 가족이다. 따라서 가족이라는 조직을 사회 체제의 기본 단위로 설정하면 사회적 기초가 단단해지는 효과를 거둘 수 있다. 여기에 절대적 가치를 두면 구성원들은 가족 외에는 아무도 믿지 않게 되고, 그러면 사회적으로는 사람들 간의 연대의식이 박약해짐과 아울러 가속 이외의 울타리는 저절로 붕괴된다. 이것이 정권들이 가족의 가치를 통해서 노리는 궁극적 목적이다.

대표적 가족영화인 〈아이 엠 샘I am Sam〉(2001)에 이 이데올로기가 잘 나타나 있다. 이 영화는 한 장애인이 자신이 낳은 딸을 직접 기르고자 하는 반면 정부는 아이를 데려다가 양육 기관에 맡기려 하면서 여기서 일어나는 갈등을 줄거리로 하고 있다. 정부는 합리적으로 제정된 복지 관련법에 따라 정당하게 법을 집행하는 것임에도 불구하고 영화는 불쌍한 장애인의 딸을 비정하게 빼앗아 가는 악마 같은 존재로 그렸다. 게다가 천사의 이미지로 분장시킨 딸아이의 귀여운 모습은 정부를 더욱 사악하게 보이도록 만들었다. 장애인인 아버지가 아이를 빼앗기지 않으려면 직장을 얻어 자립해야 하는데, 이를 위해 열심히 그리고 성실하게 일하는 모습을 영화는 집중해서 그렸다. 이러한 힘겨운 투쟁에 고마운 조력자가 등장하는데 그게 바로 글로벌 대기업(영화에서는 스타벅스)이었으니, 그 도움으로 마침내 장애인 아버지는 딸을 키울 수 있게 된다.

　이쯤 되면 관람자들이 어떤 생각을 하게 될지는 굳이 묻지 않아도 알 수 있을 것이다. 못된 정부에게 쓸데없는 세금을 내서는 안 되고, 귀중한 자녀는 아무리 힘들더라도 자신이 책임지고 열심히 일해서 양육해야 한다. 일자리는 걱정하지 말라. 대기업이 다 마련해 줄 것이고, 대기업의 계약직 자리라도 열심히만 일하면 아이들 양육하는 데는 큰 지장이 없을 것이다. 이러한 신자유주의의 이데올로기가 샘의 가족 내러티브 속에 숨겨져 있었던 것이다.

　이처럼 자연스럽게 당위성을 획득한 가족은 절대적 가치를 쉽게 가질 수 있으므로, 이럴 경우 사람들이 진리와 정의를 동경하거나 거기에 접근하고자 할 때에 가족의 가치는 오히려 험난한 장애로 작용한다. 그래서 옛날부터 선지자들이 사람들을 진리와 정의에의 길로 인도할 때 가장 큰 고뇌가 가족을 넘어서는 일이었다. 「마태복음」에 다음과 같은 구절이 있다.

> 한 사람이 예수께 여짜오되 보소서 당신의 어머니와 동생들이 당신께 말하려고 밖에 서 있나이다 하니, 말하던 사람에게 대답하여 이르시되 누가 내 어머니이며 내 동생들이냐 하시고, 손을 내밀어 제자들을 가리켜 이르시되 나의 어머니와 동생들을 보라. 누구든지 하늘에 계신 내 아버지의 뜻대로 하는 자가 내 형제요 자매요 어머니이니라 하시더라.(「마태복음」 12:47~50)

하느님의 말씀, 즉 진리가 무엇인지를 가르치기 위하여 혈육인 친어머니와 친형제를 부정하는 예수의 이 말을 가족의 가치 안에 사는 사람들은 절대 이해하지 못한다. 다시 말해서 진리를 절대적 가치로 받아들이는 일에 있어서 가족의 가치를 뛰어넘는 일이 얼마나 힘든지를 이 구절은 여실히 가르쳐 준다는 말이다. 추측건대 마르크스Karl Marx가 인민이라는 계급 개념을 창안한 것은 바로 이 구절이 모티프가 아닐까 싶다. 그렇다면 마르크스의 인민 개념은 인류 역사상 가족의 범주를 뛰어넘어서 가장 멀리까지 껴안은 사회적 울타리라고 평가할 수 있을 것이다. 그럼에도 불구하고 오늘날 마르크스주의가 곳곳에서 맥을 못 추고 무너지는 것은 그 사상이나 대서사도 실제로는 가족의 가치를 여전히 넘어서지 못하고 있음을 웅변해 준다.

가족의 가치는 이처럼 시 속의 여자도 이를 그대로 적용하고 있을 정도로 민중들의 과격한 행동을 제어할 수 있는 매우 효과적인 정치적 수단이었다. 이쯤 되면 가족의 가치는 이데올로기를 넘어서 이미 윤리의 차원에 도달해 있음을 알 수 있다.

'때'는 지금인가, 아니면 기다려야 하는가

그러고 나서 그녀는 결론을 내린다. "지금 이러시는 건 아니어요"라고. 원문에서는 이를 '금비今非'라고 썼다. 여자의 이 말은 지금은 칼을 들고 뛰쳐나갈 때가 아니라는 뜻인데, 그렇다면 앞서 '비非' 자에 대하여 설명했듯이 뛰쳐나가지 않을 경우 대안은 두 가지가 있을 수 있다. 첫째는 적극적인 대안으로서 현재의 상황 하에서 적극적으로 일하며 먹고 사는 것이고, 둘째는 소극적 대안으로서 그냥 기다리는 일일 것이다. 첫째는 그럴 수 있는 기회가 전혀 주어지지 않을 것이므로 저절로 배제되고 따라서 남은 방법은 두 번째, 즉 그냥 때를 기다리는 것이 된다. 그렇다면 언제까지 기다려야 하나? 아마 이 불공정하고 부패한 사회와 체제가 저절로 붕괴할 때까지를 말하는 것이리라.

중국은 일찍이 『주역』이라는 텍스트를 통해서 세계관을 세웠다. 그 세계는 '물극필반物極必反', 즉 모든 사물의 발전은 반드시 끝이 있고, 거기에 다다르면 다시 반대 방향으로 돌아간다는 순환론의 기초 위에 세워져 있다. 『주역』의 첫 장에 보면 '항룡유회亢龍有悔', 즉 끝을 모르고 앞으로만 나아가는 용에게는 후회함이 있으리라는 구절이 있는데, 이것이 바로 그들이 역사를 보는 가장 근본적인 안목이다. 따라서 시 속의 여자가 볼 때 지금은 비록 힘들게 살고 있지만 분명히 머지않아 이 불의한 상태가 끝이 날 때가 올 테니 그때까지만 참고 기다리자는 것이다. 맞다. 그것이 엄연한 사실임은 역사의 교훈이 보증한다. 그런데 그때가 오면 정말로 불의가 사라지고 정의로움이 보장될 수 있을까? 잠시 보장되는 듯하다가 다시 불의한 사회로 회귀하는 것이 현실의 역사임은 부정할 수 없다. 이것이 순환론적인 역사관인데, 있는 그대로의 현실에 기초하고 있을 뿐만 아니라 자연의 순환 현상을 모델로 하고 있으므로 과학주의적인 역사관이라고도 평가할 수 있다. 역사를 과학적인 안목으로 보고 있으므로 이러한 역사에는 모험적인 서사가 결여돼 있다고 볼 수 있겠지만, 이 때문에 민중의 위상이 제고되는 일은 더딜지 모르나 그만큼 역사가 그들의 피를 요구하는 일도 적을 것이라고 위안할 만하다.

이에 비해 서양은 역사의 발전을 서사의 모델을 통해서 본다. 이러한 관법을 잘 나타내 보여준 텍스트가 『성경』이다. 그중에서도 「마가복음」의 "때가 찼고 하나님의 나라가 가까이 왔으니 회개하고 복음을 믿으라"(1:15)라는 구절이 대표적이다.

여기서 잠시 언표와 언표행위에 대해 간략히 설명해야 할 필요가 있다. 언표행위는 발화자의 행위이고, 언표는 그 행위의 결과다.[3] 그러니까 어떤 사람의 말에서 행위를 제거하면 언표가 되고, 반대로 언표를 행위 속에 넣으면 언표행위가 된다. 언표와 언표행위가 명확히 구분되지 않으면 일상생활에서 많은 오해가 빚어진다. 이를테면, 평소에 주위 사람들을 잘 웃기는 A라는 사람이 있는데, B와 C가 대화하던 중에 B가 A를 칭찬하며 말하기를 "그 사람 정말 웃기는 사람이야"라고 했다면 그 상황에서는 별 문제가 없다. 그런데 이 말을 들은 C가 A에게 가서 "B가 그랬는데, 너더러 정말 웃기는 사람이래"라고 일러바친다면 A는 이 말을 엄청난 모욕으로 여길 것이다. 여기서 B와 C는 똑같이 "A는 정말 웃기는 사람"이라고 말했지만 B의 말은 언표행위이고 C의 말은 언표가 된다. 즉 전자에는 B의 발화행위가 들어가 있으므로 오해가 없지만 후자에는 B의 발화행위가 빠져 있으므로 오해가 발생하는 것이다. 이 구조는 원전(텍스트)과 문맥(콘텍스트)의 관계와 완전히 일치한다.

동서양을 막론하고 사람들은 언제나 원전에 의거해서 사유하고 행동한다. 그래서 한 사회의 구심점 역할을 하는 문화적 작품들이 중요하게 다루어지는 것이다. 원전은 그것이 만들어진 문맥이 잊히거나 사라진 것이기 때문에 언제나 현재의 문맥에서 의미를 생성해 내기 마련이다. 이런 관점에서 위의 "때가 찼고 하나님의 나라가 가까이 왔다"는 언표는 현재는 언제나 종말이라는 뜻으로 읽히고, "회개하고 복음을 믿으라"는 말은 속히 구원을 받으라는 절박한 명령으로 받아들여진다. 다시 말해서 서양인들의 원전은 현재를 종말로 명령하므로 때는 언제나 지금이다. 구원의 시간은 더 이상 미룰 수 없다.

'때'라는 개념을 갖고 동서양을 비교해 보면 우리는 더 좋은 '때'를 위해서 기다리고 연기하는 것을 지혜롭게 여겼다는 특성을 발견할 수 있다. 위 시에서 여자의 "지금 이러시는 건 아니어요"라는 저지는 이런 관념에 근거한 것이다. 강태공 여상呂尙이 위수渭水가에서 낚시를 하며 문왕이 오기를 기다린 고사는 대표적인 지혜로 꼽힌다. 『여씨춘추呂氏春秋』 「수시首時」편에 다음과 같은 구절이 있다.

물이 얼어 한창 단단할 때에 후직后稷은 씨를 뿌리지 않으며, 후직의 씨 뿌림은 반드시 봄을 기다린다. 그러므로 사람이 비록 지혜롭다 하더라도 때를 만나지 않으면 좋은 결과가 없게 된다. 한창 잎사귀가 무성할 때에는 하루 종일 잎을 따도 (여전히 무성하게 돋아나는데) 이것은 식물이 때를 만났으므로 그런 것임을 모르는 것이다. 그러나 가을 서리만 내리면, 뭇 숲은 모두 낙엽진다. 일의 어렵고 쉬움은 일의 크기에 있지 아니 하니, 힘써야 할 일은 때를 아는 것에 있다.

때를 기다리는 일의 지혜로움을 자연의 이치에 의거해서 설파한 이 논설은 매우 설득력이 있어 보인다. 그러나 여기에는 간과하기 쉬운 맹점이 있다. 즉 계절과 때가 같은 말인 것처럼 보이지만 기실 전혀 다른 개념이라는 점이다. 계절의 순환 주기는 이미 다 알고 있으므로 행동에 옮길 순간을 판단하는 게 가능하지만 '때'를 결단하는 것은 불가능하기 때문이다. 『여씨춘추』에 보면 옛날에 때를 기다렸다가 성공한 지혜로운 사람들의 고사가 많이 등장하지만 그것이 사실이라면 아마 우연의 결과일 가능성이 매우 높다. 그 이유를 프로이트가 사후성의 논리로 설명하였다.

우리는 흔히 무의식이 먼저 형성돼 있고 이것이 꿈으로 현현한다고 믿고 있다. 그러나 프로이트의 본래 뜻은 무의식이 먼저 있었던 게 아니라, 꿈이라는 텍스트를 통해서 뒤늦게, 늘 연기된 형태로만 꿈속에 나타난다는 것이다.[4] 다시 말해서 꿈이란 아무 의미 없이 산재한 경험의 흔적들을 재구성한 일종의 텍스트인데, 무의식은 이런 텍스트 속에서 사후적으로 나타난다는 것이다. 이 순간 아무런 의미 없던 경험의 흔적들이 무의식으로 의미를 가진 과거가 된다. 바꿔 말하자면, 발화행위가 제거된 언표가 다른 문맥 속에서 전혀 다른 언표행위로 탈바꿈하는 이치와 같다. 꿈이라는 텍스트에 의해서 경험의 흔적들이 문맥 속에 들어갔으니까 이들은 비로소 사후적으로 과거가 된 셈이다. 그래서 "무의식의 기억 흔적이란 결코 현재였던 적이 없는 태생적 과거"⁵라고 말한 것이다.

라캉의 기표연쇄도 이 사후성의 논리에 근거한다. 아주 거칠게 말해서 기표 하나만으로는 의미를 갖지 못하고 반드시 그 뒤에 다른 기표가 따라와야 앞의 기표가 의미를 사후적으로 부여받게 된다는 말이다. 이를테면, '말'이라는 기표만 있다면 이게 말씀의 '말'인지, 타고 다니는 '말'인지 판단이 안 선다. 뒤에 '장난'이라는 기표가 와서 '말장난'이 되면 전자가 되고, '타기'가 오면 '말타기'가 돼서 후자가 된다. 이처럼 후행하는 기표들에 의해서 선행하는 기표에 사후적으로 기의가 부여되는 현상을 기표연쇄라고 한다.

이런 원리에 의하면 언제가 지혜로운 '때'인지는 후행하는 시간이 지나가 봐야 알 수 있는 법이다. 그러나 지나가 버린 때는 이미 놓쳐 버렸기 때문에 더 이상 지혜로운 때가 아닌 모순에 빠진다. "Repentance comes too late(후회는 너무 늦게 온다)"는 서양의 격언은 이러한 모순을 지적한 말이리라. 따라서 사건이 지나간 다음이 아니라 사건 이전에 판단한 것이 옳은 것으로 판명이 났다면, 이는 우연이라고 말할 수밖에 없는 것이다.

유럽인들의 정신을 지배하고 있는 텍스트들은 언표 면에서 보면 '때'는 언제나 지금이고, 중국은 '때'는 기다려야 하는 것이다. 그런데 때란 앞서 보았듯이 언제나 연기될 수밖에 없는 것이므로 기다리다 보면 종국에는 순환의 고리를 끊임없이 돌게 되는 것이다. 지혜의 허상을 시 속의 남자는 궁지에 몰리고 나서야 뒤늦게 깨달았는지 여자의 저지를 뿌리치며 소리를 지른다. "어허! 가야 돼요! 내가 가는 게 늦겠어요!" 앞서 "후회는 너무 늦게 온다"는 서양 격언을 상기시킨다. 남자의 분노는 전혀 나아질 기미가 보이지 않는 가난과 사회적 불평등으로부터 비롯되었겠지만 지금껏 '기다리라'는 유혹에 휘둘려 헛되이 보낸 지난 시간을 생각하면서 그 분노를 더욱 증폭시켰으리라. 여기서는 원문의 '돌咄' 자를 점잖게 "어허!"라고 번역했지만 실제로는 오늘날 우리의 비속어로 바꾸자면 아마 쌍시옷(ㅆ)과 비읍(ㅂ)으로 시작하는 욕설이었을 것이다.

신분제는 부활하려는가

남자가 칼을 들고 나선 것은 때를 기다린 것도 아니고 지금이라고 판단한 것은 더욱 아니다. 간단히 말하자면 궁지에 몰렸기 때문이다. 즉 머리칼이 희어지면 버틸 힘이 없어져서 저절로 떨어지는 것처럼 이제 자신도 더 이상 버틸 수 없다는 말이다. 속된 말로 "너 죽고 나 죽자"는 이판사판의 때가 닥친 것이다. 역사에 기록된 대부분의 반란과 혁명은 이런 때에 일어났다.

흔히 반란이 성공하면 혁명이 되고 실패하면 폭동으로 기록될 뿐이라고 한다. 그런데 실패한 반란이라도 후대에 혁명으로 평가되는 경우가 있는데, 이는 사건을 서사의 관점에서 재해석하여 의미를 부여하였기 때문이다. 서사란 사건의 진행이나 인물의 행위에 이성적인 목적(telos)을 상정하고 이를 이룩하기 위한 모험적인 이야기로 서술하는 것을 말한다. 사건에 서사를 입히는 일이 비과학적이라는 비판을 받거나, 아주 위험하게는 권력이나 기득권자들이 비이성적인 목적을 재설정함으로써 역사를 왜곡하는 일이 될 수도 있겠지만, 이러한 위험도 서사는 궁극적 목적으로 가기 위해서 극복해야 하는 과정이나 수단으로 간주한다.

이와는 반대로 성공한 혁명임에도 후대 사람들이 잘 기억도 못하는 등 영향력이 미미한 경우도 있다. 우리나라의 4·19혁명이 대표적인데, 우리나라의 민주주의를 우뚝 솟게 한 계기였을 뿐 아니라 정신적 지주가 된 위대한 사건이었지만 오늘날 노세대를 제외하고 이를 기억하는 사람들이 그리 많지 않다. 전자와는 반대로 서사는커녕 사건을 지극히 대상화함으로써 의미를 의도적으로 축소한 결과로 보이는데, 이는 아마 4·19 정신이 되살아나는 것을 두려워하는 자들의 기획일 것으로 짐작된다.

반란이든 혁명이든 이런 거사가 발생하려면 극한적인 궁지와 더불어 의식의 깨임에 관한 소리가 누구의 입에서든 나와야 한다. 진나라 때 진승陳勝이 반란을 일으킬 때(기원전 209)에는 저 유명한 "천자와 제후, 장군과 재상에 어찌 씨가 따로 있겠느냐?"는 연설로써 군중들을 선동했고, 프랑스대혁명(1789)은 루소의 사회계약설과 같은 의식화가 먼저 있었다. 이처럼 의식의 깨임이 없으면 아무리 극한적인 상황이라 하더라도 반란이나 혁명으로 반드시 이어지지는 않는다. "내가 가는 게 늦겠어요!"라는 구절의 원문을 '위지爲遲'라고 썼는데, 이때의 '위爲'는 변화의 의미를 가지므로 '늦을 것이다'라고 번역한 것이다. 다시 말해서 시간 가는 줄 모르던 사람이 문득 시계를 보고는 "아차, 약속 시각에 늦겠다!"며 허둥지둥 달려 나가는 것처럼 남자의 외침은 뒤늦게 의식화된 사람의 절박한 말이리라.

동서고금을 막론하고 지배자와 기득권자들은 민중들이 의식화하는 것을 늘 경계하고 또 막아 왔다. 그래서 고안한 것이 현실 이데올로기이다. 이 이데올로기는 기실 현실을 대리, 보충하는 수단이므로 사람들은 이를 현실로 받아들이며 살아간다. 이 때문에 모든 지배자들은 자기들에게 유리한 이데올로기를 만들고 이를 교육하는 일에 전력을 기울인다. 오늘날 신자유주의 이데올로기 아래서 시행되는 정책들을 보면 그 목적이 새로운 신분 사회를 지향하는 것 같다는 생각이 든다. 이른바 무한경쟁과 적자생존이라는 정글의 법칙을 보편적 윤리로 주입시킨다면 자본에 기초한 기득권층은 엄청난 권력을 누리게 된다. 그래서 요즘은 효율을 명분으로 실적 순으로 줄을 세우는 게 일반화되었을 뿐 아니라, 이러한 경쟁에 신속히 적응하기 위해서 초등학교 시절부터 성적순으로 줄을 서고, 그에 따라 상벌을 받는 훈련을 시킨다.

이러다 보면 앞의 정글의 법칙이 사회적 윤리로 자리 잡게 되는데, 그래서인지 요즘 젊은이들 가운데 청년실업이나 비정규직 등 사회적 불평등의 문제를 자신의 능력 부족으로만 보려 할 뿐, 사회적 구조의 모순이라는 차원에서 성찰하려는 사람은 드물다. 이런 체제 하에서 경쟁을 반복하다 보면 낙오자들이 대량으로 발생할 것이고 그러면 앞서 궁지에 처한 자들의 반란 문제가 대두될 수 있다. 그러나 그럴 가능성이 별로 없는 것이 무한경쟁이 '자유'경쟁이기 때문이다. 즉 능력을 갖추면 언제든지 제도 안으로 들어갈 수 있는 길이 열려 있으므로 굳이 위험한 반란이라는 모험을 감행할 필요가 없다는 말이다. 중국 역사상 혁명이 별로 없었던 이유 중의 하나로 과거 제도를 꼽고 있는데, 기능상 이와 꼭 닮아 있음을 즉각 알 수 있다.

이러한 이데올로기는 닉오사늘이 의식적으로 깨이는 것을 근본적으로 무력하게 만들고, 또한 이것이 장기화하면 결국에는 이른바 '불가촉' 천민으로 전락한다. 신분 제도가 공식적으로 철폐되기까지 2천여 년이

걸렸는데, 이게 불과 몇 십 년 만에 다시 부활하려는 안타까운 순간에 처한 것이 오늘날의 상황이다. 이 이데올로기가 이렇게 강력하게 심어진 까닭은 불안을 적절히 활용하였기 때문이다. 프로이트는 불안은 감출 수 없는 가장 솔직한 감정이라고 했다. 어떤 불안이든 주체의 가까운 곳에서 느끼게 했을 때 여기에 흔들리지 않을 사람은 거의 없다. 조직에서 떨어져 나온 사람들이 잉여로 전락했을 때 비참함을 가까운 이웃에서 직접 본 사람들이 불안에 떨며 자신이 속한 직장에서 쫓겨나지 않으려고 얼마나 안간힘을 쓸 것인지는 안 봐도 알 수 있다. 무조건 복종에다가 웬만한 모욕은 그냥 참는 일들이 일상화되다 보면 분노할 줄도 모르는 노예가 저절로 되는 것이다. 그 다음에 회사와 같은 직장의 사주들이 옛날 왕조시대의 귀족처럼 오만방자해지는 것은 자연스러운 수순이다. 재벌 기업들 내에서 종종 벌어지는 사주 가족들의 안하무인적인 행위들은 모두 이런 사회적 배경에서 비롯된 것이다.

외부로부터의 침략을 과장하여 불안을 조성하는 가운데 만들어지는 것이 안보 이데올로기라면 불안한 경제적 상황으로 겁을 주어 사람들을 복종하게 만드는 것은 경제 이데올로기라고 한다. 그렇다면 이데올로기를 수단으로 해서 사람의 완전 거세는 가능한 것인가? 나치의 저 악명 높은 아우슈비츠 유태인 수용소는 바로 완전 거세, 다시 말해서 인간성 말살의 실험장으로 알려져 있다. 즉 분노하고 저항할 수 있는 인간성 말이다. 끝내 거세되지 않는 이 속성이 사람을 사람답게 만드는 것이다. 권력을 쥔 자들은 사람들을 완전한 노예로 만들고 싶겠지만 이것이 성공적일 수 없음은 역사가 명백히 말해 준다. 왜냐하면 프로이트가 간파한 바처럼 인간에게는 파괴 본능이 있기 때문이다.

이 시는 여기서 끝을 맺는다. 그런데 결의에 찬 남자의 말이 바로 마무리라는 게 읽는 이로 하여금 왠지 불안한 감을 떨치지 못하게 한다. 형식이 서사적인 만큼 칼을 들고 뛰쳐나간 남자가 반란에 성공했다는 건지, 아니면 실패해서 처형을 당했다는 건지 막연한 상태로 끝을 맺었으므로 불안하다는 것이다. 아무리 세련된 형식을 갖추지 못한 악부시라 하더라도, 기왕에 문인의 편집 과정을 거친 이상 어떻게든 통일성 있는 형식을 유지하게 했을 것이다. 그렇다면 물을 마시다 만 듯한 이 미완성은 무엇을 뜻하는 것일까?

잘 알려져 있다시피 악부시는 악부라는 관서에서 채집, 정리한 민가이다. 「동문을 나서며 부른 노래(東門行)」는, 추측건대, 채집되기 전의 민가 상태에서는 아마 어떤 형태로든 결말이 있지 않았나 싶다. 그 결말이 어떤 것인지는 알 수 없지만, 그것이 무엇이든지 관부의 입장에서는 이를 그대로 싣는 것은 체제를 위험하게 하는 일이 될 수 있으므로 매우 난처했을 것이다. 그래서 이 부분을 삭제해 버린 결과 불안한 맺음이 된 것으로 짐작된다. 그런데 이것이 텍스트가 돼서 불리기 시작하면 전혀 예기치 않은 효과가 발생한다.

고대 중국에서 정권이 일부러 음악 관서를 세워서 민가를 채집하고 정리한 목적에는 여러 가지가 있지만 주요 이유 중의 하나는 백성들과의 소통이다. 고대 중국의 관료 체제란 궁극적으로 황제를 대리하는 기능을 하도록 조직되었으므로, 황제가 구중심처에 들어 앉아 있으면 백성이 무슨 생각을 하는지 선혀 알 길이 없었다. 설사 어떤 방식으로라도 있는 그대로 알리게 되면 자칫 죽음을 당할 위험도 있었다. 그래서 일찍부터 저 앞에서 설명한 주문휼간主文譎諫이라는 간언 방식이 발달했던 것이다.

이런 배경에서 민가는 매우 훌륭한 소통의 기호체가 될 수 있었다. 그런데 이를 전달하는 자가 관료이다. 환언하면 백성의 마음을 전달한다고는 하지만 그들을 통해 전해지는 것은 궁극적으로 자신들의 의지라는 말이다. 앞 장에서 주문휼간을 설명하면서 황제의 권력과 백성의 권력을 모두 소유한 것이 관료 집단의 근본 속성이라고 말한 바를 상기하면 이 민가가 어떻게 수정, 편집될지는 굳이 묻지 않아도 알 수 있을 것이다. 즉 이 시가 텍스트가 되어 읽혔을 때, 백성들에게는 체제를 위협하는 마음이 생기지 않도록 해야 하고, 황제에게는 백성을 통치하는 일은 전적으로 자신(관료)들에게 의지하도록 해야 한다. 그러려면 이 시의 경우는 텍스트가 모호하게 미완성의 형태로 남아 있는 것이 좋다. 앞서 이데올로기의 성공적 주입 여부는 주체의 불안에 달려 있다고 했다. 백성은 결말이 불안해야 감히 반란에 모험을 걸지 않고, 황제는 불안을 관료들에 의지해서 해결하려 할 것이다. 말이란 한 마디 한 마디가 그 자체로 드라마와 같은 곡절이 있는 동시에 단원團圓의 통일성을 가지는 것을 속성으로 한다. 따라서 이 조화의 통일성이 결여된 위의 시는 다음과 같이 황제를 속삭이듯 윽박지르는 것처럼 들린다. "우리 관료들의 말을 듣지 않으면 백성들이 도탄에 빠지고, 그러면 이들은 이처럼 목숨을 돌아보지 않고 저항하고 난을 일으킨다. 그러나 크게 걱정하지 마시라. 백성들의 저항은 우리가 너끈히 해결할 수 있다."

| 에필로그 |
한시, 권위 또는 외침

  오늘날의 중국 문화는 한대에 그 기초가 다져졌다. 먼 데서 그 증거를 찾을 필요도 없이, 중국의 다수 민족을 한족, 중국어를 한어, 글자를 한자, 중국학을 한학이라고 각각 부르는 것만 봐도 한나라의 영향이 어떠한지를 즉각 알 수 있다. 이처럼 한나라는 중국을 상징한다. 한은 원래 패沛땅(오늘날의 지앙쑤(江蘇)성 페이(沛)현) 일대를 일컫는 지역 명이었는데 이곳 출신인 고조가 나라를 일으키면서 국호가 되었다. 한 정권의 기틀이 완전히 잡힌 것은 흔히 알려진 바대로 무제 때이다. 무제가 전에 없던 업적을 쌓고 위대한 제왕이 될 수 있었던 것은 당연히 조력자들의 능력 덕분이었다. 그의 조력자들 중에서 중요한 사람을 꼽으라면 가장 먼저 떠오르는 이가 바로 동중서이다. 그는 정치가이자 사상가로서 한 정권의 정치 이념을 이론으로 확립하고 제도화함으로써 후대에까지 영향을 미칠 기틀을 마련한 사람이다. 나 역시 일찍이 『한자는 중국을 어떻게 지배했는가』(1999)라는 책에서 그의 이론과 공적을 자세히 언급한 바 있었다.

  그러나 한 사람이 영웅으로 띄려면 그를 대신해서 일을 실행해 줄 조력자도 필요하지만 그보다 앞서 그 자신이 영웅적인 주체로 다시 태어나는 게 더 중요하다. 그런데 새로운 주체란 스스로 태어날 수 없고 반드시 외부의 개입이 있어야 한다. 이 개입은 스승과 같은 사람일 수도 있고 텍스트(작품)일 수도 있다. 아무튼 개입에 의해 크게 뒤흔들린 주체에게 나타난 현상이란 곧 욕망이 일어나는 것으로서 이것이 먼저 있어야 영웅으로 다시 태어날 수 있다. 시쳇말로 대통령이 되려면 '대통령병'에 걸려야 한다지 않던가? 이 '대통령 병'이 다름 아닌 욕망이다. 이 가장 중요한 원초적 과정에 사마상여가 개입돼 있었던 것이다.

따라서 사마상여의 역할과 기여는 다음과 같이 두 가지로 요약할 수 있다. 첫째가 방금 지적한 대로 무제로 하여금 위대한 제왕이 돼 보고자 하는 욕망을 심어 준 일로서 사마상여의 헌걸찬 작품들이 생성하는 감응이 그를 변화시켰다고 보는 것이다. 무제가 사마상여를 궁정 문인으로 불러들여 가까이 둔 사실이 이를 증명한다.

둘째가 제국을 황제를 정점으로 한 통일된 체제로서 관념화한 일이다. 무제 시기에는 제도를 실제적으로 많이 개혁하고 정비해서 제국으로서의 체제를 제법 갖췄던 게 사실이긴 하다. 그러나 체제가 아무리 잘 갖춰졌다 해도 그것이 완벽하게 작동하고 있다는 권위를 갖지 않으면 백성들의 체제 의존성이 약해지기 마련이다. 따라서 체제가 권위를 가지려면 이를 당연히 여기는 관습화가 먼저 이루어져야 한다. 관습이란 보이지 않는 어떤 타자의 명령에 무의식적으로 복종하며 살아가는 것으로서, 이 보이지 않는 어떤 타자를 우리는 대★타자라고 부른다. 이 대타자는 관념화의 결과인데, 이것은 텍스트의 강력한 감응의 반복에 의해서 형성된다. 이 대타자의 기능을 쉽게 설명하기 위하여 우스개를 하나 하겠다.

내가 ROTC 장교 임관 후 입대할 때의 일이다. 용산역으로 배웅 나온 친구가 매우 심각한 표정을 짓고 있어서 나는 나를 걱정해서 그러는 줄 알고 그를 안심시키려 했더니 그가 뜻밖에 이렇게 말하는 것이었다. "널 걱정해서가 아니라 나라가 걱정돼서 그러는 거야. 난 그간에 우리의 휴전선이 철통같이 잘 지켜져 왔다고 생각하고 있었는데, 이제부터는 그렇지 않을 것 같아 영 불안해. 비실비실한 네가 소대장으로 들어가서 지키는 부분만큼은 믿음직스럽지가 않잖아." 함께 따라 나온 친구들이 한바탕 박장대소했다.

180마일 휴전선을 일일이 내가 직접 점검하지 않아도 그 보안성을 믿고 잠을 잘 수 있는 것은 대타자 덕분이다. 이것은 국방부의 여러 가지 홍보 활동에 의해서 시민들에게 관념화함으로써 가능했을 것이다. 따라서 이것이 강력하게 형성돼 있다면 나 같은 '비실비실한 소대장'이 몇 명 끼어 있다고 해도 절대 흔들리지 않는다. 체제란 이와 같이 강력한 대타자의 형성이 무엇보다 중요한데, 이것이 바로 관습이라고 하는 보이지 않는 권위인 것이다. 무제 시기에 이 관습의 형성에 결정적으로 기여한 이가 바로 사마상여였다.

앞서 말했듯이 무제 시기의 체제가 강력한 대타자로 자리 잡게 된 데에는 사마상여만 기여한 것은 아니다. 정치 이념과 사상 등 체제의 뼈대에 해당하는 것은 동중서를 비롯한 정치가들이 제정한 것이다. 그러나 뼈대가 완성되었다고 그것이 바로 대타자로 자리 잡는 것은 아닌 것이 관념화에는 감성이 동원돼야 하기 때문이다. 사마상여의 글쓰기가 칭송받는 이유가 여기에 있다.

여기서 잠시 나는 평소의 의문을 제기해 보고자 한다. 즉 개혁 성향을 띤 우리나라 정당들은 서민을 위해서 그렇게 뛰어다녀도 왜 그들로부터 전폭적인 지지를 받지 못하는가 하는 의문 말이다. 여러 가지 이유가 있겠지만 가장 설득력 있게 설명하라면 "가까운 집은 깎이고 먼 데 절은 비친다"라는 속담으로 대체할 수 있으리라. 서민과 늘 가까이 있는 정치인은 가까운 집이라서 누추해 보이기 마련이고 멀리 있는 보수적인 정치인은 먼 데 절이라서 '있어' 보이는 것이다. 실제로 그들은 좋은 교육도 많이 받고 경력도 화려해서 동네 이웃집 아저씨 같은 개혁 정치인들과는 비교도 안 되게 '비쳐' 보인다. 다시 말해서 "선지자가 고향에서는 높임을 받지 못한다"(「요한복음」 4:44)는 예수의 한탄과 같은 대타자의 문제일 거란 말이다.

사람은 일상에서 그렇게 이성적으로 생각하며 살지 않으므로 보이지 않는 관습은 이처럼 중요하게 작동한다. 사마상여의 글쓰기는 바로 이 부분에서 위대성을 발휘했던 것이다. 즉 그는 무제 개인뿐 아니라 제왕의 자리 자체를 관념화했기 때문에 체제를 강력한 대타자로 자리 잡게 하는 데 결정적 기여를 하였다. 따라서 이런 체제 아래서 설사 당시의 정치가 실제로 무제 개인의 능력에 의존한 인치人治였다 하더라도 시스템으로 인식될 수 있었던 것이다. 우리는 사마상여가 위대한 문호라는 점은 인정하면서도 그가 어떤 의미에서 문호로서 존경을 받는지에 대해서 분석적으로 언급한 것은 찾을 수 없다. 그래서 후대의 학자들에게 그가 단지 황제에게 아부하는 글이나 써 바친 아첨꾼에 지나지 않았다는 의심의 눈초리까지 받기도 하였다. 문맥에서 떼어 낸 그의 작품들을 단순하게 읽는다면 혹여 그렇게 오해할 수도 있겠지만 무제라는 역사적 인물과 실존적으로 연결해서 읽는다면 그 진가를 이해할 수 있을 것이다. 설사 문맥에서 떼어 내 읽는다 하더라도 텍스트 자체가 명문으로서의 가치를 충분히 갖고 있음은 본문에서 이미 밝힌 바와 같다.

사마상여가 무제라는 지배자의 입장에서 글을 씀으로써 체제를 형성하는 데 기여했다면, 이 글쓰기는 지배를 당하는 민중의 입장에서 보면 자신들의 개성에 반할 수 있을 뿐 아니라 나아가 자신들의 부담으로 돌아올 수도 있을 것이다. 왜냐하면, 이를테면, 무제가 제국에의 욕망을 실현하고자 했다면 이를 실행하는 힘은 온전히 민중들의 몫일 것이기 때문이다. 물론 사마상여의 글쓰기가 상당 부분 보편성이 있어서 그 감응이 민중들을 자발적으로 참여하게 했다 하더라도, 그것이 개인의 고뇌를 해결해 주는 것이 아닌 이상 궁극적으로 소외로 남을 수밖에 없을 것이다. 소외는 개인들에게 여러 가지 보이지 않는 내적 또는 사회적 갈등을 만들어 내게 마련이다. 한유韓愈가 일찍이 "무릇 사물은 평정을 유지하지 못하면 운다(凡物不得其平則鳴)"고 설파했듯이, 소외된 개인은 이런 갈등을 어떻게든 표현하거나 내뱉을 수밖에 없다. 한대에 생산된 문학 텍스트 중에서 우리는 이것을 악부시에서 발견할 수 있었다.

나는 본문에서 이 악부시를 분석하면서 옛날 그들의 고뇌가 오늘날 우리의 것과 크게 다르지 않음을 알게 되었다. 그들도 전쟁과 죽음의 문제로 번민하였고, 정부의 책임회피 속에서 어떻게 하면 각자도생各自圖生할 수 있을까 궁리하였으며, 생존과 혁명 사이에서 갈등하였다. 예나 지금이나 별로 달라진 게 없다는 말이다. 그렇다면 우리는 다음과 같이 추론해 볼 수 있다. 고뇌와 갈등이란 신경증자의 그것처럼 인간의 피할 수 없는 운명적인 것인가? 아니면 우리는 여전히 거기서 해방되지 못하고 있는 것인가? 죽음이니 쾌락이니 하는 화두야 인간에게 욕망이 있는 한 해탈을 함부로 들먹일 성질의 것은 아니라 하더라도, 전쟁의 위험이 없이 사회안전망에 의해 보호를 받고자 하는 소박한 소망만이라도 오늘날의 민중들은 누리고 있는가? 남의 집 담장을 넘어볼까 하는 유혹이 오늘날에도 작동하고 있다면 우리는 분명히 위정자들에게 속고 있다고 추정할 수밖에 없다. 겉만 화려한 도시의 웅장함과 아름다움이라는 배경 속에서, 그리고 1퍼센트의 선택된 사람들의 미담 속에서 그것들이 곧 나의 것이자 나의 이야기인 줄 착각하고 살아가고 있다는 말이다. 속되게 말하자면, 심한 변비를 앓고 있는 사람이 남이 뀌는 방귀 소리를 제 방귀로 오해하면서 시원해하는 오류라고 비유할 수 있지 않을까?

따라서 민중으로서의 우리는 시스템이 크게 바뀌지 않는 한, 누군가에게만 유리한 체제 속에서 힘든 삶을 살아야만 하는 운명에 놓여 있을 수밖에 없다. 악부시에서 보았듯이 옛날에는 노래에서나마 위안을 받으며 자유를 느낄 수 있었는데 오늘날은 이마저도 그리 녹록지 않은 것 같다. 고대 중국에서 훈고학이 문자로 노래를 빼앗았던 것처럼 오늘날은 이른바 '비주얼visual'로 노래의 의미를 퇴색시키고 있기 때문이다. 그렇다고 해서 우리는 삶과 미래를 포기할 수 없다. 힘든 삶도 분명히 귀한 삶이 아니던가? 그런데 참으로 다행스럽게도 신은 힘든 삶에다가 부유한 인생에서는 결코 찾아볼 수 없는 행복의 본질인 유령적 삶을 심어 놓았다. 뿐만 아니라 신은 우리에게 이를 깨닫는 수단도 함께 주었는데 그것이 바로 노래이다. 그러므로 노래에는 근본적으로 악마가 없다. 공자도 『시경』을 일컬어 '사무사思無邪',[1] 즉 "삐딱함이 없다"고 말하지 않았던가? 따라서 우리는 진정한 삶의 가치를 깨닫기 위해서 유령의 노래를 들어야 하는 것이다. 노래 속의 유령은 배운 자와 그렇지 않은 자를 구분하지 않고 당신을 어떠한 구속에서도 풀어 준다. 신으로 말미암아 얻은 자유는 그 속성상 저들이 가장 싫어할 수밖에 없을 터인즉, 그렇다면 저들에게 이보다 더 강력한 저항은 없으리라.

    요즘 인문학 죽이기니 살리기니 하며 논쟁이 뜨거운 모양이다. 인문학이란 별다른 게 아니다. 인간으로서 깨어 있게 하는 공부가 그 본래 속성이다. 깨어 있는 시민을 권력이 반길 리 없으니 그들에게 인문학을 살려 달라고 사정하는 것은 그들 스스로에게 족쇄를 채우라고 주문하는 거나 다름없는데, 그게 가당키나 한 일이던가? 인문학이란 깨어 있는 자가 외치면 귀 있는 자는 듣는 것일 뿐이다. 권력 자체도 언제까지나 누리는 것이 아니라 끊임없이 자신도 싸워야 하는 것이 운명이기 때문에 그들도 귀가 있으니 들릴 날이 있을 수밖에 없다. 따라서 귀 있는 자들이 듣게 될 그 언젠가를 위해서 우리는 악부시의 목소리들처럼 누가 듣든 말든 간단없이 외쳐야 할 것이다.

주석

프롤로그 고난을 막아 주는 복지보다 고난을 이기게 하는 노래

1. 슬라보예 지젝 지음, 김정아 옮김, 『죽은 신을 위하여』(도서출판 길, 2007), 160~161쪽 참조 바람.

제1장 한부漢賦의 등장과 의의

1. 『논어』에 보이는 공자의 가르침은 예를 배우고 실천하는 것이 본령으로서 형이상학적인 도나 이치에 관해서는 언급하지 않았다. 따라서 도척이 비판하는 공자의 도라는 것은 한대 경학 이후에 등장한 것이 되므로 「도척」편도 이 시기에 위작됐을 가능성이 큰 것으로 보는 것이다.
2. 안동림 역주, 『장자』(현암사, 2002, 5쇄) 번역 참조.
3. 김근 지음, 『한시의 비밀』(소나무, 2008), 48쪽 참조.
4. 각운과 논리에 관해서는 올리비에 르불 지음, 홍재성·권오룡 옮김, 『언어와 이데올로기』(역사비평사, 1994), 149쪽 참조.
5. 김근, 앞의 책, 198쪽 참조 바람.
6. 알랭 바디우 지음, 김성호 옮김, 『바그너는 위험한가』(북인더갭, 2012), 178쪽.
7. 이를테면, 김학주 교수가 사마상여의 『자허부』와 『상림부』를 가리켜 "글재주를 발휘하여 임금을 즐겁게 하는 이외에는 아무런 뜻도 없는 글임이 분명하다"라고 평가한 것이 그 대표적인 예라 하겠다. 김학주 지음,

『개정 중국 문학사』(신아사, 2007), 109쪽 참조. 반고班固의 『양도부兩都賦』 「서」에도 부를 지어 "대업에 광택을 냈다(潤色鴻業)"라는 구절이 보인다.

8. 『한서漢書』 「양웅전揚雄傳」에 양웅이 풍간諷諫이 사라진 부는 의미가 없으므로 다시는 짓지 않겠다고 절필했다는 구절이 보인다.

9. 고아의 혁대 버클과 과부의 귀고리로 비파를 장식한 것은 슬픈 소리를 내기 위한 것이다.

10. 김근, 앞의 책, 63~65쪽 참조.

11. 이에 관해서는 서동욱 지음, 『들뢰즈의 철학』(민음사, 2002), 155~160쪽을 참조 바람.

12. 이에 관해서는 이 책 제5장에 자세히 설명돼 있으니 참조 바람.

13. 종교의식에서 기도의 언어를 환자에게 줌으로써 병을 고치는 이른바 신유神癒를 상기해 보자.

14. 이러한 현상을 개탄한 것이 맹자의 "천자의 흔적이 사라지자 『시(삼백)』가 없어졌고, 『시』가 없어진 다음에 『춘추』가 지어졌다(王者之迹熄而詩亡, 詩亡然後春秋作)"라는 말이다. 이에 관해서는 김근, 앞의 책, 158쪽 참조.

15. 슬라보예 지젝 지음, 김정아 옮김, 『죽은 신을 위하여』(도서출판 길, 2007), 135~136쪽에서 재인용.

16. 이에 관한 자세한 내용은 위의 책, 135~149쪽을 참조 바람.

17. 이에 관해서는 김석 지음, 『에크리 ― 라캉으로 이끄는 마법의 문자들』(살림, 2007), 242쪽 참소 바람.

18. 슬라보예 지젝, 앞의 책, 159쪽.

19. 이에 관해서는 김근, 앞의 책, 195쪽에서 이미 설명한 바 있다.

20. 비홍에 관해서는 위의 책, 177~197쪽 참조 바람.

제2장 대문호 사마상여司馬相如**, 그의 진정한 가치**

1. 슬라보예 지젝 지음, 김정아 옮김, 『죽은 신을 위하여』(도서출판 길, 2007), 264쪽 참조.
2. 훈고학자들은 "부賦란 '펼쳐 나가다'라는 뜻이다(賦者鋪也)"라고 했는데, 이를 음악적으로 해석하면 변주의 반복이 된다.
3. 김석 지음, 『에크리 — 라캉으로 이끄는 마법의 문자들』(살림, 2007), 217쪽.
4. 위의 책, 220쪽.
5. 복건服虔의 주에 의하면, 청구국靑丘國은 해동海東 300리 되는 곳에 있었다고 한다.
6. 김근 지음, 『한시의 비밀』(소나무, 2008), 202쪽 참조.
7. 클레어 콜브룩 지음, 백민정 옮김, 『질 들뢰즈』(태학사, 2004), 36쪽 참조.
8. 물론 한자에는 가차假借라는 문자의 운용 법칙이 있어서 이 제한을 해소할 수 있으므로 이러한 가정은 단지 가정에 불과할 뿐이다.
9. 이 문제는 『상림부』에 대한 해설에서 다시 제기될 것이다. 이 책 제3장 참조.
10. 이선李善은 "금琴' 자는 '금지하다(禁)'를 의미하고, '아雅' 자는 '바르다(正)'를 함의한다. 군자는 올바름을 지킴으로써 스스로를 금지한다(琴之言禁也, 雅之言正也. 君子守正以自禁也)"라고 주를 달았다.
11. 김근, 앞의 책, 198쪽 참조 바람.
12. 옥타비오 파스 지음, 김홍근·김은중 옮김, 『활과 리라』(솔, 1998), 72쪽 참조.

13. 이 때문에 『장문부』가 사마상여의 작품이 아닐 것이라는 의혹도 있다.

제3장 한부의 꽃, 『상림부上林賦』

1. 계절은 음기와 양기의 순환에 따라 바뀌는 것이므로 천자의 정치도 이에 맞춰 예제禮制를 시행해야 한다는 고대 중국의 형이상학적 관습을 말한다. 이를테면, 봄은 양기가 성해지기 시작하는 시기이므로 이때는 양기를 보호하기 위하여 절대로 살생을 해서는 안 된다. 반면에 가을은 음기가 성해지는 시기이므로 그간 미뤄 두었던 살생을 시행하게 되는데, 사냥도 그 행사의 일환이다. 이에 관해서는 『주례周禮』「월령月令」과 『여씨춘추呂氏春秋』「십이기十二紀」를 참조 바람.
2. 『춘추』는 의리義理를 상징한다.
3. 『시경』에 수록되지 않은 일시逸詩의 편명으로서 제후의 절도를 노래했다고 한다.
4. 『시경』「소남召南」의 편명. 문왕(천자)의 교화와 절도를 노래함. 천자가 사례射禮를 할 때 이들 음악을 연주하였다고 한다.
5. 순舜임금의 음악을 연주할 때 추는 춤.
6. 순임금이 묘족苗族을 정벌할 때 방패와 도끼로 춤을 춤으로써 정벌할 의사가 없음을 보이자 그들이 감화해서 스스로 복종했다는 전설이 있다.
7. '한罕'은 '그물 필畢'과 같은 글자로서 그물을 구름처럼 펴서 새를 잡듯이 올바른 것을 잡는다는 뜻이다.
8. 『시경』「위풍魏風」의 편명. 푸른 강물과 부패한 관료들을 대비함으로써 부조리에 대한 감응을 일으킨 작품이다.
9. 『소아』의 「상호桑扈」편 중의 "군자께서 즐기시다(君子樂胥)"를 가리킨다.

즉 천자가 현재賢才들을 등용함으로써 하늘의 복을 얻어 즐기게 되었다는 뜻이다.
10. 『예기禮記』「경해經解」편에 "어느 나라에 들어가면 그 나라의 교화 상태를 알 수 있다. …… 그 사람됨이 트여서 꽉 막힘이 없고 미래지향적이면 『상서』의 교화를 잘 받은 것이고 ……〈入其國, 其敎可知也. 其爲人也, …… 疏通知遠, 書敎也.〉"
11. 여기서는 유가儒家의 학문을 상징하는 말로 씌었다.
12. 『춘추공양전春秋公羊傳』「애공哀公 14년」의 "서쪽으로 사냥을 나갔다가 기린을 잡았다〈西狩獲麟〉"라는 사건의 기록을 가리킨다. 상서로운 짐승을 함부로 포획해서 하늘의 명령과 도를 거역하는 일을 범하지 않도록 하기 위해 기이한 동물을 잡으면 놓아 주는 것이다.
13. 알랭 바디우 지음, 김성호 옮김, 『바그너는 위험한가』(북인더갭, 2012), 169쪽에서 인용.
14. 슬라보예 지젝 지음, 박정수 옮김, 『HOW TO READ 라캉』(웅진지식하우스, 2007), 49쪽 참조.
15. 슬라보예 지젝 지음, 김정아 옮김, 『죽은 신을 위하여』(도서출판 길, 2007), 14쪽에서 인용.
16. "吾乃今日知爲皇帝之貴也." 『사기史記』「숙손통전叔孫通傳」.
17. 이에 관해서는 김근 지음, 『한자는 중국을 어떻게 지배했는가』(민음사, 1999), 157~159쪽 참조.
18. 슬라보예 지젝, 앞의 책, 10쪽.
19. 褚斌杰 編著, 『中國文學史綱要(第一册)』(北京大學出版社, 1999), 278쪽에서 재인용.

제4장 서민의 근심, 한대 악부시樂府詩 읽기

1. 이것은 부정변증법적 사유에 속한다고 볼 수 있는데, 이에 관해서는 알랭 바디우 지음, 김성호 옮김, 『바그너는 위험한가』(북인더갭, 2012), 71~72쪽을 참고 바람.
2. 위의 책, 266쪽 참조.
3. 이에 관해서는 브루스 핑크 지음, 맹정현 옮김, 『라캉과 정신의학』(민음사, 2002), 231~233쪽을 참조 바람.
4. 김근 지음, 『한시의 비밀』(소나무, 2008), 76~78쪽 참조.
5. 박성수 지음, 『들뢰즈』(이룸, 2004), 40쪽.
6. 동산東山은 노성魯城의 동쪽에 있는 높은 산의 이름이다.
7. 위의 책, 73쪽.
8. 위의 책, 73쪽.
9. 위의 책, 75쪽.
10. 클레어 콜브룩 지음, 백민정 옮김, 『질 들뢰즈』(태학사, 2004), 51쪽.

제5장 쾌락 또는 혁명을 위하여

1. 이에 관해서는 김근 지음, 『예란 무엇인가』(서강대학교출판부, 2012), 77~81쪽 참조 바람.
2. 『장자』 「인간세人間世」의 구절.
3. 올리비에 르불 지음, 홍재성·권오룡 옮김, 『언어와 이데올로기』(역사비평사, 1994), 98쪽.
4. 서동욱 지음, 『들뢰즈의 철학』(민음사, 2002), 78쪽에서 인용.

에필로그 한시, 권위 또는 외침

1. '사무사'에 관해서는 이 책 213~214쪽을 참조 바람.

찾아보기

가

가공송덕歌功頌德 ▶ 169
「가시리」 ▶ 107
가의賈誼 ▶ 33, 56, 57, 59, 60, 62, 68, 69, 73
가족의 가치(the value of family) ▶ 252~257
각자도생各自圖生 ▶ 201, 273
갈릴레오Galileo Galilei ▶ 222
감응 ▶ 17, 20, 21, 24, 25, 27, 31, 32, 55, 62, 63, 65, 68~70, 74, 83, 88~93, 101~103, 144, 161, 162, 169, 231, 214, 270
개과천선改過遷善 ▶ 128, 145, 146
개념화 ▶ 88, 91, 92, 181, 247
거세 ▶ 82, 96, 97, 108, 109, 111, 114, 115, 117, 165, 266
경국지색傾國之色 ▶ 213
『고시십구수古詩十九首』 ▶ 104
고조高祖(한나라) ▶ 161, 168, 269
『공자가어孔子家語』 ▶ 199
곽무천郭茂倩 ▶ 176
관피아 ▶ 133, 136
관한경關漢卿 ▶ 104
구순충동 ▶ 41, 219
『구약성서』「시편」 ▶ 103
『구약성서』「요엘」 ▶ 169
『구약성서』「전도서」 ▶ 175
구원 ▶ 56, 60, 62, 64, 68, 182, 260
궁성분학 ▶ 32, 70, 125, 165
「귀거래사歸去來辭」 ▶ 172
그레마스Greimas의 사변형 ▶ 230

극기복례克己復禮 ▶ 14
기우杞憂 ▶ 223, 224
기표연쇄 ▶ 65~67, 262
기표효과 ▶ 62
길흉화복吉凶禍福 ▶ 57
김치 ▶ 91

나

남근 ▶ 65, 82, 96, 117, 165
남근적 질서 ▶ 96
납세자 ▶ 190
낯선 타자 ▶ 145
노장老莊 ▶ 188, 189, 249, 250
『논어論語』「위정爲政」 ▶ 232
『논어論語』「이인里仁」 ▶ 236
『논어論語』「향당鄕黨」 ▶ 249
니체Friedrich Nietzsche ▶ 17, 18, 55, 60, 188

다

대련對聯 ▶ 67
대리인(agent) ▶ 134, 135, 141, 156, 158
대립규정 ▶ 219, 228
대상 a(소타자) ▶ 47, 48, 96~98, 117, 118, 231
대아大我 ▶ 27
대우법對偶法 ▶ 211, 212
대타자 ▶ 15, 64, 65, 67~69, 82, 97, 107, 117, 118, 153, 154, 156, 157, 186~192, 246, 270~272
대통령 병 ▶ 270
데리다Jacques Derrida ▶ 89
도그마 ▶ 26, 27, 170, 171, 250
『도살장의 성聖 요한나』 ▶ 252
도잠陶潛 ▶ 172

독존유술獨尊儒術 ▶ 87
동일성 ▶ 180, 181
동중서董仲舒 ▶ 13, 269, 271
두보杜甫 ▶ 182~184
『두아원竇娥寃』 ▶ 104
들뢰즈Gilles Deleuze ▶ 31, 40, 83, 92, 208, 211, 213, 219
「등고登高」 ▶ 182, 183
〈디 아더스〉 ▶ 18

라

라캉Jacques Lacan ▶ 47, 62, 63, 65, 82, 95~97, 197, 226, 262
로티Richard Rorty ▶ 166
루소Jean-Jacques Rousseau ▶ 48, 264

마

마네Edouard Manet ▶ 97
마르크스Karl Marx ▶ 257
마오쩌둥(毛澤東) ▶ 162
마조히스트 ▶ 187
마조히즘 ▶ 64, 187
매승枚乘 ▶ 34~35, 54, 55, 73
『맹자孟子』「양혜왕梁惠王 장구장句 하下」 ▶ 149
『맹자孟子』「진심盡心 장구장句 상上」 ▶ 208
맹호연孟浩然 ▶ 231
메시아 ▶ 158, 159
명제적 언어 ▶ 91
무위지치無爲之治 ▶ 82
무정형 ▶ 180, 181
무제武帝(한나라) ▶ 13, 14, 34, 72, 73, 90, 117, 118, 122, 131, 150, 152, 156, 162, 163, 165~167, 171, 174, 269~273
무한 반복 ▶ 122
『문선文選』 ▶ 69, 105

『문장유별론文章流別論』 ▶ 170
〈미션 임파서블〉 ▶ 128, 131
미학성 ▶ 142
민주주의 ▶ 157, 158, 193, 241, 264
믿는다고 가정된 주체 ▶ 153, 156, 157
믿는다고 가정된 타자 ▶ 156

바

『바그너는 위험한가』 ▶ 142
바디우Alain Badiou ▶ 142, 143
바르트Roland Barthes ▶ 148
반고班固 ▶ 87, 167
반듯하지 않은 삶 ▶ 165, 166
발라즈Bela Balazs ▶ 211
『베다Veda』 ▶ 103
베르그송Henri Bergson ▶ 208
변주 ▶ 30, 31, 37, 39, 55, 59, 66, 67, 74, 77, 78, 90, 91, 93, 94, 112
보편성 ▶ 82, 94, 96, 97, 103, 115, 273
보편자 ▶ 97, 98, 107, 115
『복조부鵩鳥賦』 ▶ 33, 56, 57, 59, 60, 64, 66, 69
「봄날의 아침(春曉)」 ▶ 231
부분충동 ▶ 26, 40, 226
브레히트Bertolt Brecht ▶ 252
비규정성(indeterminacy) ▶ 211
비의祕義 ▶ 35, 51, 52
비정형 ▶ 178~182, 184, 194
비주류 ▶ 239, 250
비흥比興 ▶ 45, 68, 83

사

사마상여司馬相如 ▶ 13~15, 33, 48, 70, 73~75, 77, 82, 83, 86~90, 93, 94, 98, 101, 103, 106, 108, 109, 116~119, 122, 125, 126, 128, 129, 131, 138, 140, 141, 148,

150~153, 156~158, 161~163, 165, 166, 171, 193, 270~273
사무사思無邪 ▶ 213, 214, 274
4·19혁명 ▶ 264
사후성事後性의 원리 ▶ 164, 261, 262
산체장부散體長賦 ▶ 73
삶의 과잉 ▶ 17, 26, 44, 45, 47, 48, 55, 63, 116, 160, 161
삶의 잉여 ▶ 64
삼불후三不朽 ▶ 166
상림원上林苑 ▶ 92, 122, 124, 127, 162, 163, 195, 199, 205
상상계 ▶ 19, 24, 100, 168
상징계 ▶ 11, 19, 20, 24, 47, 48, 63, 65, 96, 175, 197, 240
상징질서 ▶ 72, 155
새옹지마塞翁之馬 ▶ 201
생정치(bio-politics) ▶ 251, 252
『서경잡기西京雜記』 ▶ 88
서수획린西狩獲麟 ▶ 138
설리說理 ▶ 54, 56, 69, 73
『설문해자說文解字』 ▶ 28, 134
소극적(reactive)/반응적 ▶ 92
소식蘇軾 ▶ 172
소외 ▶ 21, 24, 72, 96, 161, 174, 175, 231, 236, 273
소타자(대상 a) ▶ 97, 117, 118
숙손통叔孫通 ▶ 161
『순자荀子』「왕제王制」 ▶ 136
술어(predicate) ▶ 143, 144
『시경詩經』 ▶ 11, 24, 26, 27, 31, 54, 83, 86, 87, 103, 112, 126, 134~138, 167, 168, 174, 213, 274
『시경詩經』「고양羔羊」 ▶ 135
『시경詩經』「녹명鹿鳴」 ▶ 135
『시경詩經』「벌단伐檀」 ▶ 130, 133, 136, 138
『시경詩經』「북산北山」 ▶ 134
시교詩教 ▶ 138

시니피앙signifiant ▶ 32, 67, 68, 164
시뮬라크르simulacre ▶ 19, 26, 31, 54, 90, 91, 101
시부욕려詩賦欲麗 ▶ 32
『신약성서』「누가복음」 ▶ 226
『신약성서』「마가복음」 ▶ 259
『신약성서』「마태복음」 ▶ 202, 235, 256, 257
『신약성서』「요한복음」 ▶ 197, 272
신자유주의 ▶ 12, 190, 239, 251, 256, 265
실재계 ▶ 12, 19~21, 47, 48, 63, 65, 168, 197, 200, 225, 240

아

아갈마agalma ▶ 241
아도르노Theodor Adorno ▶ 31
아우토마톤automaton ▶ 196~203
〈아이 엠 샘〉 ▶ 255
『악부시집樂府詩集』 ▶ 176, 178
안다고 가정된 주체 ▶ 101, 102, 116
안빈낙도安貧樂道 ▶ 235
압운 ▶ 28~31, 68, 103
애증愛憎 ▶ 101, 103, 106, 108
『양도부兩都賦』 ▶ 167
양비론 ▶ 123
양생養生 ▶ 251
양웅揚雄 ▶ 70, 172
언표 ▶ 55, 66, 259, 261, 262
언표행위 ▶ 259, 261
에로스eros ▶ 240
여민동락與民同樂 ▶ 149, 150, 163
여상呂尙 ▶ 260
『여씨춘추呂氏春秋』「수시首時」 ▶ 260
역설 ▶ 27, 155, 163, 185
연정제례緣情制禮 ▶ 26

『열자列子』 ▶ 224
『예기禮記』「경해經解」 ▶ 137, 138
예수 ▶ 159, 226, 257, 272
오신五臣 ▶ 79, 105, 114, 127
오이디푸스 ▶ 65
오이디푸스 콤플렉스 ▶ 95
『오자吳子』「치병治兵」 ▶ 239
〈오하이오 강의 둑에서〉 ▶ 10
온on/오프off ▶ 165
왕명성王鳴盛 ▶ 234
외상적(traumatic) ▶ 65
외설 ▶ 11
요언묘도要言妙道 ▶ 37, 52, 53
운몽雲夢 ▶ 45, 76~78, 83~86, 92, 122
원原텍스트 ▶ 102, 103, 175
"월가를 점령하라" ▶ 244
유기체적 삶 ▶ 18~21, 24, 39, 51, 52, 63, 64, 69
유령적 삶 ▶ 18, 19, 39, 51, 52, 63, 64, 69, 116, 274
음성론 ▶ 15
음성학 ▶ 141, 142, 148
음운론 ▶ 15
음운학 ▶ 141, 142
의견(doxa) ▶ 27, 213, 214
의원내각제 ▶ 193
이백李白 ▶ 227
이진법 ▶ 165
이치理致 ▶ 24~27, 34, 35, 37, 53~57, 63, 65, 69, 86, 123, 127, 170~172, 197, 200, 252
인치人治 ▶ 14, 15, 272
일의一意 ▶ 91
일창삼탄一倡三歎 ▶ 31
잉여향락 ▶ 64, 112, 227

자

자유 ▶ 56, 57, 62~64, 255, 274, 275

작부이풍作賦以諷 ▶ 86

잔여 ▶ 48, 129

장문궁長門宮 ▶ 94, 95, 98~100

『장자莊子』「도척盜跖」 ▶ 25

『장자莊子』「외물外物」 ▶ 61

『장자莊子』「추수秋水」 ▶ 209, 249

재인식 ▶ 93

재현(representation) ▶ 90, 197

적극적(active)/능동적 ▶ 92

「적벽부赤壁賦」 ▶ 172

『전국책戰國策』 ▶ 28, 31

전화위복轉禍爲福 ▶ 201, 203

『정신현상학』 ▶ 59

정전 ▶ 11

조강지처糟糠之妻 ▶ 116, 118

존재자 ▶ 19, 20, 26, 30, 32, 37, 42, 54, 55, 63, 68, 90, 91, 98~102, 112, 122, 129, 131, 142~145, 147, 175, 187, 212, 237

종말 ▶ 260

『좌전左傳』「양공襄公 24년」 ▶ 166

주문휼간主文譎諫 ▶ 27, 32, 35, 70, 86~88, 122, 125, 126, 129, 138, 141, 148~151, 165, 170, 171, 191, 194, 267, 268

주어(subject) ▶ 143, 144

『주역周易』 ▶ 246, 258

주이상스Jouissance(향락) ▶ 63, 96, 97

지양(Aufhebung) ▶ 59, 60, 63, 65, 105

지우摯虞 ▶ 170

지젝Slavoj Žižek ▶ 17, 18, 64, 153, 185

진승陳勝 ▶ 153, 154

진실성 ▶ 142

〈진짜 사나이〉 ▶ 146

질료 ▶ 67, 68, 140, 141, 154, 156, 158

차

〈차마고도〉 ▶ 20
차이 ▶ 30, 31
『천자문』 ▶ 250
초자아 ▶ 65, 69, 228~232
『춘야연도리원서春夜宴桃李園序』 ▶ 227
『춘추공양전春秋公羊傳』 ▶ 13, 138, 139
『춘추공양전春秋公羊傳』「애공哀公 14년」 ▶ 138
충효 ▶ 186, 189, 191, 254
『칠발七發』 ▶ 33~35, 54~56, 69, 73

카

클로즈업 ▶ 211, 212

타

타나토스thanatos ▶ 239, 240
투케tukhe ▶ 196~204
특이성(singularity) ▶ 32, 91, 92, 101, 112, 214

파

파롤parole ▶ 68
파스Octavio Paz ▶ 112
파스칼Blaise Pascal ▶ 79
페스탈로치Johann Heinrich Pestalozzi ▶ 155
표상 ▶ 60~63, 92, 94, 196, 197
〈풀밭 위의 식사〉 ▶ 97
풍간諷諫 ▶ 35, 86, 138
프랑스대혁명 ▶ 264
프로이트Sigmund Freud ▶ 53, 65, 115, 164, 239, 261, 266
필사즉생必死則生 ▶ 235, 239

하

「하염없이 가고 또 가는 길(行行重行行)」 ▶ 104~106, 108

『한서漢書』「사마상여전司馬相如傳」 ▶ 86

『한서漢書』「양웅전揚雄傳」 ▶ 171

『한서漢書』「예악지禮樂志」 ▶ 174

한유韓愈 ▶ 193, 273

항룡유회亢龍有悔 ▶ 258

향락(주이상스Jouissance) ▶ 63, 64, 96, 97, 109~112, 115, 186, 187

허무주의 ▶ 218, 251, 252

헤겔G. W. F. Hegel ▶ 59, 60

협률協律 ▶ 174

호사 ▶ 162~165, 241

확장된 주체 ▶ 160

『활과 리라』 ▶ 112

훈고학訓詁學 ▶ 24, 27, 54, 70, 129, 135, 138, 139, 214

흥興 ▶ 31, 89, 90